Marcel Messerschmidt

Schadensersatz bei vereitelten Erwerbsbiographien

PL ACADEMIC RESEARCH

Bibliografische Information der Deutschen Nationalbibliothek
Die Deutsche Nationalbibliothek verzeichnet diese Publikation in der Deutschen Nationalbibliografie; detaillierte bibliografische Daten sind im Internet über http://dnb.d-nb.de abrufbar.

Zugl.: Berlin, Freie Univ., Diss., 2014

D188
ISSN 0531-7312
ISBN 978-3-631-66461-2 (Print)
E-ISBN 978-3-653-05677-8 (E-Book)
DOI 10.3726/ 978-3-653-05677-8

PL Academic Research ist ein Imprint der Peter Lang GmbH.
Peter Lang – Frankfurt am Main · Bern · Bruxelles · New York · Oxford · Warszawa · Wien

Diese Publikation wurde begutachtet.

www.peterlang.com

Schadensersatz bei vereitelten Erwerbsbiographien

Europäische Hochschulschriften

European University Studies

Publications Universitaires Européennes

Reihe II **Rechtswissenschaft**

Series II Law

Série II Droit

Band/Volume **5749**

Vorwort

Die vorliegende Arbeit berücksichtigt Rechtsprechung und Literatur bis Februar 2013.

Mein besonderer Dank gilt zunächst meinem verehrten Doktorvater, Herrn Prof. Dr. Martin Schwab, der mich während der gesamten Promotionszeit unermüdlich unterstützt hat. Ebenfalls danken möchte ich Prof. Dr. Jochem Schmitt für die Übernahme und die zügige Erstellung des Zweitgutachtens.

Besonderer Dank gilt schließlich meinen Eltern für die ausnahmslose Unterstützung während meiner gesamten Ausbildung. Ihnen und meinen Freunden sei diese Arbeit gewidmet.

Inhaltsverzeichnis

A. Einleitung

Dem deutschen Schadensersatzrecht liegt unter anderem der Zweck zugrunde, den Geschädigten für die ihm entstandenen Nachteile zu entschädigen[1].

Diese Ausgleichsfunktion wird zum einen durch § 249 Abs. 1 BGB verwirklicht, nach welchem der Schädiger den Zustand herzustellen hat, „der bestehen würde, wenn der zum Ersatz verpflichtende Umstand nicht eingetreten wäre".

Erweist sich die Wiederherstellung nach § 249 Abs. 1 BGB als unverhältnismäßig oder unmöglich oder ist diese nicht genügend, so kann gemäß § 251 BGB der Geschädigte vom Schädiger Geldersatz verlangen. Dahinter steht der Gedanke, dass Geld in unserer Wirtschaftsordnung zu einem generellen Bemessungsfaktor für Güter, Genüsse und Dienstleistungen aller Art geworden ist[2].

§ 252 BGB bestimmt, dass der zu ersetzende Schaden auch den dem Geschädigten entgangenen Gewinn mitumfasst. Im Deliktsrecht regelt § 842 BGB, dass der Schadensersatzanspruch sich auch auf solche Nachteile erstreckt, „welche die deliktische Handlung für den Erwerb und das Fortkommen des Verletzten herbeiführt".

Schließlich gewährt § 253 Abs. 1 BGB in den gesetzlich angeordneten Fällen – so beispielsweise im Falle einer Verletzung des Körpers, der Gesundheit, der Freiheit oder der sexuellen Selbstbestimmung nach § 253 Abs. 2 BGB – eine billige Geldentschädigung.

Wird eine Person in rechtswidriger und schuldhafter Weise verletzt, so fallen einem unter anderem als mögliche Schadenspositionen die über § 249 Abs. 2 BGB ersatzfähigen Heilungskosten ein. Ihr kann ferner ein Schmerzensgeld nach § 253 Abs. 1 und 2 BGB zustehen.

Auch ist es denkbar, dass nach § 842 BGB ersatzfähige Nachteile „Erwerb und Fortkommen" entstanden sind.

Diese „Nachteile für das Fortkommen" (kurz: Fortkommensschäden) sind solche Vermögensschäden, die aus einer Beeinträchtigung der beruflichen und gewerblichen Entwicklung des Geschädigten künftig entstehen[3].

---

1 Zu dieser Ausgleichsfunktion und weiteren Funktionen des Schadensersatzrechts vgl. *Lange / Schiemann*, Schadensersatz, Einleitung III 2 und *Larenz*, Lehrbuch des Schuldrechts Bd. 1, § 27 I. Siehe ferner zur Ausgleichsfunktion des Schadensersatzrechtes im Recht anderer europäischer Staaten *Stoll*, Haftungsfolgen im bürgerlichen Recht, 4. Kap. § 7.

2 *Esser / Schmidt*, Schuldrecht Band I – Allgemeiner Teil, § 31 I 2.

3 *Staudinger / Vieweg*, § 842 Rn. 12; BGB-MünchKomm / *Wagner*, §§ 842, 843 Rn. 14.

Im Rahmen der Berechnung von Fortkommensschäden ergeben sich für das erkennende Gericht besondere Schwierigkeiten: Unter anderem wird von diesem abverlangt festzustellen, wie sich das Erwerbsleben des Geschädigten ohne Eintritt des schädigenden Ereignisses entwickelt hätte, und eine Prognose zu treffen, wie sich dieses in Zukunft entwickeln wird.

Je jünger die Person zum Zeitpunkt der Schädigung gewesen ist, umso diffiziler gestaltet sich diese richterliche Aufgabe. Denn erst mit fortschreitendem Alter treten Interessen, Begabungen, Durchhaltevermögen, gesundheitliche Prädispositionen etc. des Geschädigten erkennbar hervor und lassen auf einen hypothetischen Werdegang ohne das schädigende Ereignis schließen. Bei Kindern und Jugendlichen sind hingegen meist nur geringe Anknüpfungspunkte für die Feststellung des hypothetischen Erwerbsverlaufs ersichtlich. Daher werden die jüngsten unter ihnen auch als die „Ärmsten des Schadensersatzrechts, die nichts vorweisen können, was für ihren künftigen beruflichen Werdegang spricht" bezeichnet[4].

Diese Dissertation widmet sich Fortkommensschäden und deren Berechnung. Dabei werden insbesondere solche Fortkommensschäden beleuchtet, die denjenigen Personen entstehen, die im Kindes- oder Jugendalter – also vor Eintritt in das Erwerbsleben – verletzt wurden. Ein Schwerpunkt soll dabei auf der Auseinandersetzung mit der Feststellung des hypothetischen Erwerbsverlaufs liegen. Hier werden der zulässige Rahmen abgesteckt und Lösungsvorschläge für die Fälle unterbreitet, in denen eine richterliche Prognose weder tatsächlich möglich noch rechtlich zulässig erscheint.

---

4 *Funk*, DAR 1985, 42, 50.

B. Einordnung des Begriffes „Nachteile für das Fortkommen“

Nach der Norm des § 842 BGB sind auch solche Nachteile ersatzfähig, welche die deliktische Handlung für den „Erwerb oder das Fortkommen“ des Verletzten herbeiführt. Bei § 842 BGB handelt es sich – neben § 824 BGB, der Schadensersatzpflicht bei Kreditgefährdung – um die einzige Norm des Bürgerlichen Gesetzbuches, die explizit „Nachteile für das Fortkommen“ erwähnt.

Als „Nachteile für den Erwerb“ werden diejenigen Vermögensschäden angesehen, die dem Betroffenen infolge der verletzungsbedingten Beeinträchtigung seiner Erwerbsfähigkeit entstehen[5].

Wie oben beschrieben stellen „Nachteile für das Fortkommen“ solche Vermögensschäden dar, die aus einer Beeinträchtigung der beruflichen und gewerblichen Entwicklung des Geschädigten künftig entstehen[6]. Nach herrschender Auffassung in der Literatur gehen beide Definitionen jedoch ineinander über[7] und lassen sich kaum unterscheiden[8].

Dennoch wird die Einbeziehung der „Nachteile für das Fortkommen“ in § 842 BGB nicht für komplett bedeutungslos gehalten:

Diese solle nämlich aufzeigen, dass nicht nur eine Beeinträchtigung der aktuellen Erwerbssituation aufgrund zum Unfallzeitpunkt bereits getroffener Vorkehrungen, sondern auch Nachteile für eine erst zukünftig mögliche Entfaltung des Verletzten mit ihren Auswirkungen auf dessen wirtschaftliche Stellung zu berücksichtigen seien[9]. Die „Nachteile für das Fortkommen“ bezögen sich auf die künftige berufliche Entfaltung der verletzten Person, ihre Erwerbsaussichten, die Verzögerung des Eintritts in das Erwerbsleben, den Verlust von beruflichen

---

5 BGHZ 90, 334, 337; BGB-MünchKomm / *Wagner*, §§ 842, 843 Rn. 13; *Geigel* – Der Haftpflichtprozess / *Pardey*, 4. Kapitel Rn. 76; ähnlich *Staudinger / Vieweg*, § 842 Rn. 12.

6 *Staudinger / Vieweg*, § 842 Rn. 12; BGB-MünchKomm / *Wagner*, §§ 842, 843 Rn. 14; BGB-RGRK / *Boujong*, § 842 Rn. 6.

7 *Steffen* DAR 1984, 1, 2.

8 BGB-RGRK /*Boujong*, § 842 Rn. 6; *Staudinger / Vieweg*, § 842 Rn. 12; *Erman / Schiemann*, § 842 Rn. 3; Scheffen, VersR 1990, 926; *Wussow / Dressler*, Unfallhaftpflichtrecht, Kapitel 31 Rn. 1; *Pardey*, Berechnung von Personenschäden, Rn. 2023.

9 *Wussow / Dressler*, Unfallhaftpflichtrecht, Kapitel 31 Rn. 1.

Aufstiegschancen und die Folgen für die wirtschaftliche Lage des Verletzten[10]. Insofern handele es sich bei den „Nachteilen für das Fortkommen" um „Nachteile für den Erwerb" in der Zeitdimension[11]. Durch den Begriff „Nachteile für das Fortkommen" sei klargestellt, dass der Ausfall auch von solchen Vorteilen ersatzfähig sei, auf die noch kein „gesicherter Anspruch"[12] oder keine „rechtlich begründete Aussicht"[13] bestehe. Dies führe zu einer Abrundung des Schadensbildes, um sicherzustellen, dass der wirtschaftliche Schaden des Geschädigten voll wiederhergestellt werde[14]. Darüber hinaus schwinge in dem Begriff des Fortkommens in § 842 BGB eine „immaterielle Dimension" mit, durch die Beeinträchtigung der Arbeitskraft eine Minderung des Vermögens*potentials* erlitten zu haben[15].

Obgleich sich einige Urteile aus der Rechtsprechung anführen lassen, in denen nicht sauber zwischen „Nachteilen für den Erwerb" und „Nachteilen für das Fortkommen" differenziert wurde[16], finden sich andererseits Entscheidungen, die die oben genannte Unterscheidung zumindest zu beherzigen scheinen[17].

---

10 *Geigel* – Der Haftpflichtprozess / *Pardey*, 4. Kapitel Rn. 77.

11 BGB-MünchKomm / *Wagner*, §§ 842, 843.

12 *Staudinger / Vieweg*, § 842 Rn. 12.

13 RGZ 163, 40, 44.

14 *Steffen* DAR 1984, 1, 2.

15 *Felsinger*, Der Erwerbsschadensersatz bei Verletzungen im Kindesalter, Erster Teil A. IV. 2. Vgl. zu der Frage, ob der Verlust der Arbeitskraft selbst als Schaden anzusehen ist: C. III. 1.

16 Vgl. beispielsweise BGHZ 74, 221; BGH NJW-RR 1999, 1039,1040 oder etwa BGH NJW 2002, 292,293, wo zu einem „Erwerbs- oder Verdienstausfallschaden" zusammengefasst wurde; BGH NJW 2000, 3287, 3288: Es ist lediglich von einem „Erwerbsschaden" die Rede, die eine während der Ausbildung Verletzte erlitten habe.

17 Vgl. beispielsweise zu allererst RGZ 163, 40, 44, wonach erst § 842 BGB den Ersatz für den Verlust einer „noch nicht rechtlich begründeten Aussicht auf Erlangung einer Erwerbsstellung" ermögliche. Beispiele aus neuerer obergerichtlicher Rechtsprechung: OLG Schleswig, Urteil v. 29.02.2008, 4 U 149/07, Tz. 12 f. u. 71 f. (nach juris) (zur Berechnung des „Fortkommensschadens" eines schwerbehinderten Kindes); OLG Celle VersR 2008, 82, 82 („Fortkommensschaden" eines Gymnasiasten, der eine Offizierslaufbahn anstrebte); OLG Celle, Urteil v. 18.09.2001, 16 U 135/96, Tz. 47 u. 57 (nach juris) („Fortkommensschaden" eines Jurastudenten nach amtspflichtwidriger Bewertung im Rahmen des ersten Staatsexamens).

Für eine solche Differenzierung lassen sich schließlich auch die Gesetzgebungsmaterialien zu § 842 BGB anführen[18].

Im Fortlauf der Dissertation wird zugunsten der Begriffsklarheit zwischen „Nachteilen für den Erwerb“ und „Nachteilen für das Fortkommen“ in obigem Sinne unterschieden.

18 *Felsinger*, Der Erwerbsschadensersatz bei Verletzungen im Kindesalter, Erster Teil A. IV. 2.; vgl. Mot. S. 793 = *Mugdan* S. 443 zum Entwurf des § 726 Abs. 1 S. 2 BGB: „Im Einklange mit dem geltenden Rechte und den neueren Entw. legt der Abs. 1 Satz 2 dem Thäter weiter die Verpflichtung auf, den Vermögensnachteil auszugleichen, den der Verletzte dadurch erlitten hat oder in Zukunft noch erleidet, daß in Folge der Verletzung seine Erwerbsfähigkeit zeitweise oder dauernd aufgehoben oder vermindert ist.“ In Prot. II S. 637 = *Mugdan* S. 1117 ist von einem „bleibenden Nachteil für das Fortkommen“ die Rede.

C. Beispiele für Fortkommensschäden

Zum besseren Verständnis der Weite des Begriffes des „Fortkommensschadens" ist es förderlich, sich Beispiele der von der Rechtsprechung entschiedenen und in der Literatur aufgeführten Fallgruppen vor Augen zu führen.

Dabei kann grob zwischen solchen Fortkommensschäden aufgrund einer eingetretenen Ausbildungsverzögerung und solchen unterschieden werden, die sich aufgrund einer verletzungsbedingten Änderung des Berufszieles ergeben.

I. Fortkommensschäden aufgrund einer Ausbildungsverzögerung

Die Verletzung eines (Kleinst-)Kindes oder eines Jugendlichen in Schule, Ausbildung oder Studium kann zur Folge haben, dass sich die gesamte Ausbildung verzögert. Eine solche Ausbildungsverzögerung führt selbstredend zu einem verspäteten Ende dieser für den späteren Werdegang wichtigen Phase, kann aber auch mittelbar für eine Verkürzung der Zeit der Berufstätigkeit kausal sein. Beide Aspekte können gleichsam als Ursachen von Schäden im Vordergrund stehen[19].

Eine solche Verzögerung hat zuallererst ein verspätetes Eintreten in die Ausbildung selber, das bezahlte Referendariat oder in den Beruf zur Folge, so dass dem Geschädigten für den Verzögerungszeitraum das Einkommen entgeht[20]. Solche Verzögerungen der Ausbildung und des Berufseintritts müssen nicht nur auf Verletzungen beruhen: Beispielsweise zieht die fehlerhafte Korrektur von Klausuren in der juristischen Staatsprüfung einen Staatshaftungsanspruch nach Art. 34 GG in Verbindung mit § 839 BGB nach sich. Dem Geschädigten ist der

---

19 Vgl. hierzu *Küppersbusch*, Ersatzansprüche bei Personenschäden, II. 13. a) und *Jahnke*, Der Verdienstausfall im Schadensersatzrecht, Kap. 6 A. II. 1., die eine Aufzählung möglicher Beispiele von Fortkommensschäden vornehmen; *Stürner* JZ 1984, 412, 415.

20 Zu diesem Schadensposten beispielhaft: BGH NJW 2000, 3287, 3288 (Ersatz des „Verzögerungsschadens", der der Geschädigten aus einem verzögerten Eintritt in die Ausbildung zur Pferdefachwirtin entstanden ist.); OLG München NJW 2007, 1005 ff. (Schadensersatz aufgrund der Verzögerung, die einem Rechtsreferendar infolge einer fehlerhaften Korrektur im zweiten juristischen Staatsexamen entstanden ist); KG DAR 2006, 149, 151 (Student, dessen Ausbildung sich unfallbedingt verzögerte); OLG Celle, Urteil v. 18.09.2001, 16 U 135/96 (Schadensersatz aufgrund eines verspäteten Eintritts in das Referendariat, die durch eine fehlerhafte Korrektur im ersten juristischen Staatsexamen bedingt war); OLG Düsseldorf VersR 1969, 671 (unfallbedingte Verzögerung des Studiums).

Schaden zu ersetzen, der dem Prüfling aufgrund der fehlerhaften Korrektur entstandenen ist[21].

Wie weitreichend die Haftung für ein solches verspätetes Eintreten in den Beruf sein kann, zeigt sich an einem Urteil des BGH[22]: Der Geschädigte geriet infolge seiner Schädigung in ein Streiksemester, wodurch sich seine Ausbildung verzögerte und er deshalb nur verspätet in das Berufsleben eintreten konnte. Bei dem Auftreten des Studentenstreikes nebst seinen wirtschaftlichen Folgen für den Geschädigten handelte es sich nach Auffassung des BGH nicht lediglich um die Verwirklichung eines allgemeinen Lebensrisikos, so dass die entstandenen Schäden zu ersetzen waren[23].

Möglich erscheint es auch, dass die Verzögerung dazu führt, dass sich der Geschädigte nach Abschluss seiner Ausbildung Eingangsverschlechterungen im Beruf gegenübersieht. Solche Eingangsverschlechterungen stellen beispielsweise ein verengter Zugang zum Arbeitsmarkt, Strukturveränderungen in der Nachfrage für bestimmte Berufe (sog. „Konjunkturschaden") oder neue gesetzliche Eingangsbeschränkungen dar[24].

Der verzögerte Berufseinstieg kann mitunter auch ursächlich dafür sein, dass der Geschädigte verspätet in den Genuss von Einkommenssteigerungen kommt. Der Fortkommensschaden lässt sich dann aus der Differenz zwischen der hypothetischen Einkommensentwicklung ohne Verletzung und der tatsächlich infolge der Verletzung erfolgten errechnen[25].

Einen Fortkommensschaden stellt es auch dar, wenn die unfallbedingte Verzögerung einen Verlust von Stipendien nach sich zieht[26].

Der Aspekt der verzögerungsbedingten Verkürzung des Erwerbslebens steht im Vordergrund, wenn vom sogenannten „Rentenverkürzungsschaden" die Rede ist: Der Verletzte ist kürzer im Beruf als er es ohne die verletzungsbedingte Verzö-

21 OLG München NJW 2007, 1005 ff. (Schadensersatz aufgrund der Verzögerung, die einem Rechtsreferendar infolge einer fehlerhaften Korrektur im zweiten juristischen Staatsexamen entstanden ist); OLG Celle, Urteil v. 18.09.2001, 16 U 135/96 (Schadensersatz aufgrund eines verspäteten Eintritts in das Referendariat, der durch eine fehlerhafte Korrektur im ersten juristischen Staatsexamen bedingt war).

22 BGH NJW 1985, 791 f.

23 A.A. OLG Hamm NJW 1970, 1853 f., welches den Streik der Risikosphäre des Geschädigten zuordnete und daher nicht vom Schutzzweck der Schadensersatznorm gedeckt sah.

24 *Steffen*, DAR 1984, 1, 4.

25 *Küppersbusch*, Ersatzansprüche bei Personenschäden, II. 13. a).

26 *Steffen*, VersR 1985, 605, 607.

gerung wäre. Infolgedessen werden insgesamt weniger Rentenversicherungsbeiträge gezahlt. Diese unterbliebene Abführung von Rentenversicherungsbeiträgen kann zu einer Minderung der Altersrente führen[27].

II. Fortkommensschäden aufgrund einer unterbliebenen oder geänderten Berufslaufbahn

Die Schädigung des Verletzten kann selbstverständlich auch deutlich gravierendere Folgen zeitigen als eine bloße Ausbildungsverzögerung. So ist es denkbar, dass der Geschädigte nach der Verletzung nicht mehr in der Lage ist, den geplanten Beruf zu beginnen, und sich einen anderen wählen muss, den er trotz seiner dauerhaften Schädigung noch bewältigen kann. Je schwerer die Schädigung, desto größer ist die Wahrscheinlichkeit, dass ein Eintritt in das Erwerbsleben gänzlich ausbleiben muss. Der Minderverdienst, den der Geschädigte zu tragen hat, stellt in dem Falle seinen Fortkommensschaden dar[28]. Dabei sind auch solche Nachteile zu ersetzen sind, die dem Geschädigten dadurch entstehen, dass er verletzungsbedingt einen krisenanfälligeren Beruf ergreifen musste als er geplant hatte[29]. Selbstverständlich kann das Unterbleiben oder die Änderung der Berufslaufbahn ebenfalls zu einer Rentenverkürzung führen[30]. Dabei können Fortkommensschäden sowohl solchen Geschädigten entstehen, die ohne ihre

---

27 Vgl. *Jahnke*, Der Verdienstausfall im Schadensersatzrecht, Kap. 6. A. I. 1. Fn. 9, welcher auf den weiten Anwendungsbereich des § 119 SGB X und die daraus resultierende Erstattungsfähigkeit der Rentenversicherungsbeiträge hinweist, wodurch die praktische Relevanz dieser Fallgruppe deutlich reduziert sei. Hierzu auch *Küppersbusch*, Ersatzansprüche bei Personenschäden, II. 13. a), insbes. Fn. 364: Soweit für den Geschädigten noch keinerlei Rentenversicherungsbeiträge gezahlt worden seien, bleibe der Geschädigte zunächst selbst aktivlegitimiert. Dies ändere sich aber, sobald er später rentenversicherungspflichtig erwerbstätig werde. Zu Details des Anwendungsbereiches des § 119 SGB X und der Berechnung von Rentenschäden vgl. *Küppersbusch*, Ersatzansprüche bei Personenschäden, XIV., *Furtmayr* VersR 1997, 38 ff. und ZfS 2006, 603 ff.; *Hänlein* NJW 1998, 105 ff.

28 Zu diesen Schadensposten beispielhaft: KG Berlin NZV 2002, 95 ff. (Geschädigte wäre ohne die Verletzung Holzfacharbeiterin geworden); OLG Saarbrücken, Urteil v. 27.11.1997, 3 U 737/96 (Geschädigter wäre Kfz-Mechaniker geworden); LG Bielefeld, Urteil v. 19.02.2008, 4 O 234/03 (Geschädigter wäre Fußballprofi geworden).

29 *Steffen*, DAR 1984, 1, 4, der jedoch den Schädiger nicht mehr bei betriebs- oder brancheninternen Vorgängen haften lassen will.

30 Vgl. BGH NJW 1977, 246 f.

Schädigung in einem Angestelltenverhältnis berufstätig gewesen wären, als auch denjenigen, die einer selbständigen Tätigkeit nachgegangen wären.

In vielen Fällen wird der Geschädigte nicht nur entweder einen verzögerungsbedingten Fortkommensschaden oder einen Fortkommensschaden aufgrund des Unterbleibens oder der Änderung der Berufslaufbahn erleiden. Beispielsweise kann die Schädigung zunächst zur Folge haben, dass sich die Ausbildung verzögert. Nach Berufseintritt ist es dann möglich, dass aufgrund der Verletzung eine Überforderung mit dieser Arbeit eintritt, die zur Kündigung – sei es durch den Geschädigten selbst oder seinen Arbeitgeber – und schlussendlich zu einer schlechter bezahlten Einstellung führt. Zu ersetzen ist dann nicht nur das durch die Verzögerung zunächst entgangene Einkommen, sondern auch der Minderverdienst, der infolge des Arbeitsplatzwechsels eingetreten ist.

III. Grenzfälle von Erwerbs- und Forkommensschäden

Zum Abschluss der Darstellung möglicher als Fortkommensschäden zu qualifizierender Einbußen wird auf zwei lange umstrittene und im Zusammenhang mit den Fortkommensschäden oft genannte Fallgruppen eingegangen. Zum einen ist in der Literatur und Rechtsprechung seit langem umstritten, ob die Beeinträchtigung der Arbeitskraft oder Erwerbsfähigkeit als solche als ersatzfähige Erwerbs- bzw. Fortkommensschäden anzusehen seien. Würde man Arbeitskraft und Erwerbsfähigkeit selbst Vermögenswert beimessen, so erschiene es folgerichtig, diese unter die „Erwerbsschäden“ oder zukunftsgerichtet unter „Fortkommensschäden“ zu subsumieren.

Zum anderen ist seit langem streitig, ob auch die Beeinträchtigung von Heiratschancen, sei es aufgrund äußerer, innerer körperlicher oder seelischer Gebrechen einen Fortkommensschaden bedeutet.

1. Beeinträchtigung der Arbeitskraft oder der Erwerbsfähigkeit selbst als Schaden

Besondere Bedeutung erlangt die angesprochene Frage, inwieweit allein die Beeinträchtigung der Arbeitskraft oder Erwerbsfähigkeit als Vermögensschaden anzusehen sei, in den Fällen, in denen der Geschädigte seine Arbeitskraft ohnehin nie dem Erwerb gewidmet hätte und der Ausfall der Arbeitskraft für ihn daher unmittelbar ohne wirtschaftliche Folgen geblieben wäre. Denkbar ist, dass sich die geschädigte Person beispielsweise selbst dem Erwerbsleben verweigert oder jemand seine Arbeitskraft nur ehrenamtlich einsetzt.

Unter dem Begriff der „Arbeitskraft“ wird dabei das Potential verstanden, bestimmte Arbeitsleistungen ausführen zu können, welches erst dann nach außen in Erscheinung tritt, wenn die Person es einsetzt und ganz bestimmte Arbeitsleistungen erbringt[31].

Die „Erwerbsfähigkeit“ und „Arbeitskraft“ werden in der Rechtsprechung und der Literatur größtenteils synonym verwendet[32].

Zu der Frage, ob der Arbeitskraft als solcher ein Vermögenswert beizumessen sei, gibt die Rechtsprechung kein in sich geschlossenes Bild. Fanden sich auch in sehr alten Reichsgerichtsentscheidungen Ansätze, Arbeitskraft oder Erwerbsfähigkeit als Vermögenswerte anzusehen[33], so verweigerte der BGH doch in mehreren Entscheidungen explizit die Anerkennung als Vermögensgut[34]. Arbeitskraft und Erwerbsfähigkeit seien Eigenschaften der Person, die haftungsrechtlich in erster Linie mit der körperlichen Unversehrtheit und der Gesundheit verbunden seien. Ebenso wie die Verletzung letztgenannter Rechtsgüter könne die Verletzung der Arbeitskraft oder Erwerbsfähigkeit für sich genommen keine vermögensrechtliche Ersatzpflicht auslösen. Eine solche werde erst durch die Entstehung eines Vermögensnachteils begründet[35].

Der strikten und ausdrücklichen Ablehnung eines Vermögenswertes der Arbeitskraft als solcher steht die Tatsache gegenüber, dass der BGH in einigen Entscheidungen über Umwege eines normativen Schadensbegriffes doch zur Annahme eines Schadensersatzanspruches gelangte. In zwei Urteilen wurde jeweils ein Schaden eines Arbeitslosen, der durch einen Unfall arbeitsunfähig geworden

---

31 *Würthwein*, JZ 2000, 337, 341; *Weimar*, NJW 1989, 3246, 3247.

32 Vgl. BGHZ 54, 45, 50; BGH NJW 1996, 652, 653; *Lange / Schiemann*, Schadensersatz, § 6 XIV 1; *Staudinger / Schiemann*, § 251 Rn. 105; BGB-MünchKomm / *Wagner*, §§ 842, 843 Rn. 15; anders aber *Felsinger*, Der Erwerbsschadensersatz bei Verletzungen im Kindesalter, Erster Teil A. 2., der beide Begriffe voneinander trennt: Danach beziehe sich die Erwerbsfähigkeit auf einen Aspekt der Arbeitskraft, nämlich auf deren entgeltbezogenen Aspekt und blende ihren Einsatz außerhalb des Erwerbslebens aus.

33 RGZ 35, 144 unter Anwendung gemeinen Rechts (ein ersatzfähiger Vermögensschaden bestehe „in der Verringerung der Erwerbsfähigkeit als solcher“); RG Warneyer 1908 Nr. 640.

34 BGHZ 54, 45, 50 f. (wo sogar ein dritter Begriff der „Arbeitsfähigkeit“ verwendet wird); 90, 334, 336 f.; 176, 109, 112, 114 (die beiden letzten Urteile zum Erwerbsschaden eines Arbeitslosen); BGH NJW 1976, 1883, 1885 (zu entgangenem Dirnenlohn); 2002, 292, 293; vgl. aus der obergerichtlichen Rechtsprechung auch OLG Celle NJW 1988, 2618: Einem unfallbedingt in seiner Erwerbsfähigkeit beeinträchtigten Ordensbruder, der für seine Beiträge in der Ordensgemeinschaft keine Entlohnung erhielt, wurde ein Schadensersatzanspruch versagt. Auf die Ansicht des BGH rekurriert auch das BVerwG in BVerwGE 88, 60, 63 f.

35 BGHZ 54, 45, 50.

war, infolgedessen den Anspruch auf Arbeitslosengeld eingebüßt hatte und stattdessen Krankengeld[36], beziehungsweise Leistungen nach § 126 SGB III[37], bezog, als gegeben angesehen. Auch die Frage, ob einer erwerbslosen Hausfrau, die aufgrund ihrer Verletzung ihrer Haushaltsführung nicht mehr im gewohnten Umfang nachgehen konnte, ein Schaden entstehe, bejahte der Große Senat des BGH unter Bezugnahme auf den normativen Schadensbegriff[38].

Das BAG schrieb seinerseits im „Filialleiterurteil" unter Anknüpfung an diese normative Betrachtungsweise des Schadens des BGH der Arbeitskraft selbst Vermögenswert zu und vertrat, es sei bereits darin ein Schaden zu sehen, dass die Arbeitskraft infolge des zum Schadensersatz verpflichtenden Umstandes nicht genutzt werden könne[39]. In einer späteren Entscheidung wurde demgegenüber ausdrücklich offengelassen, ob die Arbeitskraft ein vermögenswertes Gut sei[40].

Neben einer auf überwiegende Ablehnung gestoßenen Auffassung[41], dass es sich bei der Arbeitskraft um ein „sonstiges Recht" im Sinne des § 823 Abs. 1 BGB

36 BGHZ 90, 334 ff.

37 BGHZ 176, 109, 114 f., wo explizit auf eine „wertende Korrektur" und den Rechtsgedanken des § 843 Abs. 4 BGB abgestellt wird.

38 BGHZ GS 50, 304, 306. Im Anschluss an diese Entscheidung bejahte der BGH unter ausdrücklicher Bezugnahme auf die Ausführungen des Großen Senates einen Schadensersatzanspruch der verletzten Ehefrau, die zuvor im Erwerbsgeschäft des Ehegatten mitgearbeitet hatte, BGHZ 59, 172, 174 f.

39 BAG JZ 1971, 380, 381: „Der Schaden besteht [...] darin, dass die Beklagte die Arbeitskraft ihrer nach Hamburg gereisten Angestellten nicht in der Weise nutzen konnte, wie sie es ohne diese Reisen hätte tun können. Das ist ein materieller Schaden. Man muss davon ausgehen, dass ein Unternehmer die Arbeitskraft seiner Angestellten unmittelbar oder mittelbar gewinnbringend nützt; sie hat deshalb für ihn Vermögenswert. [...] Der Bundesgerichtshof hat in seiner Rechtsprechung den normativen Schadensbegriff entwickelt. Danach ist ein Schaden bereits darin zu sehen, dass die Arbeitskraft oder ein anderer Vermögenswert infolge des zum Schadensersatz verpflichtenden Umstandes nicht genutzt werden kann, ohne Rücksicht darauf, ob dieser Schaden zu Vermögensaufwendungen des Geschädigten führt oder ob dies nicht der Fall ist." Das LAG Schleswig-Holstein, BB 1972, 1229, schloss sich in einer nachfolgenden Entscheidung hingegen eher dem Ansatz des BGH an: „Die Fähigkeit zum Erwerb ist für sich selbst noch kein Vermögenswert."

40 BAG BB 2001, 50, 51.

41 *Schnorr von Carolsfeld*, 25 Jahre BAG, 491, 496; aA BGB-MünchKomm / *Wagner*, § 823 Rn. 176; BGB-MünchKomm[3] / *Mertens*, § 823 Rn. 124; *Soergel*[12] / *Zeuner*, § 823 Rn. 152.

handle, hat sich in der Literatur eine Ansicht herausgebildet, die die Arbeitskraft per se als Vermögensgut ansieht[42].

Zur Bestimmung der Höhe des Schadens stellen Vertreter dieser Auffassung auf die Qualifikationen des Geschädigten ab: Maßgeblich sei, was dieser mit seiner Ausbildung und seinen Fähigkeiten auf dem Arbeitsmarkt während der Zeit der Beeinträchtigung seiner Arbeitskraft bei optimaler Auswertung hätte verdienen können[43].

Als „normatives Einfallstor" dafür, den bloßen Verlust von Arbeitskraft zu entschädigen, kann § 842 BGB angesehen werden: Kann unter den Nachteilen „für den Erwerb oder das Fortkommen" nicht auch die Beeinträchtigung der Erwerbsfähigkeit selbst verstanden werden[44]?

Dies wird zum Teil aufgrund der Normsystematik der §§ 842, 843 BGB zueinander bejaht: Wenn § 843 BGB selbst an die Erwerbsfähigkeit ausdrücklich anknüpfe, müsse sich daraus folgern lassen, dass § 842 BGB mit den Nachteilen „für den Erwerb oder das Fortkommen" auch die Erwerbsfähigkeit selbst meine und bei ihrer Beeinträchtigung Schadensersatz zuspreche[45].

Ferner wird argumentiert, die Arbeitskraft sei „in unserer Wirtschaftsordnung ein unmittelbarer Produktionsfaktor, als Quelle der Wirtschaftsgüter *Dienst- bzw. Arbeitsleistung* mithin genuin vermögensrelevant"[46]. Auch wird ein Vergleich zum Sacheigentum angeführt: Es sei ungerecht, demjenigen Geldersatz zuzubilligen, der an seinem Eigentum geschädigt worden sei, wobei niemand danach frage, ob die beschädigte Sache verkauft oder auch nur benutzt werden sollte, während derjenige, dessen potentielle Verdienstmöglichkeit nicht auf Sachen, sondern auf seiner Arbeitskraft basiere, nur unter den engen Voraussetzungen des § 252 BGB anspruchsberechtigt sein solle[47]. So sei für die Bejahung eines Schadensersatzanspruches erforderlich und genügend, dass der Geschädigte die

---

42 Grundlegend: *Grunsky*, Aktuelle Probleme zum Begriff des Vermögensschadens, S. 76 ff.; *Grunsky* JZ 1973, 425 ff.; vgl. auch *Esser / Schmidt*, Schuldrecht Band I – Allgemeiner Teil, § 31 II. 2. d); *Schlechtriem / Schmidt-Kessel*, Schuldrecht AT, Rn. 274; *Neuner*, AcP 133 (1931), 277, 313; *Kilian* AcP 169 (1969), 443, 457; *Hagen*, JuS 1969, 61, 66 ff.; *Becker*, MDR 1976, 620; rechtsvergleichend zu dieser Problematik *Magnus*, Schaden und Ersatz, § 9.

43 *Grunsky*, Aktuelle Probleme zum Begriff des Vermögensschadens, S. 80 f.; BGB-MünchKomm[3] / *Grunsky*, Vor § 249 Rn. 27; *Esser / Schmidt*, Schuldrecht Band I – Allgemeiner Teil, § 31 II. 2. d) α).

44 So *Kilian*, AcP 169 (1969), 443, 457.

45 *Kilian*, AcP 169 (1969), 443, 457.

46 *Esser / Schmidt*, Schuldrecht Band I – Allgemeiner Teil, § 31 II. 2. d).

47 *Grunsky* JZ 1973, 425 ff.; BGB-MünchKomm[3] / *Grunsky*, Vor § 249 Rn. 23 ff.

Möglichkeit gehabt hätte, Geld zu verdienen. Ob er seine Arbeitskraft tatsächlich Ertrag bringend eingesetzt hätte, sei hingegen unerheblich[48].

Nach der Auffassung von *Hagen* müsse der Vermögensbegriff des Schadensrechts das gesamte gegenständliche Potential des einzelnen umfassen, wozu alle wirtschaftlich wertvollen Güter zählten. Die Arbeitskraft stelle aber das hauptsächliche wirtschaftliche Potential des einzelnen dar. Dieses Potential könne insbesondere dazu genutzt werden, Dienstleistungen für andere zu erbringen. Damit stellten diese potentiellen Nutzungen der Arbeitskraft ein mögliches Tauschobjekt im Wirtschaftsverkehr und daher ein wirtschaftlich wertvolles Gut dar[49]. Zu einem ähnlichen Ergebnis gelangt auch *Schiemann*, der zwar dem „Substanzwert" der Arbeitskraft als solchem keinen, ihrem „Nutzwert" jedoch Vermögenswert zuspricht. Die Entscheidung des Großen Senates des BGH zum Ausfall von Nutzungen einer Sache[50] lasse sich auf die Arbeitskraft übertragen. Die Einschränkung des Großen Senates, Nutzungsersatz nur für solche Sachen zu gewähren, auf die der Geschädigte für die eigenwirtschaftliche Lebenshaltung typischerweise angewiesen sei[51], passe auf die Arbeitskraft des Geschädigten mindestens so sehr wie auf bestimmte ihm gehörende Sachgüter[52].

Die Gegenansicht[53] sieht die Arbeitskraft selbst nicht als Vermögensgut an, so dass allein ihre Beeinträchtigung (d.h. ohne Rücksicht auf eine konkrete Verwendungsperspektive) noch keinen Schadensersatzanspruch begründe.

---

48 *Grunsky*, Aktuelle Probleme zum Begriff des Vermögensschadens, S. 78; *Esser / Schmidt*, Schuldrecht Band I – Allgemeiner Teil, § 31 II. 2. d) α).

49 *Hagen*, JuS 1969, 61, 67 f., der jedoch betont, dass nur der Arbeitskraft Vermögenswert beizumessen sei, deren Nutzungswert durch ein „Rechtsverhältnis aktiviert" sei. So könne man verhindern, dass ein „notorischer Faulpelz" Vorteile aus dem Verlust der brachliegenden Arbeitskraft zöge.

50 BGHZ – GS 98, 212 ff.

51 Vgl. BGHZ – GS 98, 212, 222.

52 *Staudinger / Schiemann*, § 251 Rn. 107.

53 BGB-MünchKomm / *Oetker*, § 249 Rn. 86; AK-BGB / *Rüßmann*, vor §§ 249–253 Rn. 30; BGB-RGRK /*Alff*, Vor § 249 Rn. 7 f.; BGB-RGRK /*Steffen*, § 823 Rn. 442; *Erman / Ebert*, § 249 Rn. 49; *Honsell*, JuS 1976, 222, 227; *Geigel* – Der Haftpflichtprozess / Knerr, 3. Kapitel Rn. 111; *Knobbe-Keuk*, VersR 1976, 401, 406; *Larenz*, Lehrbuch des Schuldrechts Bd. 1, § 27 II. b. 1.; *Maier*, Schadensersatz bei Tötung oder Verletzung der im Haushalt tätigen oder im Beruf oder Geschäft des Mannes mitarbeitenden Ehefrau, S. 32 ff.; *Mertens*, Der Begriff des Vermögensschadens im Bürgerlichen Recht, S. 152 f.; *Palandt / Grüneberg*, § 249 Rn. 65; *Stoll*, Begriff und Grenzen des Vermögensschadens, S. 24 ff.; *Stoll*, Haftungsfolgen im Bürgerlichen Recht, 5. Kapitel § 10 III. 2. a); *Ströfer*, Schadensersatz und Kommerzialisierung, S. 82; *Stürner*, JZ 1984, 412, 414; *Würthwein*, JZ 2000, 337, 341.

Zwar stelle die Arbeitskraft nach *Ströfer* das hauptsächliche wirtschaftliche Potential des Einzelnen dar, doch sei sie als Eigenschaft des Rechtssubjekts von diesem unlösbar und daher dem personalen, nicht aber dem gegenständlichen Bereich zuzuordnen; die Arbeitskraft sei streng an die Person gebunden[54].

Nach Ansicht von *Knobbe-Keuk* seien der Mensch selbst, seine geistigen Kräfte, seine Eigenschaften, seine Arbeitskraft keine Bestandteile seines Vermögens, aus der Beeinträchtigung dieser Güter könne aber ein Vermögensschaden erwachsen[55].

Würthwein hält die alleinige Einbuße von Arbeitskraft für keinen „schadensersatzrechtlich relevanten Verlust". Die Arbeitskraft stelle lediglich das Potential jedes Einzelnen dar, Arbeitsleistungen zu erbringen. Es trete jedoch erst nach außen, wenn die Person ganz bestimmte Arbeitsleistungen erbringe. Für die Bejahung eines Schadens sei so entscheidend, ob und wie die Person von ihrer Handlungsfreiheit, also auch der Möglichkeit zu arbeiten Gebrauch machen wolle[56].

Weiterhin wird darauf verwiesen, dass es zu praktischen Problemen führen würde, gewährte man bei der Verletzung der Arbeitskraft als solcher Schadensersatz. Denn ein gegenwärtig-individueller Wert der Arbeitskraft lasse sich oft praktisch nicht ermitteln[57].

Es ist bereits zweifelhaft, ob die Rechtsprechung des BGH zum Nutzungsersatz bei Sachbeschädigungen auf die Arbeitskraft übertragen werden kann: Für die Arbeitskraft selbst oder ihren „Nutzwert" besteht – anders als bei Sacheigentum – eben kein Marktwert; ein solcher besteht jedoch erst für die erbrachte Arbeit selbst[58]. Aber selbst wenn man die Rechtsprechung zum Nutzungsersatz auf die Arbeitskraft übertragen wollte, darf man nicht unbeachtet lassen, dass der BGH richtigerweise – um der Subjektsbezogenheit des Schadens und seines Ausgleichs

---

54 *Ströfer*, Schadensersatz und Kommerzialisierung, IV. 5.; vgl. *Larenz*, Lehrbuch des Schuldrechts Bd. 1, § 29 I. c) a.E.; ähnlich *Mertens*, Der Begriff des Vermögensschadens im Bürgerlichen Recht, S. 152 f.

55 *Knobbe-Keuk*, VersR 1976, 401, 406.

56 *Würthwein*, JZ 2000, 337, 341.

57 *Mertens*, Der Begriff des Vermögensschadens im Bürgerlichen Recht, S. 153 Fn. 35: „Wie sie [die Erwerbskraft] im Laufe des Lebens eingesetzt wird, ist nur bedingt vorhersehbar. Die Berechnung des Erwerbsausfalls muss sich daher in gewisser Weise an den tatsächlich eintretenden Lebensdaten orientieren können"; vgl. auch *Maier*, Schadensersatz bei Tötung oder Verletzung der im Haushalt tätigen oder im Beruf oder Geschäft des Mannes mitarbeitenden Ehefrau, S. 33.

58 Vgl. hierzu auch BGB-MünchKomm / *Oetker*, § 249 Rn. 80 f.

Rechnung zu tragen[59] – Nutzungsersatz für Sachbeschädigungen nur unter der Bedingung zuspricht, dass dem Eigentümer die Nutzung der Sache möglich gewesen wäre und er diese Nutzung auch gewollt hätte[60]. Diese Einschränkung muss konsequent auch für die Ersatzfähigkeit der Arbeitskraft gelten.

Darüber hinaus erscheint es wertungswidersprüchlich, die Arbeitskraft als vermögenswertes Gut anzusehen, aber Schadensersatzansprüche überhaupt davon abhängig zu machen, dass die Möglichkeit der Gewinnerzielung bestanden hätte, andererseits auch dann Schadensersatz zu gewähren, wenn der Verletzte nicht willens gewesen wäre, die Arbeitskraft produktiv zu verwerten[61]. Wenn die Arbeitskraft als solche Vermögenswert hätte, wieso sollte es dann der Möglichkeit ihres wirtschaftlichen Einsatzes zur Bejahung eines Schadensersatzanspruchs bedürfen[62]? Wenn es der Möglichkeit wirtschaftlichen Einsatzes bedürfen sollte, wieso sollte dem Verletzten hingegen ein Schadensersatzanspruch zugestanden werden, wenn er selbst die Arbeitskraft nicht produktiv einzusetzen beabsichtigt hätte? Und weiter: Fehlt es nicht sogar auch an der Möglichkeit des gewinnbringenden Einsatzes selbst, wenn der Verletzte von sich aus gänzlich arbeitsunwillig ist?

Entscheidend dürfte der Kritikpunkt von *Honsell* ins Gewicht fallen, dass eine Anerkennung der Arbeitskraft als Vermögensgut zu einer Umgehung des § 252 S. 2 BGB und zu einem Verstoß gegen das schadensrechtliche Bereicherungsverbot[63] führen könnte. Unabhängig von der Frage, ob es sich bei dieser Norm um eine Beweiserleichterung oder um eine materiellrechtliche Beschränkung des Schadensersatzes handele[64], verlange nämlich § 252 S. 2 BGB für die Geltendmachung entgangenen Gewinnes, dass dieser wenigstens wahrscheinlich war[65].

---

59 BGH NJW 1968, 1778, 1779 f.

60 So u.a. BGH NJW 1985, 2471; 1976, 1396, 1398; 1968, 1778, 1779 f.; 1966, 1260, 1261 f.

61 So aber *Grunsky*, Aktuelle Probleme zum Begriff des Vermögensschadens, S. 78; *Esser / Schmidt*, Schuldrecht Band I – Allgemeiner Teil, § 31 II. 2. d) α).

62 Zum Widerspruch, dem Verletzten das Arbeitsmarktrisiko aufzubürden, aber die Vermögensqualität der Arbeitskraft anzuerkennen vgl. AK-BGB / *Rüßmann*, vor §§ 249–253 Rn. 30.

63 Vgl. zum Bereicherungsverbot BGHZ 118, 312, 338 ff. (Unzulässigkeit der Vollstreckung von „punitive damages" in Deutschland wegen Verstoßes gegen den „ordre public" im Sinne des § 328 Abs. 1 Nr. 4 ZPO); BGH NJW 2001, 673, 674; 2004, 2526, 2528 f.; 2005, 2541, 2542; *Geigel* – Der Haftpflichtprozeß / Knerr, 3. Kapitel Rn. 2; *Lange / Schiemann*, Schadensersatz, Einl. III. 2 a); BGB-MünchKomm / *Oetker*, § 249 Rn. 20.

64 Dazu sogleich unter: E. II. 1.

65 *Honsell*, JuS 1976, 222, 227, der aber zugibt, dass dieser Kritikpunkt auch für die Entschädigung eines abstrakten Nutzungswertes bei Sachen fruchtbar gemacht werden könne. Vgl. hierzu: *Löwe*, VersR 1963, 307 ff.

Erstrebt beispielsweise ein Arbeitsunwilliger, der in seiner Arbeitskraft verletzt wurde, Schadensersatz, so erschient es zumindest zweifelhaft, von der in § 252 S. 2 BGB geforderten Wahrscheinlichkeit auszugehen. Nach der erstgenannten Auffassung der Literatur wäre aber ein Ersatzanspruch zu gewähren. Denn nach dieser ist es für einen solchen Anspruch ja erforderlich und genügend, wenn die alleinige Möglichkeit bestanden hätte, die Arbeitskraft gewinnbringend einzusetzen[66]. Der Verletzte stünde nach dem schädigenden Ereignis wirtschaftlich deutlich besser als er jemals ohne Schädigung gestanden hätte.

Daher ist es vorzugswürdig, mit der herrschenden Auffassung der Arbeitskraft einen eigenen Vermögenswert abzusprechen. Selbstverständlich bleibt es dabei dem Verletzten unbenommen, über die Verletzung der bloßen Erwerbsfähigkeit hinausgehende materielle Erwerbs- oder Fortkommensschäden ersetzt zu verlangen.

2. Beeinträchtigung von Heiratschancen als Fortkommensschaden

Es ist weiterhin umstritten, ob die Minderung von Heiratschancen selbst einen materiellen Fortkommensschaden darstellt. Auffällig ist, dass die hierzu in Literatur und Rechtsprechung aufzufindenden Quellen lediglich die Fälle beleuchten, in denen Frauen von einer Minderung der Heiratsaussichten betroffen waren – eine unzulässige Reduzierung der Fallgruppe, die heutzutage keinesfalls die Realität abbildet, in der selbstverständlich auch Männer wirtschaftlich von der Arbeitsleistung und dem Vermögen ihrer Ehefrauen profitieren.

Das Reichsgericht[67] und der BGH[68] bejahten in frühen Entscheidungen das Vorliegen eines Fortkommensschadens im Sinne des § 842 BGB wegen geminderter Heiratsaussichten. Dabei fällt auf, dass der BGH in einem Urteil einerseits auf die „wirtschaftliche Versorgung“ der Ehe abstellte, welche die Eheschließung

---

66 Vgl. *Grunsky*, Aktuelle Probleme zum Begriff des Vermögensschadens, S. 78; *Esser / Schmidt*, Schuldrecht Band I – Allgemeiner Teil, § 31 II. 2. d) α).

67 RG Warneyer 1912 Nr. 256 (Verminderung der Heiratsaussichten): „Im Streitfalle ist allerdings anzunehmen, dass die Klägerin [...] zugleich wegen der Minderung der mit der Minderung der Heiratsaussichten verbundenen wirtschaftlichen Nachteile hat abgefunden werden sollen. Allein dieser letztere Schadensersatz steht mit dem Schadensersatz wegen ideeller Nachteile in einem solchen Zusammenhang, dass es im vorliegenden Falle, obschon die Klägerin an sich einen Anspruch auf Entschädigung für die in der Erschwerung ihres „Fortkommens“ bestehenden Nachteile (BGB § 842) erst bei Erreichung des heiratsfähigen Alters haben würde, als zulässig zu erachten war, als Schadensersatz eine ungetrennte Summe [...] festzusetzen.“

68 BGH JZ 1959, 365; VersR 1961, 84, 85.

für eine Frau zur Folge habe und ihr durch die Schädigung entgehe. Andererseits wurde auch erkannt, dass diese Bedeutung der Ehe immer mehr hinter dem immateriellen Aspekt zurücktrete, dass die Frau als Gattin und Mutter ihre natürliche Erfüllung finden könne[69].

In neuerer Rechtsprechung wurde die Minderung von Heiratsaussichten lediglich im Rahmen der Bemessung des Schmerzensgeldes berücksichtigt[70].

Die Frage nach der Ersatzfähigkeit der Minderung von Heiratschancen im Rahmen eines materiellen oder immateriellen Schadens wird innerhalb der Literatur uneinheitlich beantwortet.

Zum Teil wird die Einordnung der Minderung von Heiratsaussichten als materieller oder immaterieller Schaden offengelassen. Jedenfalls sei die verletzungsbedingte Minderung der Heiratschancen von § 842 BGB erfasst[71].

Andererseits wird vertreten, es sei neben einem über § 253 BGB abzugeltenden immateriellen auch ein rein materieller Schaden gegeben[72]. Die Ehe habe nämlich nach *Stürner* handfeste vermögensmäßige Folgen wie schenkweise Zuwendungen. Dies übersehen zu wollen wirke aufdringlich moralisierend im Sinne weiblicher Emanzipation, die sozusagen schadensrechtlich zwangsverordnet werde[73]. Andere stellen hingegen zur Begründung eines materiellen Schadens auf den der verletzten Person entgangenen Unterhaltsanspruch ab, dessen Vereitelung bei einer darauf ausgerichteten langfristigen Lebensplanung sehr wohl vermögensrechtliche Relevanz habe[74]. Allerdings könne man – so die einschränkende Auffassung von *Greger* – nur dann von einem Vermögensschaden ausgehen, wenn die Heirat konkret beabsichtigt worden und durch die Verletzungshandlung vereitelt worden sei[75].

---

69 BGH JZ 1959, 365.

70 Vgl. u.a. BGH DB 1976, 1520, 1521; KG Berlin, Urteil v. 29.07.2004, 8 U 54/04; OLG Frankfurt NJW-RR 1994, 1114, 1116 f.; OLG Schleswig VersR 1992, 462, 463; OLG München MDR 1990, 52, 53; LG Mainz, Urteil v. 15.05.1987, 7 O 179/86.

71 *Stoll*, Haftungsfolgen im bürgerlichen Recht, 4. Kapitel § 7 II. 2. c); *Lange / Schiemann*, Schadensersatz, § 6 IX 4. a) und Fn. 425: Angriffe auf die frühere die Minderung von Heiratschancen als Schaden einordnende Rechtsprechung des Reichsgerichts und des BGH seien „zwangsemanzipatorisch und nicht eben lebensnahe".

72 *Eckelmann / Nehls / Schäfer*, DAR 1983, 337, 344; jurisPK / *Rüßmann*, § 842 Rn. 3; *Stürner*, JZ 1984, 412, 415; BGB-RGRK / *Boujong*, § 842 Rn. 11; vgl. auch *Staudinger*[12] / *Schäfer*, § 842 Rn. 22.

73 *Stürner*, JZ 1984, 412, 415.

74 *Eckelmann / Nehls / Schäfer*, DAR 1983, 337, 344; jurisPK / *Rüßmann*, § 842 Rn. 3.

75 *Greger*, Haftungsrecht des Straßenverkehrs, § 29 Rn. 193.

Die Gegenauffassung sieht die Verminderung von Heiratsaussichten zu Recht nicht als ersatzfähigen Fortkommensschaden an[76]. Bereits dem Sprachgefühl widerspräche es, in einer Beschränkung von Heiratsaussichten Nachteile für das „Fortkommen“ einer verletzten Person zu erkennen[77]. Mit dem auf Gleichstellung beider Ehegatten gerichteten Eheverständnis sei es nicht vereinbar, die Ehe als materielle Versorgungseinrichtung anzusehen[78], da die Ehegatten gemeinsam zum Unterhalt beizutragen hätten[79]. Die Ehe sei in erster Linie eine Verbindung von Mann und Frau zu dauernder Lebensgemeinschaft. Sie bedeute Gemeinschaft des Namens, Wohnsitzes, des Sexuallebens und sonstigen Zusammenlebens. Demgegenüber trete die Unterhaltspflicht zurück[80].

Für das Zurücktreten des Versorgungscharakters des Instituts der Ehe spricht nicht nur § 1314 Abs. 2 Nr. 3 2. HS. BGB, nach welchem die Aufhebung der Ehe nicht verlangt werden kann, wenn einer der Ehegatten über die wirtschaftlichen Verhältnisse des anderen getäuscht wurde[81]. Auch § 1360 S. 2 BGB, der die Unterhaltsleistung durch Haushaltsführung derjenigen aus Erwerbstätigkeit oder Vermögen gleichstellt[82], zeigt, dass nicht mehr von einer einseitigen Unterhaltsversorgung durch den erwerbstätigen Ehegatten ausgegangen werden kann, hinter die die Haushaltsführung zurücktreten müsste. Eine Anerkennung der Minderung von Heiratschancen stünde damit nicht mehr im Einklang mit der heutigen Anschauung der Ehe[83].

Die daneben bestehenden Beweisschwierigkeiten[84] haben zwar keinen Einfluss auf die Lösung der materiellrechtlichen Frage, jedoch zeigen sie eine nur eingeschränkte Praktikabilität der einen Fortkommensschaden bejahenden Ansicht. Allenfalls bei einem Vorliegen sehr konkreter Heiratspläne (z.B. nach einer Verlobung) könnte der Beweis gelingen, dass ohne die möglicherweise verunstaltende

76 BGB-MünchKomm³ / *Stein*, § 842 Rn. 12; *Staudinger / Vieweg*, § 842 Rn. 153; *Larenz / Canaris*, Lehrbuch des Schuldrechts Bd. II 2, § 83 I. 1. a); *Wussow / Dressler*, Unfallhaftpflichtrecht, Kapitel 35 Rn. 21; *Weimar*, VersR 1961, 782 f.

77 *Weimar*, VersR 1961, 782 f.

78 BGB-MünchKomm³ / *Stein*, § 842 Rn. 12; *Staudinger / Vieweg*, § 842 Rn. 153; *Larenz / Canaris*, Lehrbuch des Schuldrechts Bd. II 2, § 83 I. 1. a).

79 *Wussow / Dressler*, Unfallhaftpflichtrecht, Kapitel 35 Rn. 21.

80 *Weimar*, VersR 1961, 782, 783.

81 Vgl. *Weimar*, VersR 1961, 782, 783 zum früheren § 33 Abs. 3 EheG.

82 Vgl. BGB-MünchKomm / *Weber-Monecke*, § 1360 Rn. 15.

83 Vgl. hierzu den Überblick über den Wandel des Ehe- und Familienverständnisses in der Gesellschaft in *Rauscher*, Familienrecht, Erster Teil § 1 1.

84 Vgl. *Staudinger / Vieweg*, § 842 Rn. 153.

Verletzung eine Ehe mit einer wohlhabenden Ehefrau oder einem wohlhabenden Ehemann geschlossen worden wäre.

Im Ergebnis erscheint es deshalb vorzugswürdig, die Verringerung von Heiratschancen als rein immateriellen Schaden anzusehen. Immaterielle Schäden werden jedoch nicht von § 842 BGB erfasst[85]. Die Minderung der Heiratsaussichten ist aber – entsprechend der oben erwähnten neueren richterlichen Praxis – im Rahmen der Bemessung der Höhe eines Schmerzensgeldes nach § 253 BGB von Bedeutung[86].

---

85 Dazu sogleich unter D. II.

86 Vgl. *Larenz / Canaris*, Lehrbuch des Schuldrechts Bd. II 2, § 83 I. 1. a); *Küppersbusch*, Ersatzansprüche bei Personenschäden, V. 2., der die Minderung von Heiratsaussichten unter dem Gesichtspunkt psychischer Auswirkungen behandelt; BGB-MünchKomm / *Oetker*, § 253 Rn. 42; BGB-MünchKomm³ / *Stein*, § 847 Rn. 24; *Staudinger / Vieweg*, § 842 Rn. 153.

D. Materiellrechtliche Grundlagen von Fortkommensschäden

Zur Schaffung eines Überblickes wird nun auf die grundlegenden materiellrechtlichen Normen, die nach Erfüllung eines haftungsbegründenden Tatbestandes die Ersatzfähigkeit von Fortkommensschäden ermöglichen, eingegangen und ihr Verhältnis zueinander beleuchtet.

Anschließend werden die Grundlagen der Berechnung von Fortkommensschäden vorgestellt.

I. Ersatzfähigkeit entgangenen Gewinnes nach § 252 S. 1 BGB

Nach § 252 S. 1 BGB „umfasst der zu ersetzende Schaden auch den entgangenen Gewinn". Die Aussage dieser Vorschrift beinhaltet für sich jedoch keine Besonderheit, sondern stellt lediglich klar, was sich bereits aus § 249 Abs. 1 BGB ergibt[87]: Wenn der zum Schadensersatz Verpflichtete den Zustand herzustellen hat, der bestehen würde, wenn der zum Schadensersatz verpflichtende Umstand nicht eingetreten wäre, dann muss dies auch den entgangenen Gewinn beinhalten, der ja ansonsten angefallen wäre.

II. Verhältnis zwischen § 252 S. 1 BGB und §§ 842, 843 BGB

Die Vorschrift des § 842 BGB, auf die in §§ 618 Abs. 3 BGB, 62 Abs. 3 HGB verwiesen wird, erstreckt die Verpflichtung zum Schadensersatz ausdrücklich auch auf Nachteile für den Erwerb und das Fortkommen.

Obwohl die Stellung von § 842 BGB im Deliktsrecht es nahelegen könnte, dass diese Norm zum haftungsbegründenden Tatbestand zu zählen wäre, regelt

---

87 BGHZ 98, 212, 219: „§ 252 BGB stellt in erster Linie klar, dass – in Abkehr von früheren Kodifikationen – das ganze, nicht nach Verschuldensformen abgestufte Vermögensinteresse dem Schadensausgleich zuzuführen ist, Mot. II 17 f = Mugdan, Materialien zum BGB Bd. II 19; insoweit verwirklicht die Vorschrift den Grundsatz des Schadensausgleichs, der sich aus § 249 BGB ergibt."; *Geigel* – Der Haftpflichtprozess / *Pardey*, 4. Kapitel Rn. 56; *Esser / Schmidt*, Schuldrecht Band I – Allgemeiner Teil, § 32 II 3; *Larenz*, Lehrbuch des Schuldrechts Bd. 1, § 29 II.; *Medicus / Lorenz*, Schuldrecht I, § 54 II 6; BGB-MünchKomm /*Oetker*, § 252 Rn. 1; *Palandt / Grüneberg*, § 252 Rn. 1; *Schlechtriem / Schmidt-Kessel*, Schuldrecht AT, Rn. 259; *Soergel*[12] / *Mertens*, § 252 Rn. 1; *Staudinger / Schiemann*, § 252 Rn. 1.

diese den Umfang der Schadensersatzpflicht und gehört damit zum haftungsausfüllenden Tatbestand. Dies wird durch ihre sogleich näher dargestellte Entstehungsgeschichte belegt, nach welcher zunächst beabsichtigt wurde, auf eine dem heutigen § 842 BGB entsprechende Vorschrift zu verzichten, da man erkannt hatte, dass die von § 842 BGB genannten Schadenspositionen ohnehin vom allgemeinen Schadensrecht erfasst wurden[88].

Mit § 842 BGB wurde keine deliktische Sonderregelung geschaffen, sondern lediglich klargestellt, dass Nachteile für den Erwerb und das Fortkommen als Vermögensschäden auch ersatzfähig sind. § 842 BGB hat daher weder eine Begrenzungsfunktion noch den Zweck, die Ersatzfähigkeit immaterieller Schäden zu erweitern[89].

Demgegenüber wird vereinzelt vertreten, § 842 BGB erfasse ebenfalls immaterielle Nachteile[90]. Angeführt wird unter anderem, dass § 842 BGB nur dann einen eigenen Anwendungsbereich erhielte, wenn man die Norm auch auf immaterielle Nachteile bezöge. Andernfalls hätte es des § 842 BGB nicht bedurft[91]. Von *Nörr* wird angemerkt, bereits vor Erlass des BGB habe es landesgesetzliche Regelungen gegeben, die „Nachteile für das Fortkommen“ geregelt hätten. Obwohl diese Bestimmungen ursprünglich nur den Ersatz des materiellen Schadens bezweckt hätten, seien sie in der Praxis zur Berücksichtigung ideeller Schäden herangezogen worden[92].

Diese Auffassung ist jedoch abzulehnen. Sie widerspricht der Entstehungsgeschichte des § 842 BGB. Nach dieser ist in dieser Norm nur ein klarstellender Hinweis zu sehen, der die Ersatzfähigkeit von Schäden gemäß §§ 249 ff. BGB

---

88 Mot. S. 751 = *Mugdan* S. 419.

89 Vgl. RGZ 141, 169, 172 f.; BGHZ GS 5, 62, 63; BGH NJW 1958, 341, 342; 1958, 1041, 1042; BGH NJW 1973, 700, 701; BGH NJW-RR 1992, 792, 793 *Bamberger / Roth / Spindler*, § 842 Rn. 1; *Chomse*, NJW 1958, 533, 534; BGB-MünchKomm / *Wagner*, §§ 842, 843 Rn. 2, 4; BGB-MünchKomm³ / *Stein*, § 842 Rn. 2; *Stürner* JZ 1984, 412, 414; *Staudinger*¹² / *Schäfer*, § 842 Rn. 1 ff.; *Palandt / Sprau*, § 842 Rn. 1; *Prütting / Wegen / Weinreich / Medicus / Luckey*, § 842 Rn. 1 f.; Nach *Schlechtriem*, Vertragliche und außervertragliche Haftung, 1581, 1652 f. soll deshalb § 842 BGB überhaupt entbehrlich sein.

90 *Hagen*, JuS 1969, 61, 68; *Staudinger / Schiemann*, § 251 Rn. 108 (im Hinblick auf den Nutzungswert der Arbeitskraft); *Stoll*, Begriff und Grenzen des Vermögensschadens, S. 21 f.; *Stoll*, Haftungsfolgen im bürgerlichen Recht, 5. Kap. § 10 2. a); *Nörr* AcP 158 (1959, 1960), 1, 11 f.

91 Hagen, JuS 1969, 61, 68; ähnlich auch *Staudinger / Schiemann*, § 251 Rn. 108.

92 *Nörr*, AcP 158 (1959, 1960), 1, 11 f.

nicht auf ideelle Nachteile erweitern wollte[93]. So verzichtete die I. Kommission zunächst – wie bereits oben erwähnt – auf eine Einfügung einer dem heutigen § 842 BGB entsprechenden Norm, die Nachteile für Erwerb und Vorkommen explizit erfasste, da solche Nachteile ohnehin ersatzfähige Vermögensschäden darstellen würden[94]. Erst die II. Kommission wollte mit Erlass von § 842 BGB die Zweifel beseitigen, dass auch Nachteile für Erwerb und Fortkommen zu den ersatzfähigen Vermögensschäden zu zählen seien[95].

Soweit darauf verwiesen wird, § 842 BGB könne nur durch eine solche Auslegung, nach welcher die Vorschrift ideelle Schäden erfasse, eine eigenständige Funktion erhalten, ist dem entgegenzuhalten, dass die Norm des § 253 Abs. 2 BGB bereits die Entschädigung für immaterielle Nachteile bei Körper- und Gesundheitsverletzungen regelt. Eine selbständige, neue Bedeutung erhielte § 842 BGB indes nicht[96].

Dementsprechend ist § 842 BGB als bloße Klarstellung zu § 252 S. 1 BGB anzusehen, die Nachteile für den „Erwerb oder das Fortkommen“ als Vermögensschäden umfasst.

Während § 842 BGB die Frage betrifft, *ob* Schadensersatz für Nachteile in Erwerb und Fortkommen zu gewähren ist, regelt § 843 BGB die *Art und Weise* des Schadensersatzes bei Körper- und Gesundheitsverletzungen. Nach dieser Norm ist demjenigen, dessen Erwerbsfähigkeit infolge einer Verletzung des Körpers oder der Gesundheit aufgehoben oder gemindert ist oder dessen Bedürfnisse durch die Verletzung vermehrt wurden, grundsätzlich Schadensersatz in Form einer Rentenzahlung zu gewähren, § 843 Abs. 1 BGB. Nur ausnahmsweise im Falle des Vorliegens eines wichtigen Grundes kann gemäß § 843 Abs. 3 BGB dem Verletzten eine Kapitalabfindung zugesprochen werden.

---

93 Vgl. hierzu ausführlich *Planck*, Bürgerliches Gesetzbuch, 4. Auflage, § 842 Anm. 1; vgl. ferner *Chomse*, NJW 1958, 533, 534; *Staudinger*[12] / *Schäfer*, § 842 Rn. 1 ff.; BGB-MünchKomm / *Wagner*, §§ 842, 843 Rn. 1 f.

94 Mot. S. 751 = *Mugdan* S. 419: „Zum Vermögensschaden gehört insbes. Auch der Schaden, den der verletzte in Folge der Beleidigung in seinem Erwerbe und seinem Fortkommen erleidet. Dies besonders hervorzuheben […] ist überflüssig, umso mehr, als der Richter gemäß § 260 CPO. über Existenz und Höhe des Schadens nach freier Überzeugung zu entscheiden, insbes. also auch auf die Folgen für Erwerb und Fortkommen Rücksicht zu nehmen hat.“

95 Vgl. Prot. II 635 ff = *Mugdan* S. 1116 f.

96 *Nörr*, AcP 158 (1959, 1960), 1, 11 f., selbst weist darauf hin, dass die in der Praxis vor Erlass des BGB übliche Auslegung, dass „Nachteile für das Fortkommen“ auch zur Berücksichtigung immaterieller Schäden herangezogen worden seien, letztlich zum Erlass des § 847 BGB (also des heutigen § 253 Abs. 2 BGB) geführt habe.

Daraus, dass § 843 Abs. 1 BGB nur auf die Aufhebung oder Minderung der Erwerbsfähigkeit, nicht aber explizit auf die „Nachteile für das Fortkommen" Bezug nimmt, darf aber nicht der Gegenschluss gezogen werden, letztere wären nicht von § 843 BGB umfasst:

Vielmehr bezieht sich § 843 BGB auch auf die „Nachteile für das Fortkommen". Die in § 843 BGB genannte Aufhebung oder Minderung der Erwerbsfähigkeit ist derart eng mit den „Nachteilen für das Fortkommen" im Rahmen des § 842 BGB verknüpft, dass diese auch im Wege des § 843 BGB auszugleichen sind[97].

Im Verhältnis zu §§ 249, 252 S. 1 BGB stellt § 843 BGB eine Sondervorschrift dar, weil dem Verletzten im Grundsatz gemäß § 843 Abs. 1 BGB – anders als nach allgemeinem Schadensersatzrecht – Schadensersatz in Rentenform zu gewähren ist[98]. Dies bedeutet aber nicht, dass nicht auch nach den §§ 249 ff. BGB ein Rentenanspruch zugesprochen werden könnte. Die Rechtsprechung erkennt einer verletzten Person ein Schmerzensgeld in Rentenform zu, wenn sich diese Form der Entschädigung als angemessen erweist[99]. Aber auch über die Fälle des § 253 Abs. 2 BGB hinaus ist Ersatz in Form einer Geldrente denkbar[100].

III. Spezialgesetzliche Regelungen im Verhältnis zu §§ 842 und 843 BGB

Im Rahmen der Gefährdungshaftung finden sich spezielle den Umfang des zu ersetzenden Schadens konkretisierende Regelungen. Unter diesen sprechen einerseits die Vorschriften der §§ 29 Abs. 1 AtG und 36 LuftVG dem Verletzten ausdrücklich Ersatz für den Vermögensnachteil zu, den dieser dadurch erleidet,

---

97 BGB-RGRK /*Boujong*, § 843 Rn. 4; *Staudinger / Vieweg*, § 843 Rn. 6; *Staudinger*[12] / *Schäfer*, § 843 Rn. 4; vgl. auch die Formulierung des BGH zu § 842 BGB in NJW 1984, 1811: „Gem. § 842 BGB, § 11 StVG erstreckt sich bei einer Körperverletzung die Verpflichtung zum Schadensersatz auf die (Vermögens-) Nachteile, die der Verletzte durch die Aufhebung oder Minderung seiner Erwerbsfähigkeit erleidet."

98 *Erman / Schiemann*, § 842 Rn. 1; *Soergel / Beater*, § 843 Rn. 1; *Staudinger*[12] / *Schäfer*, § 843 Rn. 5.

99 Vgl. u.a. BGHZ 18, 149, 167 f.; BGH NJW 1957, 383; BGH NJW 1973, 1653. Einen Rechtsprechungsüberblick auch über die oberlandesgerichtliche Rechtsprechung bietet *Notthoff* VersR 2003, 966. ff.

100 Vgl. RGZ 68, 429, 431; 80, 27, 28; BGHZ 5, 62, 63 f.; *Soergel / Beater*, § 843 Rn. 1; *Lange / Schiemann*, Schadensersatz, § 5 IX; *Staudinger*[12] / *Schäfer*, § 843 Rn. 8 für den Fall, dass sich die Schadensfolgen fortlaufend erneuern.

„dass sein Fortkommen erschwert ist“[101]. Andererseits kann auch – wie dies in § 117 Abs. 1 BBergG der Fall ist – auf die Vorschriften des BGB zum Ersatz des Schadens im Falle einer unerlaubten Handlung, also auch auf §§ 842, 843 BGB, verwiesen werden.

Nach weiteren Normen der Gefährdungshaftung – so nach den §§ 11 StVG, 6 HaftPflG, 8 ProdHaftG, 13 UmweltHG, 32 GenTG und 87 AMG – ist hingegen der Schadensersatz durch Ersatz des Vermögensnachteils zu leisten, „den der Verletzte dadurch erleidet, dass infolge der Verletzung zeitweise oder dauernd seine Erwerbsfähigkeit aufgehoben oder gemindert ist.“

Dieser Wortlaut führte dazu, dass teilweise vertreten wurde, die letztgenannten Normen würden eine gewisse Begrenzungsfunktion aufweisen und beispielsweise den sog. „Konjunkturschaden“[102] nicht erfassen[103].

Demgegenüber nahm bereits das Reichsgericht – wenn es auch eine analoge Anwendung des § 842 BGB im Rahmen der Gefährdungshaftung abgelehnt hatte[104] – unter Bezugnahme auf den Wortlaut der Vorschrift des § 3a RHaftPflG (heute: § 6 HaftPflG) an, dass nach dieser Norm trotz zwischenzeitiger Wiederherstellung der Erwerbsfähigkeit solange ein Schaden zu ersetzen sei, bis der Verletzte eine gleichwertige Erwerbsstellung erreiche[105].

---

101 Ein sachlicher Unterschied zu § 842 BGB, der nicht von „Erschwerungen“, sondern von „Nachteilen für das Fortkommen“ spricht, ist damit aber nicht verbunden, vgl. *Staudinger*[12] / *Schäfer*, § 842 Rn. 39.

102 Ein solcher Schaden entsteht dem Verletzten, wenn dieser trotz kompletter Wiederherstellung seiner Erwerbsfähigkeit aufgrund konjunkturbedingter Marktlage nicht imstande ist, eine gleiche oder gleichwertige Arbeitsstelle zu finden, vgl. zu dem Begriff des „Konjunkturschadens“: C. I.

103 *Wussow*[8], Unfallhaftpflichtrecht, § 842 Rn. 1277 ff. zu § 3a RHaftpflG (heute: § 6 HaftPflG) und § 11 StVG. Seine Auffassung begründet *Wussow* damit, dass es sich bei der Abweichung des Wortlauts zu § 842 BGB um eine bewusste Begrenzung des Anspruchs durch den Gesetzgeber handele.

104 Vgl. RGZ 57, 52, 55.

105 RGZ 163, 40, 42 f.: „Ist infolge der Verletzung seine Erwerbsfähigkeit auch nur vorübergehend vermindert, verliert er dadurch aber seine Erwerbsstellung, so ist das unleugbar ein Vermögensnachteil, den er dadurch erleidet, dass infolge der Verletzung seine Erwerbsfähigkeit zeitweise gemindert ist. Und dieser Vermögensnachteil verschwindet nicht ohne weiteres mit der Wiedergewinnung der vollen Erwerbsfähigkeit, sondern erst mit der Erlangung einer gleichwertigen Erwerbsstellung. Wäre das Gesetz anders zu verstehen, so würde das einen schweren Mangel der Gefährdungshaftung und eine große Härte für den Verletzten bedeuten.“

Im Ergebnis hat sich die herrschende Ansicht dem zu Recht angeschlossen und sich für einen solchen Gleichlauf der Gefährdungshaftung ausgesprochen[106]. Es ist kein sachlich zu rechtfertigender Grund erkennbar, in Bezug auf Fortkommensschäden zwischen §§ 29 Abs. 1 AtG, 36 LuftVG und anderen Normen der Gefährdungshaftung zu differenzieren[107]. Anderenfalls führte dies dazu, dass der Grundsatz der Totalreparation nach §§ 249 ff. BGB in großen Teilen der Gefährdungshaftung zu Lasten des Geschädigten eingeschränkt würde[108].

Aus diesem Grundsatz heraus wird ebenfalls abgeleitet, auch die Vorschrift des § 89 WHG, die keinerlei Aussage über den Haftungsumfang trifft, erfasse Erwerbsschäden in dem gleichen Umfang wie die anderen Normen der Gefährdungshaftung[109].

Weiterhin fällt im Vergleich zu § 843 Abs. 1 BGB auf, dass gemäß den §§ 30 AtG, 38 LuftVG, 13 StVG, 8 HaftPflG, 9 ProdHaftG, 14 UmweltHG, 32 Abs. 6 GenTG, 89 Abs. 1 AMG im Falle einer Körperverletzung Schadensersatz wegen Aufhebung oder Minderung der Erwerbsfähigkeit ausdrücklich *für die Zukunft* durch die Entrichtung einer Geldrente zu gewähren ist und im Übrigen auf §§ 843 Abs. 2 bis 4 BGB verwiesen wird. Hieraus wird aber nach allgemeiner Auffassung nicht der Schluss gezogen, dass für die Vergangenheit keine Rente nach den Normen der Gefährdungshaftung verlangt werden könnte. Vielmehr wird dem Verletzten zugebilligt, für die Vergangenheit zwischen Rente oder Kapitalabfindung zu wählen[110].

---

106 *Medicus* DAR 1994, 442; *Steffen* DAR 1984, 1, 2; *Geigel* – Der Haftpflichtprozess / *Pardey*, 4. Kapitel Rn. 74; *Lange / Schiemann*, Schadensersatz, § 6 XIV 1; *Jahnke*, Der Verdienstausfall im Schadensersatzrecht, Kap. 1 F II. 1.; BGB-MünchKomm / *Wagner*, §§ 842, 843 Rn. 5; *Wussow / Dressler*, Unfallhaftpflichtrecht, Kapitel 31 Rn. 1; *Staudinger / Vieweg*, § 842 Rn. 11; *Staudinger*[12] / *Schäfer*, § 842 Rn. 41 ff.; zu §§ 11 StVG und 6 HaftPflG: *Greger*, Haftungsrecht des Straßenverkehrs, § 29 Rn. 3; zu § 32 Abs. 5 GenTG: *Hirsch / Schmidt-Didczuhn*, GenTG, § 32 Rn. 49.

107 Vgl. *Staudinger*[12] / *Schäfer*, § 842 Rn. 41; *Staudinger / Vieweg*, § 842 Rn. 10, wo auch Praktikabilitätserwägungen gegen die angesprochene Differenzierung angeführt werden; vgl. ferner den Referentenentwurf eines Gesetzes zur Änderung und Ergänzung schadensersatzrechtlicher Vorschriften, Bd. II, Karlsruhe 1967, S. 205, der die Anwendbarkeit der §§ 842–846 BGB im RHaftPflG vorsah: „Damit wird ein sachlich kaum zu rechtfertigender, überdies eher kleinlich wirkender Unterschied beseitigt, den bereits das Luftverkehrsgesetz und das Atomgesetz nicht mehr gemacht hatten."

108 Vgl. BGB-MünchKomm / *Wagner*, §§ 842, 843 BGB Rn. 5.

109 BGB-MünchKomm / *Wagner*, §§ 842, 843 Rn. 5 zum § 22 WHG a.F.

110 RGZ 156, 392, 393; BGH VersR 1958, 324, 325; 1964, 638, 639; 1964, 777, 778; BGH NJW 1972, 1711 f. (wo klargestellt wird, dass ein *für die Zukunft* geltend gemachter

IV. Umfang und Berechnung des zu ersetzenden Fortkommensschadens

Bei der Bestimmung des Umfanges der Fortkommensschäden ist zwischen den Geschädigten, die ohne das schädigende Ereignis im Angestelltenverhältnis berufstätig geworden wären, und solchen zu unterscheiden, die hypothetisch selbständig gewesen wären.

1. Tätigkeit im Angestelltenverhältnis

Der Fortkommensschaden des hypothetisch angestellten Geschädigten umfasst nicht lediglich den Verlust des Einkommens, sondern alle sonstigen Schäden, die dieser erleidet, weil er seine Arbeitskraft verletzungsbedingt nicht verwerten kann[111]. Der Schaden errechnet sich aus der Differenz des tatsächlich und des hypothetisch erzielbaren Einkommens[112]. Der Anspruch auf Ersatz des Fortkommensschadens wird begrenzt durch den Zeitpunkt, in welchem der Geschädigte aus dem Erwerbsleben geschieden wäre, also regelmäßig durch den gesetzlich vorgesehenen regelmäßigen Eintritt in den Ruhestand[113].

Zum vom Schädiger bzw. dessen Haftpflichtversicherer zu ersetzenden Schaden gehören auch die Rentenbeiträge, die der Geschädigte ohne die unfallbedingte Schädigung abgeführt hätte[114]. Der Geschädigte ist nämlich nicht gehalten, erst den Eintritt eines „Rentenverkürzungsschadens" zum Zeitpunkt des hypothetischen Eintritts in den Ruhestand abzuwarten[115]. Wegen des weiten Anwendungsbereiches des § 119 SGB X, der zu einem Forderungsübergang des Anspruches auf Ersatz von Beiträgen zur Rentenversicherung auf den Rentenversicherungsträger führt, wird der Geschädigte diesen Schaden im Regelfall nicht selbst prozessual

---

Schaden sich auf den Zeitraum nach dem Tag der letzten Verhandlung in der Tatsacheninstanz beziehe); *Staudinger*[12] / *Schäfer*, § 843 Rn. 9; BGB-MünchKomm / *Wagner*, §§ 842, 843 Rn. 6; *Wussow / Dressler*, Unfallhaftpflichtrecht, Kapitel 36 Rn. 1; *Greger*, Haftungsrecht des Straßenverkehrs, § 31 Rn. 2 u. 13 f.; vgl. ferner den Referentenentwurf eines Gesetzes zur Änderung und Ergänzung schadensersatzrechtlicher Vorschriften, Bd. II, Karlsruhe 1967, S. 218, der § 11 StVG entfallen lassen wollte und stattdessen einen Verweis auf §843 BGB vorschlug.

111 *Küppersbusch*, Ersatzansprüche bei Personenschäden, II. Einleitung.

112 Vgl. BGH VersR 1992, 886 f.

113 BGH NJW-RR 1988, 470, 471; NJW 1989, 3150, 3151; 1994, 131, 132 1995, 3313; 2011, 1148, 1151.

114 *Staudinger / Vieweg*, § 842 Rn. 63; *Geigel* - Der Haftpflichtprozess / *Plagemann*, 4. Kapitel Rn. 111 ff.

115 So u.a. BGH NJW 1995,1968, 1969; 1992, 509, 509; 1986, 2247 f.

geltend machen können und müssen. Vielmehr zieht der Rentenversicherungsträger die Rentenbeiträge selbständig ein[116]. War ein Geschädigter – wie im Falle junger Geschädigter der Fall – aber infolge seiner Schädigung nie sozialversicherungspflichtig beschäftigt und kann er eine sozialversicherungspflichtige Tätigkeit in seinem Leben nie mehr ausüben, greift § 119 SGB X nicht. Dann sind vom Schädiger bzw. dessen Haftpflichtversicherer die entsprechenden Rentenbeiträge an den Geschädigten zu zahlen[117].

Zu kürzen ist der Schadensersatzanspruch aufgrund eventueller „Reserveursachen"[118], also aufgrund solcher Umstände, die der Realisierung der Berufspläne auch ohne den Unfall im Wege gestanden hätten. Es besteht kein Grund, dem Geschädigten nur deshalb eine „krisenfeste Position" zukommen zu lassen, weil ihm einmal Unrecht widerfahren ist[119]. Zu nennen sind hier beispielsweise körperliche Gebrechen, Begabungsdefizite, Probleme der Ausbildungsfinanzierung, Verzögerungen durch die Wehrdienstzeit[120]. Die Darlegungs- und Beweislast für solche Reserveursachen liegt bei dem Schädiger als Schuldner des Schadensersatzanspruchs[121].

Schwierig gestaltet sich allerdings die Abgrenzung von Reserveursachen zu der durch den Geschädigten als Gläubiger des Schadensersatzanspruchs darzulegenden und zu beweisenden haftungsausfüllenden Kausalität zwischen der Rechtsgutsverletzung und dem Schaden[122]. Diese Abgrenzung ist unerlässlich, um zu verhindern, dass die Beweislastverteilung zu der einen oder der anderen Seite verschoben wird[123]. Einen plausiblen Differenzierungsansatz vertritt zu dieser Frage *Medicus*, der die Grundsätze des BGH[124] zur ähnlichen Problematik der Begrenzung des Schadensersatzanspruchs aus § 844 Abs. 2 BGB aufgrund einer kurzen Lebenserwartung und Arbeitsfähigkeit aufgreift: Kann der

116 Vgl. *Jahnke*, Der Verdienstausfall im Schadensersatzrecht, § 6. A. I. 1. Fn. 9; *Küppersbusch*, Ersatzansprüche bei Personenschäden, II. 13. a), insbes. Fn. 364; vgl. auch oben Fn. 27 sowie zum Anwendungsbereich des § 119 SGB X: *Diering / Timme / Waschull / Breitkreuz*, SGB X, § 119 Rn. 5 f.

117 *Diering / Timme / Waschull / Breitkreuz*, SGB X, § 119 Rn. 6.

118 Vgl. zu Reserveursachen allgemein: *Staudinger / Schiemann*, § 249 Rn. 92 ff.

119 BGHZ 10, 6, 11.

120 *Steffen*, DAR 1984, 1, 4.

121 Vgl. OLG Düsseldorf VRS 92 (1997), 166, 168 f.: Der Schuldner trägt die Darlegungs- und Beweislast dafür, dass der Geschädigte ohnehin später aus seinem Beruf entlassen worden wäre und eine wirtschaftliche Einbuße ohnehin erlitten hätte.

122 *Medicus*, DAR 1994, 442, 448.

123 *Steffen*, DAR 1984, 1, 4 f.

124 BGH NJW 1972, 1515, 1516 f.

Geschädigte nachweisen, dass er einen bestimmten Beruf erreicht hätte, folgt daraus mit Wahrscheinlichkeit, dass er diesen Beruf für die übliche Zeit behalten hätte. Der Schädiger trägt die Darlegungs- und Beweislast einer vorzeitigen Einkommensminderung des Geschädigten[125].

Eine Anspruchskürzung kann sich auch aufgrund eines Verstoßes des Geschädigten gegen die Schadensminderungsobliegenheit des § 254 Abs. 2 S. 1 BGB ergeben[126]. Der Geschädigte ist aufgrund dieser Obliegenheit gehalten, die ihm verbleibende Arbeitskraft durch zumutbaren Einsatz zu nutzen[127]. Die Prüfung dieser Zumutbarkeit vollzieht sich anhand einer Gesamtabwägung aller Umstände, insbesondere der Art und Schwere der Unfallfolgen, der Kenntnisse und Fähigkeiten des Verletzten, seiner bisherigen berufliche Entwicklung, des Alters und der körperlichen und seelischen Anpassungsfähigkeit[128]. Erweist sich eine trotz der körperlichen Schädigung aufgenommene Tätigkeit bei Anwendung dieses Maßstabes als unzumutbar, handelt es sich bei der Tätigkeit um eine „überobligationsmäßige", aus der das Einkommen nicht auf den zu erstattenden Schaden anzurechnen ist[129].

Besteht für die Aufnahme einer anderen, zumutbaren Tätigkeit die Notwendigkeit einer Umschulung, hat sich ihr der Verletzte nur dann zu unterziehen, wenn sie eine Aussicht auf einen erfolgreichen Abschluss und Aussicht auf eine nutzbringende Tätigkeit im neuen Beruf verspricht, nicht jedoch, wenn sie allen beruflichen Neigungen und Fertigkeiten des Geschädigten zuwiderläuft[130]. Der Geschädigte hat sich zur Vermeidung einer Anspruchskürzung auch operativen Eingriffen zu unterziehen, soweit diese einfach, gefahrlos und nicht mit besonderen Schmerzen verbunden sind und die sichere Aussicht auf Heilung oder wesentliche Besserung bieten[131].

---

125 *Medicus*, DAR 1994, 442, 448.

126 Vgl. hierzu mit vielen Beispiele aus der Rechtsprechung *Geigel* – Der Haftpflichtprozess / *Pardey*, 4. Kapitel Rn. 86 ff.; *Wussow / Dressler*, Unfallhaftpflichtrecht, Kapitel 32 Rn. 30 ff.

127 BGHZ 91, 357, 365 f.; VersR 1991, 437, 438; 1992, 886; 1996, 323, 333; 1997, 1158, 1159; 1998, 1428; *Geigel* – Der Haftpflichtprozess / *Pardey*, 4. Kapitel Rn. 86; *Wussow / Dressler*, Unfallhaftpflichtrecht, Kapitel 32 Rn. 30.

128 *Wussow / Dressler*, Unfallhaftpflichtrecht, Kapitel 32 Rn. 31.

129 BGH VersR 1974, 142, 143; 1994, 186, 187.

130 *Geigel* – Der Haftpflichtprozess / *Pardey*, 4. Kapitel Rn. 88.

131 BGHZ 10, 18, 19; BGH NJW 1989, 2332; NZV 1994, 271.

Lange Zeit war umstritten, ob als Berechnungsgrundlage des Fortkommensschadens der „Bruttolohnmethode“[132] oder der „modifizierten Nettolohnmethode“[133] der Vorzug zu geben war. Nach der „Bruttolohnmethode“ ist bei der Schadensberechnung vom Bruttoeinkommen, also dem Bruttoverdienst einschließlich Steuern und Sozialversicherungsbeiträgen auszugehen. Steuerliche Vorteile (so z.B. Steuerersparnisse, die entstehen, weil der Geschädigte nicht nur vom Schädiger im Wege des Schadensersatzes Leistungen erhält, sondern auch solche aus der Sozialversicherung[134]) und der Wegfall von Sozialabgaben (so z.B. die Ersparnis von Beiträgen zur Krankenversicherung[135]) sind im Wege des Vorteilsausgleiches zu berücksichtigen[136]. Der „modifizierten Nettolohnmethode“ entspricht es, zunächst von einem fiktiven Nettoverdienst des Geschädigten auszugehen und zur Erreichung eines vollständigen Schadensausgleiches weitere durch das Schadensereignis verursachte Nachteile – beispielsweise Sozialversicherungsbeiträge wie etwa die Rentenbeiträge, die der Geschädigte ohne die unfallbedingte Schädigung abgeführt hätte (siehe oben)[137], oder wie die für die Schadensersatzleistung nach § 24 Nr. 1 a) EStG geschuldeten Steuern[138] – hinzuzurechnen[139].

Der BGH hat inzwischen in einer Grundsatzentscheidung klargestellt, dass es sich bei beiden Methoden „um bloße Berechnungstechniken ohne eigenständige

132 Vgl. die Entscheidungen des III. Senates des BGH: VersR 1965, 793 f.; 1967, 1095, 1097; 1973, 1028, 1030; 1975, 37, 40 sowie *Hartung*, VersR 1981, 1008, 1009 Fn. 13; *Stürner*, JZ 1984, 461, 463.

133 Vgl. die Entscheidungen des VI. Senates des BGH: BGH NJW 1964, 2007; NJW 1980, 1788, 1789; NJW-RR 1988, 149 f. sowie *Hofman*, NZV 1993, 139, 140 f.

134 *Wussow / Dressler*, Unfallhaftpflichtrecht, Kapitel 32 Rn. 42; vgl. zu den anzurechnenden Steuerersparnissen: *Staudinger / Vieweg*, § 842 Rn. 57 ff.

135 *Wussow / Dressler*, Unfallhaftpflichtrecht, Kapitel 32 Rn. 45; vgl. zu Ersparnissen durch Wegfall von Sozialabgaben die Übersicht in: *Wussow / Dressler*, Unfallhaftpflichtrecht, Kapitel 32 Rn. 45 ff.

136 BGH NJW 1995, 389, 390; *Küppersbusch*, Ersatzansprüche bei Personenschäden, II. 6.; BGB-MünchKomm / *Wagner*, §§ 842, 843 Rn. 33.

137 *Staudinger / Vieweg*, § 842 Rn. 63; *Geigel* – Der Haftpflichtprozess / *Plagemann*, 4. Kapitel Rn. 111 ff.

138 *Blümich / Stuhrmann*, § 24 EStG Rn. 43 f.; *Wussow / Dressler*, Unfallhaftpflichtrecht, Kapitel 32 Rn. 38: Ersetzt der Schädiger dem Geschädigten die von diesem zu entrichtende Einkommenssteuer nach § 24 Nr. 1 a) EStG, so ist diese Schadensersatzleistung ihrerseits wieder einkommenssteuerpflichtig nach § 24 Nr. 1 a) EStG.

139 BGH NJW, 1995, 389, 390; *Wussow / Dressler*, Unfallhaftpflichtrecht, Kapitel 32 Rn. 36; BGB-MünchKomm / *Wagner*, §§ 842, 843 Rn. 33.

Aussage“ handle, die bei richtiger Anwendung zum gleichen Ergebnis führen müssen[140]. Beide Ansätze stehen gleichberechtigt nebeneinander[141], so dass sich die Schadensregulierungspraxis an der jeweils praktikabelsten Lösung orientieren kann[142].

2. Selbständige Tätigkeit

Bei denjenigen, die ohne die Schädigung als selbständige Unternehmer tätig gewesen wären, besteht der Fortkommensschaden in dem entgangenen Gewinn, der ohne das schädigende Ereignis hätte erzielt werden können[143].

In dieser Fallgruppe ist der Anspruch auf Ersatz des Fortkommensschadens ebenfalls durch den Zeitpunkt, in welchem der Geschädigte aus dem Erwerbsleben geschieden wäre, begrenzt. Eine feste Grenze – wie sie von der Rechtsprechung bei Angestellten gezogen wird – lässt sich bei einer selbständigen Tätigkeit nicht setzen[144].

Da die Altersversorgung eines Selbständigen nicht in gleicher Weise abgesichert ist wie die eines Arbeitnehmers, soll der Ersatz des Fortkommensschadens dem Verletzten dazu dienen, den Status zu sichern, den er ohne die Verletzung zu erzielen in der Lage gewesen wäre. Der Verletzte muss sich deshalb selbständig um seine Altersversorgung aus der Schadensersatzleistung kümmern[145].

---

140 BGH NJW 1995, 389, 390; vgl. auch BGH NJW 1999, 3711. *Hartung*, VersR 1981, 1008, 1009, ist aber der Auffassung, die unterschiedlichen Berechnungsmethoden führten zu einer unterschiedlichen Darlegungs- und Beweislastverteilung: Während bei der „Bruttolohnmethode“ der Schädiger für die im Rahmen der Vorteilsausgleichung anzurechnenden Vorteile darlegungs- und beweisbelastet sei, treffe diese Last bei der „modifizierten Nettolohnmethode“ hingegen den Geschädigten bezüglich der über den Nettolohn hinausgehenden Schäden. Allerdings darf nicht verkannt werden, dass diese Darlegungs- und Beweislastverteilung durch Anwendung des „Sphärengedankens“ aufgeweicht wird: Der Geschädigte muss die steuerlichen und sozialversicherungsrechtlichen Auswirkungen dartun, weil die Beweismöglichkeiten in seiner Sphäre liegen, BGH NJW 1995, 389, 390.

141 BGB-MünchKomm / *Wagner*, §§ 842, 843 Rn. 34.

142 *Halfpap*, Der entgangene Gewinn, S. 201 f.; *Küppersbusch*, Ersatzansprüche bei Personenschäden, II. 6: Für unselbständige Arbeitnehmer wird eine Berechnung auf Grundlage der modifizierten Nettolohnmethode vorgeschlagen.

143 BGB-MüchKomm / *Wagner*, §§ 842, 843 Rn. 42; *Küppersbusch*, Ersatzansprüche bei Personenschäden, II. 10; *Palandt / Grüneberg*, § 252 Rn. 14.

144 *Wussow / Dressler*, Unfallhaftpflichtrecht, Kapitel 33 Rn. 7 mit weiteren Nachweisen aus der Rechtsprechung.

145 *Geigel* – Der Haftpflichtprozess / Pardey, 4. Kapitel Rn. 124.

Auch bei hypothetisch selbständigen Geschädigten sind selbstverständlich Reserveursachen zu berücksichtigen, die zu einer Minderung des Schadens führen.

Die Berechnung des Schadens erfolgt in der Praxis überwiegend über das entgangene Brutto-Einkommen als Berechnungsgrundlage[146]. Von dem Schadensersatzanspruch sind im Wege der Vorteilsausgleichung die mit der Schädigung zusammenhängenden Vorteile, wie weggefallene oder geminderte Steuern[147] oder Mehreinkünfte[148] abzuziehen.

Zu kürzen ist der Anspruch auch hier um den Betrag, den der Verletzte ohne Verstoß gegen seine Schadensminderungsobliegenheit durch die unterbliebene Wahrnehmung anderer Beschäftigungsmöglichkeiten[149] oder die wirtschaftlich vernünftige Einstellung einer Hilfskraft[150] nach § 254 Abs. 2 S. 1 BGB erzielt hätte[151].

Aus dem sich daraus ergebenden Schadensersatzanspruch errechnet sich die nach § 24 Nr. 1 a) EStG vom Geschädigten abzuführende Einkommenssteuer.

---

146 *Küppersbusch*, Ersatzansprüche bei Personenschäden, II. 10 e) Fn. 325.

147 Zu nennen sind hier u.a. die Einkommenssteuervorteile bei steuerlich privilegierten Renten aus § 3 Nr. 1 a) und c) EStG, die entfallende Umsatzsteuer und die Gewerbesteuer sowie solche Steuervorteile, die dem Geschädigten durch die Einstellung einer Hilfskraft entstehen, da sich der Unternehmensgewinn dadurch vermindert, *Staudinger* / Vieweg, § 842 Rn. 90 und *Küppersbusch*, Ersatzansprüche bei Personenschäden, II. 10 e).

148 Auf Grundlage der „Bruttolohnmethode“: *Pardey*, Berechnung von Personenschäden, Rn. 2363.

149 In Betracht kommt auch die Aufnahme einer Angestelltentätigkeit, *Wussow / Dressler*, Unfallhaftpflichtrecht, Kapitel 33 Rn. 9.

150 Vgl. OLG Koblenz VersR 1991, 194, 195; *Geigel* – Der Haftpflichtprozess / *Pardey*, 4. Kapitel Rn. 128; *Wussow / Dressler*, Unfallhaftpflichtrecht, Kapitel 33 Rn. 9.

151 Vgl. hierzu *Küppersbusch*, Ersatzansprüche bei Personenschäden, II. 10 d); BGB-MünchKomm / *Wagner*, §§ 842, 843 Rn. 42.

E. Prozess- und materiellrechtliche Grundlagen der Erstellung von Schadensprognosen unter besonderer Berücksichtigung von Fortkommensschäden

Die präzise Berechnung von Fortkommensschäden gestaltet sich besonders diffizil. Wie soll es möglich sein, möglichst genau zu bestimmen, welches Einkommen die verletzte Person ohne das schädigende Ereignis erzielt hätte?

Je weniger Anhaltspunkte es gibt, die der bisherige Lebensverlauf für das hypothetische Einkommen bietet, desto größer ist die Unsicherheit bei der Schadensbemessung[152]. Der Praxis stehen hier Schätzungsbefugnisse und Beweiserleichterungen zur Verfügung.

I. Gedanke der Naturalrestitution als Basis der Schadensbestimmung

Der in der dem allgemeinen Schadensrecht zuzurechnenden Norm des § 249 Abs. 1 BGB zum Ausdruck kommende Grundsatz der Naturalrestitution gilt im gesamten Haftungsrecht[153]: Der Verpflichtete hat den Zustand herzustellen, der bestehen würde, wenn der zum Ersatz verpflichtende Zustand nicht eingetreten wäre. Der Geschädigte soll durch das schädigende Ereignis weder schlechter noch besser stehen als er ohne dieses gestanden hätte[154]. Dies ist das Ziel, welches jeder richterlichen Schätzung eines Fortkommensschadens zugrunde liegt. Hieraus folgt, dass im Rahmen eines Prozesses, in welchem eine verletzte Person Ersatz ihres Fortkommensschadens begehrt, das erkennende Gericht zur Bestimmung desselben den „Ist-Verlauf“ mit dem „Soll-Verlauf“ der Karriere und des Lebensweges des Geschädigten vergleichen muss. „Ist-Verlauf“ wird der Zustand genannt, der aufgrund der Schädigung jetzt besteht, der „Soll-Verlauf“ ist derjenige Zustand, der ohne das schädigende Ereignis bestehen würde[155].

---

152 Vgl. *Steffen* DAR 1984, 1.

153 Vgl. die Ausführungen unter D. I.–III.

154 Vgl. zum Bereicherungsverbot: C. III. I. Fn. 63.

155 Diese heute gebräuchliche Terminologie wurde erstmals von *Steffen* in DAR 1984, 1, 2 verwendet.

Die Norm des § 252 S. 1 BGB, die die Ersatzfähigkeit entgangenen Gewinnes normiert, hat in Bezug auf diesen Grundsatz der Naturalrestitution lediglich klarstellende Funktion[156]. Von Bedeutung für die zu erstellende richterliche Schadensbestimmung ist hingegen § 252 S. 2 BGB. Die Vorschrift legt fest, dass derjenige Gewinn als entgangen im Sinne des § 252 S. 1 BGB gilt, „welcher nach dem gewöhnlichen Verlauf der Dinge oder nach den besonderen Umständen, insbesondere nach den getroffenen Anstalten und Vorkehrungen, mit Wahrscheinlichkeit erwartet werden konnte".

Für die Schadensbestimmung ist weiterhin die Vorschrift des § 287 Abs. 1 S. 1 ZPO von Relevanz. Nach dieser darf das Gericht, wenn zwischen den Parteien das Vorliegen eines Schadens und dessen Höhe oder die Höhe des zu ersetzenden Interesses streitig ist, hierüber „unter Würdigung aller Umstände nach freier Überzeugung" entscheiden.

Da diese beiden Normen – § 252 S. 2 BGB und § 287 Abs. 1 S. 1 ZPO – für die Schätzung von Fortkommensschäden im Prozess von besonderem Gewicht sind, ist es zur Bestimmung des zulässigen Rahmens dieser Schätzung notwendig, die von ihnen ausgehenden Wirkungen zu untersuchen und ihr Verhältnis zueinander festzustellen.

II. Wirkungen und Voraussetzungen des § 252 S. 2 BGB

Im Folgenden sollen die von § 252 S. 2 BGB ausgehenden Wirkungen auf die Erstellung der Schadensprognose und die Voraussetzungen dieser Vorschrift untersucht werden. § 252 S. 2 BGB bietet vielerlei Auslegungsmöglichkeiten, welche zu Kontroversen in der Rechtsprechung und Literatur geführt haben.

1. § 252 S. 2 BGB als materiellrechtliche Beschränkung des Schadensersatzes oder Beweiserleichterung

Die Formulierung des § 252 S. 2 BGB, nach der ein Gewinn, der „mit Wahrscheinlichkeit" erwartet werden konnte, ersatzfähig ist, führte zu unterschiedlichen Auffassungen in Bezug auf die Funktion dieser Vorschrift: Zum einen lässt sich der Wortlaut nämlich als eine materiellrechtliche Begrenzung bei der Geltendmachung entgangenen Gewinnes verstehen, nach welcher besondere Voraussetzungen an seine Ersatzfähigkeit zu stellen wären („materiellrechtliche Theorie"). Es ist aber auch denkbar, die Formulierung als Beweiserleichterung mit der Begründung anzusehen, § 252 S. 2 BGB sähe es für die Ersatzfähigkeit entgangenen

156 Vgl. hierzu: D. I. Fn. 87.

Gewinnes als ausreichend an, dass dieser „mit Wahrscheinlichkeit" – also eben nicht mit Sicherheit – erwartet werden konnte („Beweiserleichterungstheorie").

a) § 252 S. 2 BGB als materiellrechtliche Beschränkung des Schadensersatzes („materiellrechtliche Theorie")

Nach *Baur* handelt es sich bei § 252 S. 2 BGB um eine Norm mit materiellrechtlichem Charakter. Er begreift die Vorschrift als Kodifizierung des Erfordernisses adäquater Kausalität in Bezug auf die Geltendmachung entgangenen Gewinnes. Sei nämlich ein Gewinn bereits gemacht worden und werde dieser durch ein schädigendes Ereignis wieder entzogen, so werde der Schaden nur erstattet, wenn er innerhalb einer adäquaten Kausalkette liege. Nichts anderes könne aber gelten, wenn der Gewinn noch ausstehe. Andernfalls käme es zu einer einseitigen Bevorzugung des Gläubigers[157].

Auch *Steindorff* spricht § 252 S. 2 BGB materiellrechtliche Wirkungen zu[158]. Für eine Begrenzungsfunktion dieser Vorschrift führt er an, dass § 252 S. 2 BGB keine abstrakte Schadensberechnung[159] erlaube und daher für entgangenen Gewinn ein konkreter Nachweis notwendig sei. Da damit eine Beweiserleichterungsfunktion ausscheide, müsse § 252 S. 2 BGB eine materiellrechtliche Begrenzung des Schadensersatzes beinhalten[160].

Giesen interpretiert § 252 S. 2 BGB ebenfalls als materiellrechtliche Begrenzung des Schadensersatzes, nach welcher *nur* der mit Wahrscheinlichkeit zu ersetzende Gewinn ersatzfähig sei. Mithilfe dieser Auslegung will er der Gewährung unangemessener Schadensersatzansprüche entgegenwirken, die ja letztlich von der Versichertengemeinschaft zu tragen seien[161]. Letztendlich orientiert sich also die Auffassung von *Giesen* an gesamtwirtschaftlichen Aspekten und entlastet im Ergebnis auch den Schädiger.

Werner führt für die „materiellrechtliche Theorie" die Entstehungsgeschichte des § 252 S. 2 BGB an. Von den zwei in der zweiten Kommission beantragten Entwürfen zu § 218 BGB, der dem heutigen § 252 S. 2 BGB entspricht, seien beide als inhaltlich gleichwertig angesehen und an die Redaktionskommission

---

157 *Baur*, Entwicklung und Reform des Schadensersatzrechts, S. 53.
158 *Steindorff* AcP 158 (1959, 1960), 431, 432.
159 Zur abstrakten Schadensberechnung vgl. unten unter: E. II. 2. b.
160 *Steindorff* AcP 158 (1959,1960), 431, 461 f.
161 *Giesen* VersR 1979, 389, 392.

übermittelt worden[162]. Da aber der zweite Antrag die Formulierung „ist nur derjenige Gewinn anzusehen" beinhaltet habe und ihm deshalb eine Begrenzungsfunktion zugekommen sei, müsse diese auch für auch für den letztendlich von der Redaktionskommission übernommenen ersten Antrag, den heutigen § 252 S. 2 BGB, gelten[163]. Ferner spreche der Vergangenheitsbezug des § 252 S. 2 a.E. BGB für eine materiellrechtliche Begrenzungsfunktion: Indem nämlich von der Norm darauf abgestellt werde, ob der Gewinn „erwartet werden konnte", rekurriere diese auf den Zeitpunkt des schädigenden Ereignisses und nicht den der Urteilsfällung. Bei einer Regel für die Beweisführung würde es aber naheliegen, als Zeitpunkt, in dem die Wahrscheinlichkeit begründet sein muss, den der Urteilsfällung zu betrachten[164].

Nach differenzierender Auffassung von *Stoll* handelt es sich bei § 252 S. 2 BGB in „Fällen typischer Beweisnot" um eine Beweiserleichterung[165]. Würden aber aufgrund eines den Gläubiger beengenden Schuldnerverzuges Investitionen für spekulative Wertpapiergeschäfte unterbleiben, so solle das Wahrscheinlichkeitskriterium in § 252 S. 2 BGB als Einschränkung und nicht als Beweiserleichterung dienen. *Stoll* will so willkürliche Forderungen betroffener Gläubiger unterbinden. Eine Lösung über § 254 BGB, nach welcher der Gläubiger verpflichtet sei, zur Verminderung des Schadens aus einem Verzug des Schuldners, die Papiere mit eigenen Mitteln anzuschaffen[166], lehnt er ab. Diese Konstruktion versage, wenn der Gläubiger keine Fremdmittel habe und sich diese auch nicht beschaffen könne. Anderenfalls könnte der minderbemittelte Gläubiger, den kein Mitverschulden träfe, auf Kosten des Schuldners spekulieren, nicht aber der wohlhabende Gläubiger. Die durch den Verzug angeblich vereitelten Wertpapiergeschäfte könne der Kläger seiner Schadensrechnung – und hier greife die einschränkende

162 Prot. II S. 583 f. = *Mugdan* S. 510. Die beiden Anträge lauteten: 1. „Der zu ersetzende Schaden umfaßt auch den entgangenen Gewinn, soweit dieser nach dem gewöhnlichen Laufe der Dinge oder nach den besonderen Umständen, insbes. nach den getroffenen Anstalten und Vorkehrungen, mit Wahrscheinlichkeit erwartet werden konnte." 2. „Der zu ersetzende Schaden umfaßt auch den entgangenen Gewinn. Als entgangen ist nur derjenige Gewinn anzusehen, in Ansehung dessen nach den gewöhnlichen. … Vorkehrungen anzunehmen ist, daß er ohne das zu vertretende Ereignis gemacht worden wäre."

163 *Staudinger*[11]/ *Werner*, § 252 Rn. 12.

164 *Staudinger*[11]/ *Werner*, § 252 Rn. 19.

165 *Stoll*, Haftungsfolgen im bürgerlichen Recht, 5. Kap. § 10 II. 2. a).

166 Vgl. BGH NJW 1983, 758, 759.

Wirkung des § 252 S. 2 BGB ein – nur dann zugrunde legen, wenn er sie bei Verzugseintritt bereits geschlossen oder nachweislich in die Wege geleitet habe[167].

b) § 252 S. 2 BGB als Beweiserleichterung („Beweiserleichterungstheorie")

Sowohl die ständige Rechtsprechung[168] als auch große Teile der Literatur[169] sehen § 252 S. 2 BGB als Beweiserleichterung an.

Planck, der selbst Mitglied der ersten und zweiten Kommission zur Beratung des BGB-Entwurfs war, räumt ein, die Tatsache, dass die Kommission – trotz des Wortlautes des einen Antrages: „entgangen ist *nur* derjenige Gewinn" – zwischen den beiden beantragten Formulierungen des § 218 Abs. 2 BGB keinen inhaltlichen Unterschied erkannte, könne für eine Einschränkung des Tatbestandes sprechen[170]. Andererseits hätte der Gedanke einer materiellrechtlichen Beschränkung aber durch das Wort „nur" zum Ausdruck gebracht werden müssen. Dieses entscheidende Wort sei aber weggelassen worden. Ferner entspreche es, in § 252 S. 2 BGB eine Beweiserleichterung zu erblicken, der Auffassung des Lebens und der Billigkeit[171].

---

167 *Stoll*, Haftungsfolgen im bürgerlichen Recht, 5. Kap. § 10 II. 2. a).

168 Vgl. u.a. RGZ 68, 163, 165; 99, 46, 49; RG Seuffert's Archiv Bd. 63, S. 262; RG HRR 1929, 85; 1929, 1563; 1931, 922; BGHZ 2, 310, 314; BGH NJW 1951, 918; 1959, 1097; 1964, 661, 662; 1979, 865, 866; 1979, 1403, 1404; 1982, 870, 872; 1983, 442, 443; 1983, 758; NJW-RR 1996, 1077; 1998, 1634, 1635 (Urteil v. 03.03.1998, VI ZR 385, 96); WM 1998, 1787, 1788; NJW 2000, 1409, 1410; 2002, 825, 826; NJW-RR 2001, 1542; WM 2002, 909, 910; NJW 2005, 3348 f.; NJW-RR 2006, 243, 244; KG NZV 2003, 191.

169 Vgl. aus der Literatur *Ennecerus*, Lehrbuch des Bürgerlichen Rechts, § 235 V.; *Planck*, Bürgerliches Gesetzbuch, 3. Auflage, § 252 Anm. 2 (in den Vorauflagen hatte *Planck* unter § 252 Anm. 2 noch der materiellrechtlichen Theorie zugesprochen); BGB-MünchKomm / *Oetker*, § 252 Rn. 31; BGB-RGRK / *Alff*, § 252 Rn. 6; *Erman / Ebert*, § 252 Rn. 10; *Esser / Schmidt*, Schuldrecht Band I – Allgemeiner Teil, § 32 II 3 a); *Geigel* – Der Haftpflichtprozess / *Pradey*, 4. Kapitel Rn. 60; jurisPK / *Rüßmann*, § 252 Rn. 15; *Keuk*, Vermögensschaden und Interesse, S. 166 ff.; *Lange / Schiemann*, Schadensersatz, § 6 X 1; *Larenz*, Lehrbuch des Schuldrechts Bd. 1, § 29 II b); *Palandt / Grüneberg*, § 252 Rn. 4; *Staudinger / Schiemann*, § 252 Rn. 4; *Staudinger / Medicus*[12], § 252 Rn. 5; *Medicus / Lorenz*, Schuldrecht I, § 54 II 6; *Soergel*[12] / *Mertens*, § 252 Rn. 1 u. 12; *Wussow / Kürschner*, Unfallhaftpflichtrecht, Kapitel 30 Rn. 13; ähnlich *Halfpap*, Der entgangene Gewinn, S. 106 ff.: I, der allerdings der Norm eine § 287 Abs. 1 ZPO beschränkende Wirkung beimisst.

170 Prot. II S. 583 f. = *Mugdan* S. 510.

171 *Planck*, Bürgerliches Gesetzbuch, 3. Auflage, § 252 Anm. 2.

Nach *Ennecerus*, der als Begründer der Beweiserleichterungstheorie gilt, spricht die Entstehungsgeschichte des BGB gegen eine materiellrechtliche Einschränkung. Der Entwurf des § 215 BGB, der mit der materiellrechtlichen Theorie in Bezug auf den positiven Schaden einigermaßen harmoniert hätte[172], sei aber vom Bundesrat gestrichen, dann von der Reichstagskommission mit geringer Mehrheit angenommen, schließlich aber auf Antrag von *Ennecerus* selbst einstimmig gestrichen worden. Daraus folge, dass der von den Vertretern der materiellrechtlichen Theorie für den entgangenen Gewinn festgehaltene Grundgedanke die entscheidenden gesetzgebenden Organe nicht habe überzeugen können. Diese hätten vielmehr auf dem entgegengesetzten Standpunkt gestanden. Ferner würde die materiellrechtliche Auffassung zu einer wesentlichen Verschiedenheit in der Beurteilung des Kausalzusammenhanges bei positivem Schaden und entgangenem Gewinn führen. Dies sei aber nicht innerlich zu rechtfertigen. Schließlich entspreche die Beweiserleichterungstheorie auch der Auffassung des Lebens. Denn von verständigen Menschen sei zu erwarten, dass sie einen mit Wahrscheinlichkeit zu erwartenden Gewinn machen würden[173].

Keuk spricht sich ebenfalls für eine Beweiserleichterungsfunktion des § 252 S. 2 BGB aus. Die erste Kommission habe durch den ersten Entwurf des § 218 Abs. 2 BGB den im Falle entgangenen Gewinnes entstehenden Unsicherheiten, ob der Gläubiger eine vorhandene Möglichkeit zum Erwerb genutzt hätte, durch eine Beweiserleichterung Rechnung tragen wollen[174]. Daran habe auch die zweite Kommission nichts ändern wollen. Es wäre nämlich verwunderlich, wenn diese plötzlich eine grundlegende unterschiedliche Behandlung des positiven Schadens und des entgangenen Gewinnes hinsichtlich der Ersatzfähigkeit hätte einführen wollen, ohne dass dies auch nur andeutungsweise zum Ausdruck gekommen wäre[175].

---

172 *Mugdan* S. III: „Die Ersatzpflicht wegen Nichterfüllung einer Verbindlichkeit erstreckt sich nicht auf den Schaden, dessen Entstehung nach den Umständen, welche der Schuldner kannte oder kennen musste, außerhalb des Bereiches der Wahrscheinlichkeit lag."

173 *Ennecerus*, Lehrbuch des Bürgerlichen Rechts, § 235 V.

174 Vgl. Mot. S. 18 = *Mugdan* S. 10: „Der Abs. 2 ist nicht zu entbehren. Durch ihn erhält die Praxis im Hinblicke auf § 260 CPO. die nötige Anweisung, aus der erhellt, dass einesteils die volle Gewissheit, der Gewinn würde gezogen worden sein, nicht erforderlich sei, andererseits aber auch die bloße Möglichkeit, der Beschädigte würde den Gewinn erlangt haben, nicht ausreiche, dass vielmehr eine gewisse Wahrscheinlichkeit entscheide."

175 *Keuk*, Vermögensschaden und Interesse, S. 168 f.

Nach *Esser / Schmidt* rechtfertigt sich die Beweiserleichterungsfunktion des § 252 S. 2 BGB daraus, dass diverse Faktoren dafür verantwortlich seien, ob sich ein denkbarer Vermögenszuwachs realisiert hätte. Das daraus resultierende Beweisrisiko werde durch § 252 S. 2 BGB abgeschwächt[176].

Lange / Schiemann weisen darauf hin, dass die Beweiserleichterungstheorie besser dem Grundsatz der Totalreparation des § 249 BGB entspreche. Darüber hinaus ließen sich rechtspolitisch kaum überzeugende Gründe dafür nennen, die Erstattungsfähigkeit des entgangenen Gewinnes enger zu begrenzen als positive Schäden. Ökonomisch betrachtet würden beide Arten des Schadens den gleichen Nachteil bewirken. Die materiellrechtliche Theorie gelange auch in Schwierigkeiten bei in der Vergangenheit wahrscheinlichen Gewinnen, von denen jetzt feststehe, dass sie nie gemacht worden wären. Eine konsequente Durchführung der materiellrechtlichen Auffassung müsste zu kaum tragbaren Ergebnissen führen[177].

Auch *Halfpap* bezieht sich auf den Grundsatz der Totalreparation, dem eine materiellrechtliche Beschränkung des Ersatzes widerspräche[178]. Gegen die oben genannte Ansicht von *Stoll*, nach welcher nur in Fällen „typischer Beweisnot" von einer Beweiserleichterungsfunktion des § 252 S. 2 BGB, in Fällen des wirtschaftlich beengenden Schuldnerverzugs von einer materiellrechtlichen Schadensbegrenzung auszugehen sei[179], führt *Halfpap* Abgrenzungsprobleme zwischen beiden Fallgruppen an[180].

c) Stellungnahme

Sowohl die materiellrechtliche Theorie als auch die Beweiserleichterungstheorie können jeweils Aspekte der Entstehungsgeschichte des § 252 S. 2 BGB für sich in Anspruch nehmen. Andererseits fragt man sich, wieso der Gesetzgeber auf einen klarstellenden Hinweis durch Einfügung des Wortes „nur" verzichtet haben sollte, wenn es sich bei dieser Vorschrift um eine Begrenzung des Schadensersatzes handelte.

Diese Bedenken dahingestellt lassend, ist der Beweiserleichterungstheorie zu folgen. Denn es lässt sich nicht erklären, wieso dem Gläubiger gerade in Bezug auf entgangenen Gewinn eine seinen Ersatz einschränkende Hürde aufgebürdet werden sollte. Folge einer solchen materiellrechtlichen Beschränkung

176 *Esser / Schmidt*, Schuldrecht Band I – Allgemeiner Teil, § 32 II 3 a).
177 *Lange / Schiemann*, Schadensersatz, § 6 X 1.
178 *Halfpap*, Der entgangene Gewinn, S. 112.
179 *Stoll*, Haftungsfolgen im bürgerlichen Recht, 5. Kap. § 10 II. 2. a).
180 *Halfpap*, Der entgangene Gewinn, S. 114 f.

des Schadensersatzes wäre nicht nur eine unterschiedliche Behandlung von entgangenem Gewinn und übrigen Schadensposten[181].

Auch würden dem Gläubiger gerade in den Fallgruppen der hier beschriebenen Fortkommensschäden Darlegungs- und Beweisschwierigkeiten entstehen, die umso größer wären, je jünger die Geschädigten im Zeitpunkt der Verletzung waren. Im Bereich der Fortkommensschäden stehen die Geschädigten oftmals vor unüberwindbaren Beweishürden. Ersatzansprüche könnten damit in vielen Fällen gänzlich entwertet werden.

Es bestünde insofern keine Gefahr unangemessener Schadensersatzansprüche, sondern vielmehr die einer unbilligen Benachteiligung des Geschädigten, folgte man der materiellrechtlichen Auffassung.

Für die von *Stoll* vertretene Differenzierung, nach der § 252 S. 2 BGB in Fällen der Beweisnot eine Beweiserleichterung, bei spekulativen Geschäften allerdings eine begrenzende Funktion haben sollte[182], bieten weder die Entstehungsgeschichte noch der Wortlaut der Vorschrift Anhaltspunkte. Vielmehr führte diese Auffassung zu kaum überwindbaren Abgrenzungsproblemen zwischen den Fallgruppen[183].

Im Ergebnis lässt sich daher festhalten, dass § 252 S. 2 BGB eine Beweiserleichterungsfunktion innewohnt.

2. Reichweite der Beweiserleichterungsfunktion des § 252 S. 2 BGB

Erkennt man § 252 S. 2 BGB als Beweiserleichterung, so ist weiterhin die Reichweite einer solchen zu untersuchen. Dabei wird die Vorschrift des § 252 S. 2 BGB teilweise als Kodifizierung des Anscheinsbeweises, teilweise als Grundlage „abstrakter Schadensberechnung", teilweise als einfache Beweiserleichterung zugunsten des Gläubigers angesehen.

a) § 252 S. 2 BGB als Kodifizierung des Anscheinsbeweises

Entsprechend einer von *Prölss* vertretenen Auffassung ist in § 252 S. 2 BGB keine besondere Beweiserleichterung, sondern eine Kodifizierung des Anscheinsbeweises zu erblicken. Den Anscheinsbeweis könne der Beklagte bereits durch den

---

181 *Lange / Schiemann*, Schadensersatz, § 6 X 1.

182 *Stoll*, Haftungsfolgen im Bürgerlichen Recht, 5. Kap. § 10 II. 2. a).

183 So auch *Halfpap*, Der entgangene Gewinn, S. 114 f.

Nachweis der ernsthaften Möglichkeit, dass der Gewinn nicht gemacht worden wäre, entkräften[184].

Dieser Auffassung wurde jedoch in der Literatur zu Recht entgegengetreten: *Halfpap* argumentiert, folgte man der Auffassung von *Prölss*, so würde es zu Zweifeln über die Anwendbarkeit des Anscheinsbeweises auf dem Gebiet der haftungsbegründenden Kausalität und damit zu einer Verunsicherung kommen, da die Vorschrift sich lediglich auf die haftungsausfüllende Kausalität beziehe. Auch könne sich nur ein Teil des § 252 S. 2 BGB – wenn überhaupt – auf den Anscheinsbeweis beziehen. Der Anscheinsbeweis sei nämlich nur anwendbar bei typisierten Geschehensabläufen[185], die die individuellen Umstände in ihrer Bedeutung zurücktreten ließen[186], was mit der Norm des § 252 S. 2 BGB, die auch auf die „besonderen Umstände" abstelle, unvereinbar sei. Es spreche gegen die Kodifizierung des Anscheinsbeweises, wenn nur ein Teil der Norm sich überhaupt auf einen solchen beziehen könne. Schließlich sei eine Absicht des Gesetzgebers, den Anscheinsbeweis zu kodifizieren, nicht aus den Gesetzgebungsmaterialien zu entnehmen[187].

Darüber hinaus sprechen auch pragmatische Gesichtspunkte dagegen, dass der Gesetzgeber in § 252 S. 2 BGB eine Normierung des Anscheinsbeweises vorgenommen haben könnte. Es ist nämlich anerkannt, dass es zur Entkräftung eines Anscheinsbeweises durch den Beweisgegner bereits ausreicht, wenn dieser Tatsachen darlegt und ggf. beweist, aus denen sich die *ernsthafte* Möglichkeit eines von der Lebenserfahrung abweichenden Geschehensablaufs ergibt[188]. Im Falle von Fortkommensschäden wird es dem Schuldner jedoch in einer Vielzahl von Fällen

---

184 *Prölss*, Beweiserleichterungen im Schadensersatzprozess, S. 40. *Belke* JZ 1969, 586, 587 ff. hat sich dieser Auffassung nur in Bezug auf eine konkrete Schadensberechnung angeschlossen; für die von § 252 S. 2 BGB ebenfalls erfasste abstrakte Schadensberechnung stelle aber die Vorschrift vielmehr eine Beweislastumkehr dar. A.A. *Halfpap*, Der entgangene Gewinn, S. 104 ff.; BGB-MünchKomm[3] / *Grunsky*, § 252 Rn. 9 c; *Lange / Schiemann*, Schadensersatz, § 6 X 1.

185 Vgl. *Baumbach / Lauterbach / Albers / Hartmann*, Anh § 286 Rn. 16; *Stein / Jonas / Leipold*, § 286 Rn. 128; *Zöller / Greger*, Vor § 284 Rn. 29; ZPO-MünchKomm / *Prütting*, § 286 Rn. 48, 56 ff.; *Rosenberg / Schwab / Gottwald*, Zivilprozessrecht, § 113 Rn. 17.

186 Vgl. BGH NJW 1987, 1944; BGH VersR 1978, 74, 75.

187 *Halfpap*, Der entgangene Gewinn, S. 104 f.

188 BGHZ 8, 239, 240; BGH NJW 1978, 2032, 2033; 1987, 2876, 2877; VersR 1995, 723; *Prütting / Gehrlein / Laumen*, § 286 Rn. 29; *Baumbach / Lauterbach / Albers / Hartmann*, Anh § 286 Rn. 18; *Stein / Jonas / Leipold*, § 286 VI. Rn. 98; *Rosenberg / Schwab / Gottwald*, Zivilprozessrecht, § 113 Rn. 36; *Zöller / Greger*, Vor § 284 Rn. 29.

möglich sein, eine ernsthafte Möglichkeit eines ungünstigeren Erwerbsverlaufes als des vom Gläubiger vorgetragenen darzulegen und zu beweisen. Handelte es sich also bei § 252 S. 2 BGB um eine Kodifikation des Anscheinsbeweises, so würde dieser im angesprochenen Bereich der Erwerbs- und Fortkommensschäden bedeutungslos. Die Beweiserleichterungsfunktion würde ausgehöhlt[189].

b) § 252 S. 2 BGB – „abstrakte" oder „konkrete" Schadensberechnung

Weiterhin ist umstritten, ob § 252 S. 2 BGB als Grundlage einer „abstrakten Schadensberechnung" anzusehen ist oder ob die Vorschrift lediglich eine „konkrete Schadensberechnung" gestattet.

Zur Beantwortung dieser Frage ist zunächst zu untersuchen, was unter den Begriffen „konkreter" und „abstrakter" Schadensberechnung zu verstehen ist.

Ausgehend vom Wortsinn[190] zeichnet sich die „konkrete Schadensberechnung" durch eine am jeweiligen Einzelfall orientierte Schadensbetrachtung aus. Sie wird damit am ehesten dem Ausgleichsprinzip des § 249 Abs. 1 BGB gerecht[191].

Die „abstrakte Schadensberechnung" löst sich hingegen vom Einzelfall. Dabei wird der Begriff jedoch unterschiedlich weit interpretiert. Das engste – dem Wortsinn am ehesten entsprechende Verständnis[192] – lässt die Umstände des Einzelfalles vollkommen unbeachtet: Dem Gläubiger wird bei einer solchen „abstrakten Schadensberechnung" ein nach einem typischen, durchschnittlichen Maßstab berechneter Betrag als Mindestschaden zugesprochen; dem Schuldner

---

189 Vgl. *Lange / Schiemann*, Schadensersatz, § 6 X 4 und den von *Lange / Schiemann*[2], Schadensersatz, § 6 X 4 aufgeführten Beispielsfall des OLG Köln, NJW 1972, 59: Das Gericht unterstellte dem im Alter von 12 Jahren bei einem Unfall verletzten Kläger, er hätte ohne die Schädigung die Gesellen- und anschließend die Meisterprüfung bestanden. Dem Einwand der Beklagten, dass nur 75 % aller Lehrlinge die Gesellen- und nur 20 % aller Lehrlinge die Meisterprüfung erfolgreich ablegen, wurde im Urteil unter Heranziehung der Beweiserleichterungsfunktion des § 252 S. 2 BGB nicht gefolgt. Verstünde man hingegen § 252 S. 2 BGB lediglich als Kodifizierung des Anscheinsbeweises, so wäre dieser im Hinblick auf das Bestehen der Gesellen-, jedenfalls aber in Bezug auf das Ablegen der Meisterprüfung erschüttert. Denn die *ernsthafte* Möglichkeit eines von der Lebenserfahrung abweichenden Erwerbsverlaufs war bei den angegebenen Prozentsätzen durchaus gegeben.

190 Vgl. DUDEN, Das Fremdwörterbuch: konkret [„zusammengewachsen"] – u.a. anschaulich, greifbar, wirklich, auf etwas Bestimmtes bezogen [...].

191 *Lange / Schiemann*, Schadensersatz, § 6 XI 1.

192 Vgl. DUDEN, Das Fremdwörterbuch: abstrakt – u.a. theoretisch, ohne unmittelbaren Bezug zur Realität.

wird die Möglichkeit eines Gegenbeweises, dass abweichend vom Normalfall der Schaden nicht oder nur geringer eingetreten wäre, gänzlich abgeschnitten[193].

Eine diesem engen Verständnis genügende „abstrakte Schadensberechnung" kennt das Gesetz nur an wenigen Stellen. Beispielsweise sieht § 288 Abs. 1 BGB[194] eine „abstrakte" Schadensersatzpflicht in Höhe von fünf Prozentpunkten, nach Abs. 2 in Höhe von acht Prozentpunkten über dem Basiszinssatz im Falle von Rechtsgeschäften, an denen ein Verbraucher nicht beteiligt ist, vor. Der Gegenbeweis eines geringeren Schadens bleibt dem Schuldner verwehrt. Die Vorschrift des § 849 BGB spricht dem Deliktsgläubiger einen „abstrakten" Schadensersatzanspruch bei deliktischer Sachentziehung oder -beschädigung zu. Im Handelsrecht sieht § 376 Abs. 2 HGB für den Fixhandelskauf eine „abstrakte Schadensberechnung" vor und lässt eine Abrechnung über einen konkreten Deckungskauf oder -verkauf nur in engen Grenzen zu, § 376 Abs. 3 HGB.

Bereits das Reichsgericht hingegen erkannte anknüpfend an den Wortlaut des § 252 S. 2 BGB auch in dieser Vorschrift die Grundlage „abstrakter Schadensberechnung", ging aber von einer widerleglichen Vermutungsregelung aus[195].

Ebenso versteht die neuere höchstrichterliche Rechtsprechung § 252 S. 2 BGB. Bei dieser Bewertung wird ein weitergehender Begriff „abstrakter Schadensberechnung" zugrunde gelegt: Der BGH führte beispielsweise in einem Fall

193 *Larenz*, Lehrbuch des Schuldrechts Bd. 1, § 29 III. a); *Esser / Schmidt*, Schuldrecht Band I – Allgemeiner Teil, § 32 III 2.

194 Die Vorschrift des § 497 Abs. 1 S. 1 BGB verweist auf ebendiese Norm des § 288 Abs. 1 BGB, wenn der Darlehensnehmer eines Verbraucherdarlehensvertrages in Verzug gerät. Im Gegensatz zu § 288 Abs. 1 BGB gestattet § 497 Abs. 1 S. 2 BGB einen Gegenbeweis zugunsten des Verbrauchers, dass lediglich ein niedrigerer Schaden entstanden sei. Daher kann insoweit nicht von „abstrakter" Schadensberechnung in diesem engen Sinne gesprochen werden.

195 RGZ 101, 217, 218 ff.: In diesem Fall wurde dem Militärfiskus, nachdem eine Erbsenlieferung an diesen ausgeblieben war, ein Anspruch auf einen hypothetischen Weiterveräußerungsgewinn zugesprochen. Zwar wurde im Urteil ausdrücklich ausgeführt, dass der Beklagte, der vortrug, der Militärfiskus habe die Erbsen gar nicht nicht weiterverkaufen wollen, die Vermutungswirkung zwar widerlegen könne. Jedoch habe die Möglichkeit bestanden, dass der Militärfiskus sich nachträglich zum Weiterverkauf entschlossen hätte, so dass nicht von solch einer Widerlegung der von der „abstrakten Schadensberechnung" ausgehenden Vermutung auszugehen gewesen sei. Aufgrund der großen hier vom RG angenommenen Reichweite der Vermutungswirkung nähert sich die Entscheidung der „abstrakten Schadensberechnung" im engen Sinne an. Vgl. auch RGZ 105, 293, 294 f., wo die bloße Möglichkeit einer Weiterveräußerung von Leder durch den Fiskus für genügend zur Bejahung des Schadens gehalten wurde.

zur Berechnung eines Verzugsschadens bei verspäteter Darlehensrückzahlung aus, der Verzug bewirke, dass im Rahmen der Berechnung des Schadens davon auszugehen sei, die Bank hätte den ihr vorenthaltenen Geldbetrag im Rahmen des Geschäftsbetriebes gewinnbringend genutzt. Das Gericht bezeichnet diese Grundsätze ausdrücklich als „abstrakte Schadensberechnung“[196]. Abweichend vom oben genannten engen Begriff einer „abstrakten Schadensberechnung“ wird aber die Berücksichtigung der Umstände des Einzelfalles und eine Widerlegung der „Vermutung“ zugelassen[197].

Auch nach Teilen des Schrifttums ist in § 252 S. 2 BGB aufgrund der Formulierung der Vorschrift, dass als entgangen der Gewinn gelte, „welcher nach dem gewöhnlichen Lauf der Dinge erwartet werden konnte“, die Grundlage einer in diesem weitergehenden Sinn „abstrakten Schadensberechnung“ zu erkennen[198]. *Schopp* ist sogar der Auffassung, § 252 S. 2 BGB lasse eine Widerlegung der Vermutungswirkung dieser Vorschrift nicht zu, soweit der Kläger auf „den gewöhnlichen Verlauf der Dinge“ abstelle[199]. Damit erkennt er eine „abstrakte Schadensberechnung“ im engen Sinne an.

Aufgrund der entstehenden terminologischen Unklarheiten sollte der Begriff „abstrakter Schadensberechnung“ nur im Falle vollständig vom Einzelfall

---

196 BGHZ 104, 337, 344 f.

197 BGHZ 104, 337, 348: „1. Die abstrakte Berechnungsmethode geht zugunsten der Bank davon aus, sie habe nach dem gewöhnlichen Verlauf im Bankhandelsverkehr den geschuldeten Geldbetrag bei rechtzeitiger Zahlung alsbald anderweitig zu den jeweils marktüblichen Sollzinsen anlegen können. Insoweit handelt es sich aber nur um eine tatsächliche Vermutung, die widerlegt werden kann. Der Schuldner muss den Gegenbeweis führen, dass der Bank unter den konkret gegebenen Umständen eine entsprechende Anlage nicht möglich gewesen wäre.“ Vgl. auch BGH NJW 1998, 2901, 2902: „Ist der Gläubiger – wie hier die Kl. – Kaufmann oder Gewerbetreibender, so kann er seinen Schaden auch „abstrakt“ berechnen, d.h. unter Inanspruchnahme einer Beweiserleichterung in Gestalt der Vermutung, dass er jederzeit imstande gewesen wäre, das entgangene Geschäft mit dieser oder einer anderen Ware zu Marktpreisen zu tätigen.“ (Unterstreichungen nicht im Originaltext); BGH NJW 2000, 1409, 1410; BGH NJW-RR 2006, 243, 244. *Schlechtriem / Schmidt-Kessel*, Schuldrecht AT, Rn. 281 weisen darauf hin, dass sich die Rechtsprechung durch hohe Anforderungen an die Widerlegung des Vermutung einer „abstrakten Schadensberechnung“ im engen Sinn annähert.

198 BGB-RGRK / *Alff*, § 252 Rn. 9 f.; *Fikentscher / Heinemann*, Schuldrecht, Rn. 687; *Palandt / Grüneberg*, § 252 Rn. 6; *Steckler*, BB 1995, 469, 475.

199 *Schopp*, MDR 1989, 1, 2.

losgelöster Schadensberechnung – wie in den Fällen der §§ 288 Abs. 1 und 2, 849 BGB und § 376 Abs. 2 HGB – verwendet werden[200].

Eine solche „abstrakte Schadensberechnung“ im engen Sinn kann aber nicht auf § 252 S. 2 BGB gestützt werden[201]. Unabhängig davon, dass § 252 S. 2 BGB zum Teil ebenfalls auf „die besonderen Umstände“ des Einzelfalles rekurriert, spricht auch die Formulierung dieser Vorschrift, nach welcher derjenige Gewinn als entgangen anzusehen sei, welcher „mit Wahrscheinlichkeit erwartet werden konnte“ gegen eine streng „abstrakte Schadensberechnung“.

Soweit von § 252 S. 2 BGB nämlich auf die „Wahrscheinlichkeit“ abgestellt wird, ist ihr auch die Möglichkeit immanent, dass der Gewinn eben *nicht* mit Wahrscheinlichkeit gemacht worden wäre. Über das Wahrscheinlichkeitserfordernis kommt es also bereits zu einem Einzelfallbezug, der einer „abstrakten Schadensberechnung“ – wie sie §§ 288 Abs. 1 u. 2, 849 BGB und 376 HGB vorsehen – widerspricht. Ferner ist, selbst soweit der Gläubiger seine Schadensberechnung auf den „gewöhnlichen Verlauf der Dinge“ nach § 252 S. 2 BGB stützen will, erforderlich, dass er den für ihn zu erwartenden gewöhnlichen Verlauf der Dinge und damit die eigene Gewinnspanne vorträgt[202]. Stets ist auch für die Eröffnung des Anwendungsbereiches der Beweiserleichterungsfunktion des § 252 S. 2 BGB eine schlüssige Darlegung von Anknüpfungstatsachen erforderlich. Das sind solche Tatsachen, auf die sich die vorzunehmende Berechnung des entgangenen Gewinnes stützen kann[203].

Im Ergebnis handelt es sich damit bei der Schadensberechnung selbst nach dieser Variante des § 252 S. 2 BGB um keine „abstrakte“, sondern um eine auch am Einzelfall orientierte Schadensberechnung. Die Vorschrift stellt damit lediglich eine einfache Beweiserleichterung zugunsten des Gläubigers dar.

---

200 Vgl. *Hager*, Rechtsbehelfe des Verkäufers wegen Nichtabnahme der Ware, S. 163; *Huber*, Leistungsstörungen II, S. 241; *Mertens*, Vermögensschaden, S. 76 Fn. 76, der zur Unterscheidung „abstrakt-normativ“ (für die abstrakte Schadensberechnung im engen Sinne) und „abstrakt-typisierend“ (für die Beweiserleichterungsfunktion des § 252 S. 2 BGB) gebraucht; *Halfpap*, Der entgangene Gewinn, S. 145 ff.; *Lange / Schiemann*, Schadensersatz, § 6 XI 2 a); BGB-MünchKomm / *Oetker*, § 252 Rn. 44 f.; *Larenz*, Lehrbuch des Schuldrechts Bd. 1, § 29 III. a).

201 *Rabel*, Das Recht des Warenkaufs I, S. 170; *Staudinger / Schiemann*, § 252 Rn. 23; BGB-MünchKomm / *Oetker*, § 252 Rn. 44 f.; in Bezug auf entgangenen Gewinn aufgrund Ausbleibens einer Lieferung marktgängiger Ware *Keuk*, Vermögensschaden und Interesse, S. 179 ff. und *Steindorff* AcP 158 (1959, 1960), 431, 459 f.

202 Vgl. *Halfpap*, Der entgangene Gewinn, S. 146 f.

203 Vgl. nur BGH NJW 1988, 3016, 3017.

3. Beurteilungszeitpunkt für die „Wahrscheinlichkeit“ des erwarteten Gewinnes

Zur Bewertung des entgangenen Gewinnes ist maßgebend, auf welchen Zeitpunkt hierfür abzustellen ist, ob also das erkennende Gericht für den nach § 252 S. 2 BGB mit „Wahrscheinlichkeit“ erwarteten Gewinn – retrospektiv – vom Zeitpunkt der Schädigung oder vom Zeitpunkt der letzten mündlichen Tatsachenverhandlung auszugehen hat.

Die reine Betrachtung des Wortlautes der Norm des § 252 S. 2 BGB – „welcher mit Wahrscheinlichkeit erwartet werden *konnte*“ – spräche eher für eine retrospektive richterliche Schadensbeurteilung[204].

Andererseits handelt es sich bei der Vorschrift um eine Regelung des Beweisrechts[205]. Diese dogmatische Einordnung legt es nahe, für die Beurteilung des entgangenen Gewinnes auf den Zeitpunkt der letzten mündlichen Tatsachenverhandlung im Prozess abzustellen[206], also auf den Zeitpunkt, der im Schadensersatzprozess allgemein für die richterliche Beurteilung maßgeblich ist[207].

In diesem Sinne stellt die Rechtsprechung fest, dass die von § 252 S. 2 BGB geforderte Wahrscheinlichkeit nicht bereits im Zeitpunkt der Schädigung bestanden haben müsse; auch spätere Ereignisse könnten die Wahrscheinlichkeitsbeurteilung beeinflussen und so zur Bejahung eines entgangenen Gewinnes führen[208].

---

204 Vgl. *Staudinger*[11] / *Werner*, § 252 Rn. 19, der den Wortlaut ja bereits zur Begründung der „materiellrechtlichen Theorie“ heranzieht.

205 Siehe oben unter: E. II. 1.

206 Vgl. *Halfpap*, Der entgangene Gewinn, S. 138; AnwK-BGB / *Spallino*, § 252 Rn. 14; *Staudinger / Schiemann*, § 252 Rn. 19; *Prütting / Wegen / Weinreich / Medicus*, § 252 Rn. 5; *Bamberger / Roth / Schubert*, § 252 Rn. 40.

207 Vgl. BGH NJW 1996, 2652, 2654; NJW-RR 2001, 1450, 1451; *Lange / Schiemann*, Schadensersatz, § 1 IV 2; BGB-MünchKomm / *Oetker*, § 249 Rn. 317; *Bamberger / Roth / Schubert*, § 249 Rn. 162; *Prütting / Wegen / Weinreich / Medicus / Luckey*, Vor §§ 249 bis 255 Rn. 12; *Staudinger / Schiemann*, Vorbem zu §§ 249 ff. Rn. 79.

208 BGHZ 29, 393, 398: „… es genügt der Nachweis einer gewissen Wahrscheinlichkeit, die nicht schon beim Eintritt des zum Ersatz verpflichtenden Umstandes bestanden zu haben braucht.“; BGH NJW 1964, 661, 662; BGHZ 74; 221, 224 (Fall eines ausländischen Gastarbeiters, der sich erst nach der unfallbedingten Minderung seiner Erwerbstätigkeit zu längerem Verbleib in der Bundesrepublik entschlossen hat): „Dagegen ist der Richter später keineswegs an die schon zur Zeit des Schadensereignisses vorhandenen Erkenntnisquellen gebunden. […]Er darf sich insbesondere nicht darüber hinwegsetzen, dass die Prognose als bloßer Erkenntnisbehelf durch eine spätere tatsächliche Entwicklung entwertet worden ist.“; NJW 1995, 126, 127;

Darüber hinaus ist kein sachlicher Grund zu erkennen, wieso man dem Geschädigten einen Gewinn zusprechen sollte, der zum Zeitpunkt der Verletzung wahrscheinlich schien, von dem aber zum Zeitpunkt der letzten mündlichen Tatsachenverhandlung feststeht, dass er niemals gemacht worden wäre. Umgekehrt gilt dies, wenn ein Gewinn zum Schädigungszeitpunkt unwahrscheinlich schien, nunmehr aber sicher feststeht, dass dieser ohne das schädigende Ereignis eingetreten wäre[209].

Von *Heck* wurde die Formulierung des § 252 S. 2 BGB daher als eine „sprachliche Entgleisung" angesehen. Nach ihm muss die Norm so ausgelegt werden, dass derjenige Gewinn entgangen sei, von dem sich „mit Wahrscheinlichkeit feststellen lässt, dass er eingetreten sein würde"[210].

Gerade am Beispiel der Berechnung entgangenen Gewinnes bei Fortkommensschäden zeigt sich, wie sinnvoll das von der Rechtsprechung und der herrschenden Literaturauffassung praktizierte Abstellen auf den Zeitpunkt der letzten mündlichen Tatsachenverhandlung im Prozess ist. Bei Fortkommensschäden handelt es sich um solche Schadenspositionen, die sich über einen langjährigen Zeitraum hin entwickeln können. Sie werden beeinflusst von unzähligen im Zeitpunkt der Schädigung kaum voraussagbaren Faktoren. Selbst im Falle einer Bewertung des entgangenen Gewinnes aus Sicht des Zeitpunktes der letzten mündlichen Tatsachenverhandlung bei sorgfältiger Untersuchung aller schadensrelevanten Umstände kann immer nur eine sich der hypothetischen Realität annähernde Schätzung gelingen.

Ginge man bei der Schadensschätzung retrospektiv vom Schädigungszeitpunkt aus, so verstärkte dies die der Schätzung des entgangenen Gewinnes ohnehin bereits innewohnende Unsicherheit, was je nach Ausgangslage entweder zu einer Besserstellung des Geschädigten durch das Schadensereignis oder einer

---

NJW 1997, 941, 942; NJW 1998, 810, 813; NJW 1999, 136: „Die Situation zum Unfallzeitpunkt ist aber nur einer der Prognosefaktoren für die künftige Entwicklung und nicht allein ausschlaggebend. Bei der Prognose muss der Tatrichter vielmehr als weitere Faktoren auch Erkenntnisse aufgrund von Entwicklungen einbeziehen, die sich erst nach dem Unfallereignis bis zur letzten mündlichen Verhandlung ergeben haben."; zustimmend *Lange / Schiemann*, Schadensersatz, § 6 X 2; BGB-MünchKomm / *Oetker*, § 252 Rn. 41 ff.; *Geigel* – Der Haftpflichtprozess / *Pardey*, 4. Kapitel Rn. 71; *Stürner* JZ 1984, 415.

209 *Larenz*, Lehrbuch des Schuldrechts Bd. 1, § 29 II. b); *Heck*, Grundriss des Schuldrechts, § 12 10., nach dem eine andere Auffassung dem „Grundgedanken unseres Gesetzes widerspräche".

210 *Heck*, Grundriss des Schuldrechts, § 12 10.

Kürzung oder dem Wegfall des Anspruchs führen könnte, obwohl sich erst nach dem Unfallzeitpunkt zeigen würde, dass der Geschädigte doch mit der von § 252 S. 2 BGB geforderten „Wahrscheinlichkeit“ einen Gewinn gemacht hätte.

So erscheint es gerechter und entspricht eher dem Grundsatz der Naturalrestitution, den Geschädigten durch das Schadensereignis weder besser noch schlechter zu stellen, als er ohne dieses gestanden hätte, wenn der Richter in die Wahrscheinlichkeitsbeurteilung auch solche Tatsachen einbeziehen kann, die zum Zeitpunkt der Haftungsbegründung nicht gegeben oder voraussehbar waren.

Das erkennende Gericht wird folglich auch Entwicklungen nach dem Schädigungseintritt einzubeziehen haben.

4. Grad der erforderlichen Wahrscheinlichkeit der Gewinnerwartung im Rahmen des § 252 S. 2 BGB

Nach § 252 S. 2 BGB gilt derjenige Gewinn als entgangen, der mit *Wahrscheinlichkeit* zu erwarten war. Dabei stellt sich die Frage, ab wann von einer Wahrscheinlichkeit im Sinne dieser Norm ausgegangen werden kann, wie hoch also der notwendige Wahrscheinlichkeitsgrad sein muss. Die Beantwortung hat unter Berücksichtigung der oben erörterten Beweiserleichterungsfunktion zu erfolgen[211].

Vor diesem Hintergrund kann im Rahmen des § 252 S. 2 BGB keine Überzeugung des Richters, dass die „tatsächliche Behauptung für wahr oder nicht wahr zu erachten sei“[212] – wie von § 286 ZPO gefordert –, notwendig sein. Andererseits soll nach der Entstehungsgeschichte des § 252 S. 2 BGB die bloße Möglichkeit eines Gewinnes nicht genügen[213].

In der bisherigen höchstrichterlichen Rechtsprechung finden sich mehrere, zuweilen unpräzise wirkende Interpretationsansätze in Bezug auf das Wahrscheinlichkeitskriterium. So sei „die volle Gewissheit, dass der Gewinn gezogen worden wäre, nicht erforderlich“, es genüge „der Nachweis einer gewissen Wahrscheinlichkeit“[214]. Nach dem BAG sei die „bloße Wahrscheinlichkeit der Erwartung“ ausreichend[215].

---

211 Siehe oben unter: E. II. 1.

212 Zu dieser siehe unten unter: E. III. 1.

213 Vgl. Mot. S. 18 = *Mugdan* S. 10: „... andererseits aber auch die bloße Möglichkeit, der Beschädigte würde den Gewinn erlangt haben, nicht ausreiche, dass vielmehr eine gewisse Wahrscheinlichkeit entscheide.“

214 BGHZ 29, 393, 398.

215 BAG NJW 1968, 72.

Neuere Urteile des BGH definieren den Begriff der Wahrscheinlichkeit genauer. Es wird zur Bejahung der „Wahrscheinlichkeit“ verlangt, dass es nach den Umständen des Einzelfalles wahrscheinlicher sei, „dass der Gewinn ohne das haftungsbegründende Ereignis erzielt worden wäre, als dass er nicht erzielt worden wäre“[216].

Auch in der Literatur finden sich unterschiedliche Auslegungen des „Wahrscheinlichkeitsbegriffs“.

So fordert *Larenz* einen „hohen Grad an Wahrscheinlichkeit“[217] und *Halfpap* unter Verweis auf die Notwendigkeit, einer unbilligen Belastung des Schuldners entgegenzuwirken, eine „deutlich überwiegende Wahrscheinlichkeit, die nur leichte Zweifel am Gewinnentgang aufkommen lässt“[218]. Geringere Anforderungen an das Wahrscheinlichkeitskriterium anzulegen, sei – so *Halfpap* – nicht mit dem Wortlaut des § 252 S. 2 BGB vereinbar. Dieser stelle u.a. auf den „gewöhnlichen Lauf der Dinge“ ab, der mehr als eine lediglich überwiegende Wahrscheinlichkeit fordere[219]. Schließlich bestünde bei einem solchen Verständnis dieses Tatbestandsmerkmales der „Wahrscheinlichkeit“ die Gefahr, dass man den Unterschied zwischen 49 % und 51 % bei der Wahrscheinlichkeitsbeurteilung verfehlte[220].

Andere hingegen betonen die aus § 252 S. 2 BGB ablesbare Mahnung an den Richter, die Beweisanforderungen möglichst gering zu halten[221], so dass im Hinblick auf den Normzweck bereits eine überwiegende Wahrscheinlichkeit genügen müsse[222].

In diesem Sinne legen auch *v. Hoyningen-Huene / Boemke* das Wahrscheinlichkeitskriterium aus. Zwar räumen sie ein, dass unter dem Tatbestandsmerkmal „Wahrscheinlichkeit“ der gesamte Bereich zwischen „sicher“ und „ausgeschlossen“ zu fassen sei[223]. Jedoch ergebe sich aus der Beweiserleichterungsfunktion zugunsten des Geschädigten, dass ein herabgesetztes Maß an Wahrscheinlichkeit ausreiche und eine vernünftige Zweifel am hypothetischen Gewinneintritt

---

216 BGH NJW 1988, 200, 204; NJW 2002, 825, 826; BGH, Urteil v. 23.04.2002, X ZR 29/00.

217 *Larenz*, Lehrbuch des Schuldrechts Bd. 1, § 29 II. b.

218 *Halfpap*, Der entgangene Gewinn, S. 132 f.

219 Vgl. *Halfpap*, Der entgangene Gewinn, S. 125 f.

220 *Halfpap*, Der entgangene Gewinn, S. 132, unter Verweis auf *Arens*, ZZP 88 (1975), 1, 32.

221 *Staudinger / Schiemann*, § 252 Rn. 18.

222 BGB-MünchKomm / *Oetker*, § 252 Rn. 31.

223 *V. Hoyningen-Huene / Boemke*, NJW 1994, 1757, 1758.

ausschließende Gewissheit nicht erforderlich sei. Andererseits dürfe das Beweismaß auch nicht soweit herabgesetzt werden, dass selbst Gewinne, für die nur eine ganz geringe Wahrscheinlichkeit bestünde, ersetzt würden. Eine Belastung des Schädigers mit der Verpflichtung zum Ersatz des entgangenen Gewinnes sei nur dann gerechtfertigt, wenn der Schadenseintritt zumindest mehr wahrscheinlich als unwahrscheinlich sei[224].

Dieser Auslegung sowie der neueren Rechtsprechung, nach welcher eine die Unwahrscheinlichkeit überwiegende Wahrscheinlichkeit genügt[225], ist zu folgen.

Selbstverständlich ist einem solchen Verständnis der Vorschrift des § 252 S. 2 BGB entgegenzutreten, bei welchem dem Geschädigten bei irgendeiner Wahrscheinlichkeit eines hypothetisch erzielten Gewinnes – sei diese nur höher als 0 % – Ersatz zu leisten wäre.

Bei einer solchen Auslegung käme es zu den von *Halfpap* angeführten unbilligen Belastungen von Schädigern[226]. Wählt man aber als Grad für die erforderliche Wahrscheinlichkeit einen Wert von über 50 %, so kann von einer solchen unangemessenen Benachteiligung nicht die Rede sein. Eine strengere Auslegung könnte gar im Gegenteil eine unangemessene Begünstigung des Schädigers nach sich ziehen. Gerade im Falle von Fortkommensschäden ist es kaum möglich, eine derart hohe Wahrscheinlichkeit zu beweisen. Die regelmäßig mit dem hypothetischen Werdegang des Geschädigten verbundenen Unsicherheiten würden bei der von *Larenz* und *Halfpap* vertretenen strengen Auslegung des Wahrscheinlichkeitskriteriums des § 252 S. 2 dazu führen, dass Fortkommensschäden nur äußerst selten gerichtlich durchgesetzt werden könnten.

Die Sorgen von *Halfpap*, das erkennende Gericht könnte die Wahrscheinlichkeitsgrenze, würde man diese bei einer Wahrscheinlichkeit von 50 % ansetzen, leicht verfehlen, greifen nicht durch. Denn einer jeden Definition des Wahrscheinlichkeitskriteriums ist diese Gefahr eigen: Selbst wenn man der Auslegung von *Halfpap* folgte, dass eine „deutlich überwiegende Wahrscheinlichkeit" erforderlich sei, stünde man vor der Gefahr, die Grenze zwischen „nur überwiegender Wahrscheinlichkeit" und „deutlich überwiegender Wahrscheinlichkeit" zu verfehlen. Im Übrigen erscheint das von *Halfpap* gewählte Kriterium einer „deutlich überwiegenden Wahrscheinlichkeit" auch selber unpräzise, so dass die der Bestimmung des Fortkommensschadens innewohnende Unsicherheit noch weiter anstiege.

---

224 *V. Hoyningen-Huene / Boemke*, NJW 1994, 1757, 1758.

225 BGH NJW 1988, 200, 204; NJW 2002, 825, 826; BGH, Urteil v. 23.04.2002, X ZR 29/00 (nach juris).

226 Vgl. *Halfpap*, Der entgangene Gewinn, S. 132 f.

Es ist also festzuhalten, dass die durch § 252 S. 2 BGB geforderte Wahrscheinlichkeit bereits dann zu bejahen ist, wenn es wahrscheinlicher als unwahrscheinlicher erscheint, dass der Gewinn beim Geschädigten eingetreten wäre.

5. Relevanz der beiden Alternativen des § 252 S. 2 BGB

Die Norm des § 252 S. 2 BGB enthält zwei Anknüpfungspunkte, anhand derer der hypothetisch entgangene Gewinn zu bemessen ist. Nach der ersten Alternative des § 252 S. 2 BGB gilt als entgangen der Gewinn, „welcher nach dem gewöhnlichen Verlauf der Dinge [...] mit Wahrscheinlichkeit erwartet werden konnte." Der gewöhnliche Verlauf der Dinge selbst braucht – weil er ja wahrscheinlich ist – vom Geschädigten nicht bewiesen zu werden. Vielmehr ist es Aufgabe des erkennenden Gerichts, den gewöhnlichen Verlauf der Dinge zu ermitteln[227].

Auf den ersten Blick scheint die erste Alternative des § 252 S. 2 BGB in Bezug auf Fortkommensschäden diejenige zu sein, die am besten zu einem ganz „normalen" Werdegang des Geschädigten, also einer sogenannten Durchschnitts- oder „Normalbiographie" passt[228].

Die zweite Alternative des § 252 S. 2 BGB definiert denjenigen Gewinn als entgangen, „welcher nach den besonderen Umständen, insbesondere nach den getroffenen Anstalten und Vorkehrungen, mit Wahrscheinlichkeit erwartet werden konnte." Stützt der Geschädigte seinen entgangenen Gewinn auf diese „besonderen Umstände, getroffene Anstalten und Vorkehrungen", muss er diese in Abgrenzung zum „gewöhnlichen Verlauf der Dinge" beweisen[229]. Andererseits trägt der Schädiger die Beweislast dafür, dass nach den „besonderen Umständen" der gewöhnliche Gewinn unterschritten worden wäre[230].

Bietet § 252 S. 2 BGB also zwei Alternativen an, stellt sich nun die Frage, auf welche dieser beiden bei der Bestimmung von Fortkommensschäden abzustellen ist.

Zur Beantwortung der Frage sei kurz die Vorgehensweise des BGH bei der Erstellung einer Schadensprognose in einem Beispielsfall angeführt:

---

227 BGH NJW 1964, 661, 663; *Prütting / Wegen / Weinreich / Medicus*, § 252 Rn. 6.

228 Vgl. zum Begriff „Normalbiographie": *Osterland* in Lebenslagen, Lebensläufe, Lebensstile, S. 351 f. und die kritischen Anmerkungen von *Felsinger*, Der Erwerbsschadensersatz bei Verletzungen im Kindesalter, Dritter Teil D. II. Das OLG Karlsruhe, VersR 1989, 1101, 1102 beispielsweise verwendete diesen Begriff nicht, sondern ging seinerzeit von einem „normalen beruflichen Werdegang des Geschädigten" aus.

229 *Staudinger / Schiemann*, § 252 Rn. 20.

230 *Prütting / Wegen / Weinreich / Medicus*, § 252 Rn. 9.

Der BGH beurteilte den zukünftigen Werdegang einer 17-jährigen Geschädigten zunächst anhand eines durchschnittlichen Werdeganges. Es sei von einem voraussichtlich durchschnittlichen Erfolg der Geschädigten in ihrer Tätigkeit auszugehen und auf dieser Grundlage die weitere Prognose der entgangenen Einnahmen anzustellen[231].

Das Abstellen auf einen durchschnittlichen Erfolg erweckt den Eindruck, der BGH beurteilte den „gewöhnlichen Verlauf der Dinge“ und bediente sich des § 252 S. 2 1. Alt. BGB.

Wenn der BGH aber den durchschnittlichen Erfolg der Geschädigten *in ihrer Tätigkeit* zur Grundlage der Schadensprognose macht und hierauf aufbauend untersucht, welche Vorkehrungen die Geschädigte *für ihre Laufbahn* getroffen habe[232], wird andererseits entscheidend auf „besondere Umstände, getroffene Anstalten und Vorkehrungen“ zur Schätzung des Fortkommensschadens abgestellt. Die getroffene Schadensschätzung stützt sich also eigentlich maßgebend auf § 252 S. 2 2. Alt. BGB, der „gewöhnliche Verlauf der Dinge“ verliert an Bedeutung.

Wegen der Vielschichtigkeit sozialer Schichten, von Bildungsqualität und Arbeitsmarkt ist es auch kaum möglich, einen durchschnittlichen schulischen und beruflichen Werdegang zu ermitteln[233]. „Besondere Umstände, getroffene Anstalten und Vorkehrungen“ im Sinne des § 252 S. 2 2. Alt BGB sind also bei einer Prognose des Erwerbsverlaufes immer von Bedeutung.

Nach *Medicus* lässt sich daher der „gewöhnliche Lauf der Dinge“ zwar etwa zur Berechnung entgangenen Gewinnes von Kaufleuten heranziehen. § 252 S. 2 1. Alt BGB passe aber nicht auf die Fortkommensschäden: Zum einen gebe es keinen von der Mehrheit aller Menschen gewählten (Durchschnitts-) Beruf, zum anderen wäre die Errechnung eines Durchschnittsgehalts viel zu undifferenziert. Die lokalen und aus dem Lebensalter folgenden Unterschiede blieben unberücksichtigt[234].

Medicus bevorzugt daher die zweite Alternative des § 252 S. 2 BGB für die Beurteilung von Fortkommensschäden. Allerdings betont er, dass auch diese

---

231 BGH NJW 2000, 3287, 3288.

232 BGH NJW 2000, 3287, 3288: Im konkreten Fall war es der Klägerin aufgrund der Schädigung unmöglich geworden, eine Lehre zur Pferdewirtin erfolgreich zu absolvieren. Der BGH stützte sich zur Erstellung der Prognose auf schon bei Schädigung vorhandene Pläne der Klägerin, sowie auf die Tatsache, dass sie bereits zwei Praktika in einem Pferdestall absolviert hatte.

233 *Felsinger*, Der Erwerbsschadensersatz bei Verletzungen im Kindesalter, Teil 3 B. II. und C. II.

234 *Medicus*, DAR 1994, 442, 444.

nicht weiterführe, soweit die „besonderen Umstände, insbesondere die getroffenen Anstalten und Vorkehrungen“ keinen bestimmten Verdienstausfall wahrscheinlich machen könnten. Das sei beispielsweise dann der Fall, wenn frühe Ausbildungsabschnitte noch keine Festlegung auf eine bestimmte Berufsgruppe zuließen, wie zum Beispiel der Besuch einer Hauptschule oder eines Gymnasiums. Hier müsse auf § 287 Abs. 1 S. 1 ZPO zurückgegriffen werden[235].

In der Wahl des § 252 S. 2 2. Alt BGB ist *Medicus* zuzustimmen: Bei einer Lebensbiographie mutet der Begriff des „gewöhnlichen Verlaufs der Dinge“ befremdlich an. Ferner zeigt sich auch in der oben zitierten Rechtsprechung des BGH, dass faktisch zur Schadensschätzung die „besonderen Umstände, insbesondere die getroffenen Anstalten und Vorkehrungen“ herangezogen werden müssen.

Zwar ist *Medicus* auch beizupflichten, als er der Auffassung ist, der Besuch oben genannter Bildungseinrichtungen mache keinen *konkreten* Beruf wahrscheinlich. Jedoch erhöht sich beispielsweise mit dem Besuch des Gymnasiums die Wahrscheinlichkeit eines anschließenden Studiums und damit der Möglichkeit, in einem eine akademische Ausbildung voraussetzenden Beruf Fuß zu fassen. Folglich lassen sich aus solch frühen Ausbildungsstadien bereits gewisse Indizien zur Schadensberechnung ableiten, was wiederum für das Vorliegen besonderer Umstände im Sinne des § 252 S. 2 2. Alt BGB spricht.

Dennoch bleibt die Frage im Grunde ungelöst, auf welche normativen Grundlage Fortkommensschäden zu schätzen sind, wenn noch weniger über den hypothetischen Werdegang des Geschädigten bekannt ist. Ist es wenigstens dann erlaubt, auf „den gewöhnlichen Lauf der Dinge“ im Sinne des § 252 S. 2 1. Alt. BGB abzustellen?

Ob hier – wie *Medicus* hier vorschlägt[236] – die Zuhilfenahme von § 287 Abs. 1 ZPO notwendig ist, kann jedoch nur nach einer Beleuchtung des § 287 Abs. 1 ZPO, der Voraussetzungen dieser Norm und ihres Verhältnisses zu § 252 S. 2 BGB gelingen.

6. Zwischenbetrachtung zu § 252 S. 2 BGB

Wenn auch festgestellt wurde, dass § 252 S. 2 BGB sich vollends nur in Zusammenschau mit § 287 Abs. 1 ZPO erschließen lässt, kann zunächst festgehalten werden, dass es sich bei § 252 S. 2 BGB um eine Beweiserleichterung handelt. Eine abstrakte Schadensberechnung lässt sich allerdings auf diese Norm nicht stützen.

---

235 *Medicus*, DAR 1994, 442, 444 f.

236 *Medicus*, DAR 1994, 442, 444 f.

Ferner können für die seitens des erkennenden Gerichts durchzuführende Beurteilung der „Eintrittswahrscheinlichkeit" des entgangenen Gewinnes auch solche Tatsachen herangezogen werden, die nach dem Schädigungszeitpunkt eingetreten sind.

Zur Erfüllung des Tatbestandsmerkmals „Wahrscheinlichkeit" im Rahmen des § 252 S. 2 BGB reicht nicht irgendeine – und sei es noch so geringe – Wahrscheinlichkeit aus. Vielmehr wird hier eine überwiegende Wahrscheinlichkeit zu fordern sein.

Schließlich enthält § 252 S. 2 BGB zwei Alternativen. Für die Erstellung einer Prognose von Erwerbsbiographien erscheint wegen der Mannigfaltigkeit möglicher Berufe die Anwendung von § 252 S. 2 2. Alt. BGB sachgerechter.

III. Wirkungen und Voraussetzungen des § 287 Abs. 1 S. 1 ZPO

Nach § 287 Abs. 1 S. 1 ZPO ist es dem erkennenden Gericht gestattet, „unter Würdigung aller Umstände nach freier Überzeugung" über das Vorliegen und die Höhe eines zwischen den Prozessparteien streitigen Schadens zu entscheiden.

Die Einführung einer solchen Norm sollte verhindern, dass eine Klage allein deshalb abgewiesen wird, weil der Kläger nicht in der Lage ist, den vollen Beweis für einen ihm erwachsenden Schaden zu erbringen[237]. Berechtigte Schadensersatzansprüche sollten möglichst nicht an zu hohen prozessualen Hürden scheitern[238].

Historisch wollte der Gesetzgeber durch Einführung des § 260 CPO, der dem heutigen § 287 Abs. 1 ZPO entspricht, die Nachteile des seinerzeit verrufenen „Schädenprozesses" abwenden. Dieser verlangte vom Geschädigten, dass er lückenlose Nachweise nach formellen Beweisregeln erbrachte[239]. Trotz kritischer Stimmen[240] wurde mit § 260 CPO nicht nur die Höhe des Schadens, sondern auch die Existenz des Schadens in das richterliche Ermessen gelegt[241].

---

237 Vgl. *Zöller / Greger*, § 287 Rn. 1.

238 *Stein / Jonas / Leipold*, § 287 I Rn. 1; ZPO-MünchKomm / *Prütting*, § 287 Rn. 1; vgl. ferner *Hahn*, Die gesamten Materialien zu den Reichsjustizgesetzen, 2. Bd., 1. Abt., S. 276.

239 *Gottwald*, Schadenszurechnung und Schadensschätzung, 1. Teil § 1 S. 1.

240 *Wach*, KritVJSchr 14 (1872), 329, 360 f.

241 Vgl. zur Entstehungsgeschichte *Gottwald*, Schadenszurechnung und Schadensschätzung, 1. Teil § 3 S. 38 ff.

Das Beweismaß wird also durch § 287 Abs. 1 ZPO gegenüber § 286 ZPO abgemildert[242]. Im Folgenden soll auf die Unterschiede zwischen beiden Normen – insbesondere im Hinblick auf das angesprochene Beweismaß – eingegangen werden.

1. Richterliche Überzeugung von der Wahrheit gemäß § 286 Abs. 1 S. 1 ZPO

Nach § 286 Abs. 1 ZPO obliegt es dem erkennenden Gericht zu entscheiden, „ob eine tatsächliche Behauptung für wahr oder nicht für wahr zu erachten sei". Erforderlich ist also nach der Vorschrift, dass seitens des Gerichts eine Überzeugung von der Wahrheit einer Behauptung vorliegt.

Es wird in der Literatur nicht einheitlich beurteilt, wie das Kriterium einer solchen Überzeugung im Sinne des § 286 ZPO zu definieren ist. Zu unterscheiden sind dabei zwei miteinander verwobene Fragestellungen, nämlich ob es auf eine subjektive Überzeugung des Gerichts ankommen darf und ab wann eine solche subjektive Überzeugung erreicht ist.

a) Subjektive Überzeugung und § 286 Abs. 1 S. 1 ZPO

In der Wissenschaft wird die Frage uneinheitlich beantwortet, ob die subjektive Überzeugung des erkennenden Gerichts Gegenstand freier richterlicher Beweiswürdigung sein kann.

Einige Autoren lehnen die Einbeziehung einer subjektiven Überzeugung des Gerichts gänzlich ab.

So betont *Bruns*, dass man bei anderer Auffassung der Intensität des Überzeugungsgefühls eines möglicherweise Unwissenden oder Leichtgläubigen einen zu hohen Stellenwert einräumte. Die Subjektivität des einzelnen Richters sei nicht der Stolz, sondern die Schwäche des Richtertums[243].

Stärker noch kritisiert *Maassen*, eine „subjektiv-emotionale Beweismaßbestimmung" führe zu einer „Nichtbegründbarkeit, Nichtdiskutierbarkeit und Nichtangreifbarkeit der Entscheidungsnorm" und damit letztlich zur Irrationalität des gesamten Entscheidungsprozesses[244].

---

242 Vgl. *Rosenberg / Schwab / Gottwald*, Zivilprozessrecht, § 114 Rn. 2, 3; aA *Gottwald*, Schadenszurechnung und Schadensschätzung, 4. Teil § 11 III. 1. u. § 12 IV.

243 *Bruns*, Zivilprozessrecht, § 32 Rn. 168 a: „Von der lieb gewonnenen Vorstellung des Überzeugungsgefühls, das sich nur zu gut mit gewissen unklaren Ambitionen von „Richterkönigtum" vereinigt, muss man sich trennen."

244 Vgl. *Maassen*, Beweismaßprobleme im Schadensersatzprozess, S. 52.

Soweit eine solche Objektivität der Wahrheitsfindung für maßgebend erachtet wird, wird von den Vertretern dieser Auffassung als Bezugspunkt richterlicher Überzeugung auf unterschiedliche zu erreichende objektive Wahrscheinlichkeitsgrade abgestellt[245]. Ab einem bestimmten Wahrscheinlichkeitsgrad müsse das Gericht die Feststellung treffen und dürfe sich nicht auf seine Überzeugung zurückziehen[246].

Huber gibt allerdings zu, dass lediglich beim naturwissenschaftlichen Beweis eine exakt mathematische Wahrscheinlichkeitsberechnung verwendet werden könne und man sonst auf mehr oder weniger grobe Schätzwerte zurückgreifen müsse. Dies spreche aber nicht gegen die Wahrscheinlichkeit als objektives Beweismaß. Denn auch vor der Erfindung des Thermometers habe sich niemand geweigert, die Temperatur mit „kalt, lauwarm, warm und heiß" zu bestimmen[247].

Eine abgeschwächte Form dieser objektiven Theorie stellt es dar, wenn *Leipold* diese dahingehend einschränkt, dass dem Richter ein subjektiver Faktor hinsichtlich der Bewertung und der Gewichtung der Beweise verbleibe[248].

Kuchinke seinerseits versucht dem Wortlaut des § 286 ZPO zu genügen, indem er einerseits eine Überzeugung des Richters im Sinne des § 286 ZPO verlangt, für diese jedoch eine Überzeugung des Richters im Sinne des § 286 Abs. 1 ZPO voraussetzt, dass ein anderer – außen stehender weiterer – Richter zu derselben Überzeugung wie das erkennende Gericht gelangen müsste (sog. „Drittkontrollmodell")[249].

Die Gegenauffassung in der Wissenschaft hält die persönliche Überzeugung des erkennenden Gerichts für das maßgebende Kriterium.

Nach *Greger* könnte man auf den Begriff der „Überzeugung" des Richters im Rahmen des § 286 Abs. 1 ZPO vollends verzichten, sähe man dies anders[250].

Jedoch löst sich diese subjektive Auffassung nicht gänzlich von objektiven Kriterien. Die Überzeugung des Richters müsse auf objektiven Gründen beruhen[251]

---

245 Vgl. *Kegel*, Der Individualanscheinsbeweis und die Verteilung der Beweislast nach überwiegender Wahrscheinlichkeit, FS für Kronstein, S. 321 ff.; *Bruns*, Zivilprozessrecht, § 32 Rn. 168; *Motsch*, Vom rechtsgenügenden Beweis, § 40, 2; *Maassen*, Beweismaßprobleme im Schadensersatzprozess, S. 54 ff.; *Musielak*, Die Grundlagen der Beweislast im Zivilprozess, S. 107 ff.; Vgl. *Baumgärtel*, FS für die Rechtswissenschaftliche Fakultät der Universität Köln, Beweisrechtliche Studien, S. 165, 170 f.

246 *Huber*, Das Beweismaß im Zivilprozess, S. 120.

247 *Huber*, Das Beweismaß im Zivilprozess, S. 150.

248 *Leipold*, Beweismaß und Beweislast im Zivilprozess, S. 10 f.

249 *Kuchinke*, Freiheit und Bindung des Zivilrichters in der Sachaufklärung, S. 15 ff.

250 *Greger*, Beweis und Wahrscheinlichkeit, S. 115.

251 *Greger*, Beweis und Wahrscheinlichkeit, S. 16.

und erhalte eine verobjektivierende Tendenz dadurch, dass nach allgemeiner Meinung eine mit Natur-, Denk- und Erfahrungsgesetzen übereinstimmende Überzeugung als notwendig anzusehen sei[252]. Anderenfalls könnte die richterliche Tatsachenfeststellung nämlich nicht überprüft werden[253].

Es zeigt sich also, dass die „objektive" und die „subjektive" Theorie sich darin unterscheiden, dass sie sie sich auf verschiedene Elemente richterlicher Beweiswürdigung konzentrieren und diesen Elementen unterschiedliche Gewichtung beimessen[254].

Für die subjektive Theorie streitet zuallererst der Wortlaut des § 286 Abs. 1 S. 1 ZPO, nach welchem der Richter „nach freier Überzeugung" zu entscheiden hat[255]. Ferner darf nicht verkannt werden, dass eine genaue Bestimmung der Wahrscheinlichkeit, ob eine bestimmte Tatsache wirklich eingetreten ist, in den meisten Fällen nicht möglich sein wird[256]. Es verbleibt dann nur die Möglichkeit einer Wahrscheinlichkeitsschätzung, die ihrerseits von subjektiven und damit individuellen Momenten geprägt ist[257]. Zusätzlich sind – wie auch *Greger* richtig betont[258] – die Auswahl, die Gewichtung der Beweismittel und damit letzten Endes die Entscheidungsgrundlage nicht frei von subjektiven Einflüssen. Ein Abstellen auf die objektive Wahrscheinlichkeit würde also nur zu einer scheinbaren Objektivität führen. Daran kann auch das Argument von *Huber*, Temperaturen könne man ja auch mit „kalt, lauwarm, warm und heiß" bemessen[259],

---

252 *Prütting*, Gegenwartsprobleme der Beweislast, S. 86; vgl. ferner ZPO-MünchKomm / *Prütting*, § 286 Rn. 34, 35; *Gottwald*, Schadenszurechnung und Schadensschätzung, S. 203 f.; *Walter*, Freie Beweiswürdigung, S. 149 ff.; *Wieczorek / Schütze / Ahrens*, § 286 Rn. 27; ähnlich *Weber*, Der Kausalitätsbeweis im Zivilprozess, S. 165 f., nach dem die richterliche Intuition erst nach Ausschöpfung aller prozessual zulässigen Möglichkeiten der Sachverhaltsermittlung entscheiden dürfe.

253 *Gottwald*, Schadenszurechnung und Schadensschätzung, S. 200; vgl. auch BVerfG 94, 847: Im Zivilprozess war vorschnell von der Haltereigenschaft auf den Fahrer geschlossen worden. Dies hätte nach dem BVerfG gegen das Willkürverbot aus Art. 3 GG verstoßen.

254 Vgl. *Musielak*, ZZP 99 (1986), 217, 218 f.

255 Vgl. *Greger*, Beweis und Wahrscheinlichkeit, S. 104; *Leipold*, Beweismaß und Beweislast im Zivilprozess, S. 10, ist hingegen der Ansicht, die freie Überzeugung beziehe sich nur auf die Wertung der Beweise und damit nur auf einen Teil der Entscheidungsfindung.

256 Vgl. *Rosenberg / Schwab / Gottwald*, § 113 Rn. 12.

257 Vgl. *Greger*, Beweis und Wahrscheinlichkeit, S. 102.

258 *Greger*, Beweis und Wahrscheinlichkeit, S. 102 f.

259 *Huber*, Das Beweismaß im Zivilprozess, S. 150.

nichts ändern. Denn eine gewisse Temperatur kann jeder Mensch – abhängig von vielen Faktoren – unterschiedlich als kalt, lauwarm oder gar warm wahrnehmen. Dies zeigt, dass Wahrscheinlichkeitsschätzungen gezwungenermaßen Subjektivität in die Entscheidungsfindung einfließen lassen[260].

Gegen das „Drittkontrollmodell"[261] wird richtigerweise eingewandt, dass der entscheidende Richter seine persönlichen Bedenken nicht deshalb zurückstellen könne, weil ein entscheidungsfreudigerer Richter das Ergebnis anders beurteilen würde[262]. Schließlich schafft das Einbeziehen eines hypothetischen dritten Richters nur scheinbare Unterschiede zur objektiven Theorie: Wie ein dritter hypothetischer Richter entscheiden würde, lässt sich nur aus objektiver Sicht beurteilen, wenn man nicht die subjektive Überzeugung des tatsächlich entscheidenden Richters zum Maßstab der Überzeugung des hypothetischen Richters werden lassen will. Letzteres würde aber das „Drittkontrollmodell" überflüssig machen.

Auch die Rechtsprechung betont die Notwendigkeit der subjektiven Überzeugung des erkennenden Gerichts:

Schon das Reichsgericht verlangte mit dem „Bewusstsein vom Vorliegen einer hohen Wahrscheinlichkeit" für die Überzeugung des Gerichts eine subjektive Komponente[263].

Im sogenannten „Anastasia-Urteil"[264] betonte der BGH noch einmal Notwendigkeit der persönlichen Gewissheit für die richterliche Entscheidung. Ausschlaggebend sei, dass der Richter selbst die Überzeugung von der Wahrheit einer Behauptung gewinne. Diese persönliche Gewissheit sei für die Entscheidung notwendig[265].

---

260 Vgl. *Weber*, Der Kausalitätsbewies im Zivilprozess, S. 149 ff.

261 Vgl. *Kuchinke*, Freiheit und Bindung des Zivilrichters in der Sachaufklärung, S. 15 ff.

262 Vgl. *Baumgärtel*, FS für die Rechtswissenschaftliche Fakultät der Universität Köln, S. 165, 170.

263 Vgl. RGZ 15, 338, 339: „Wer die Schranken des menschlichen Erkennens erfasst hat, wird nie annehmen, dass er in dem Sinne zweifellos von der Existenz eines Vorganges überzeugt sein dürfte, dass ein Irrtum absolut ausgeschlossen wäre. Deswegen gilt im praktischen Leben der hohe Grad von Wahrscheinlichkeit, welcher bei möglichst erschöpfender und gewissenhafter Anwendung der Mittel der Erkenntnis entsteht, als Wahrheit, und das Bewusstsein des Erkennenden von dem Vorliegen einer so ermittelten hohen Wahrscheinlichkeit, als die Überzeugung von der Wahrheit"; RGZ 95, 249; 162, 223, 229; 163, 321, 324.

264 BGH NJW 1970, 946 ff.

265 BGH NJW 1970, 946, 948; vgl. ferner aus der neueren Rechtsprechung des BGH: NJW 1989, 2948, 2949; NJW 2003, 1116 f.; NJW 2008, 2845.

b) *Beweismaß und § 286 Abs. 1 S. 1 ZPO*

Mit der Problematik, ob die subjektive Überzeugung des Gerichts im Rahmen des § 286 Abs. 1 ZPO erforderlich ist, geht die Fragestellung einher, wovon genau das erkennende Gericht überzeugt sein muss. Dieser Maßstab für die Erlangung richterlicher Überzeugung ist das „Beweismaß“[266].

Es wird teilweise angenommen, als grundsätzliches Beweismaß für § 286 Abs. 1 ZPO sei eine lediglich überwiegende Wahrscheinlichkeit genügend (sog. „Überwiegensprinzip“)[267].

Das Überwiegensprinzip werde der Tatsache am ehesten gerecht, dass infolge fehlerhafter Entscheidung beide Parteien gleichschwer belastet würden[268]. Auch sei es besser, demjenigen Recht zu geben, der wahrscheinlich Recht habe, als ein möglicherweise zufälliges Beweislasturteil zu fällen[269].

Andere hingegen sehen die richterliche Überzeugung dann als gegeben an, wenn der Richter von einer so „hohen“ Wahrscheinlichkeit des Vorliegens einer Tatsache überzeugt sei, dass er diese als wahr erachte[270].

Zum Teil wird angeführt, das Überwiegensprinzip würde die Durchsetzung nach materiellem Recht nicht existenter Ansprüche begünstigen[271]. Die Argumentation der Gegenauffassung, beide Parteien würden durch fehlerhafte Entscheidungen gleichschwer belastet, verkenne, dass es der Gerechtigkeit entspreche, dem

---

266 *Prütting*, Gegenwartsprobleme der Beweislast, S. 86.

267 Vgl. *Maassen*, Beweismaßprobleme im Schadensersatzprozess, S. 54 f.; *Motsch*, Vom Prozess als Beweis zum Überwiegensprinzip, Gesetzgebungstheorie, Juristische Logik, Zivil- und Prozessrecht – Gedächtnisschrift für *Rödig*, S. 334, 345.; *Gottwald*, Schadenszurechnung und Schadensschätzung, 4. Teil § 11 S. 206; *Kegel*, Der Individualanscheinsbeweis und die Verteilung der Beweislast nach überwiegender Wahrscheinlichkeit, FS für *Kronstein*, S. 321, 325; einen rechtsvergleichenden Überblick, in dem er auf das schwedische „Överviktsprinzip“ und die „preponderance of probability“ aus dem anglo-amerikanischen Rechtskreis eingeht, bietet *Katzenmeier*, ZZP 117 (2004), 195, 197 ff.

268 *Maassen*, Beweismaßprobleme im Schadensersatzprozess, S. 54 f.

269 *Kegel*, Der Individualanscheinsbeweis und die Verteilung der Beweislast nach überwiegender Wahrscheinlichkeit, FS für *Kronstein*, S. 321, 325.

270 Vgl. *Prütting*, Gegenwartsprobleme der Beweislast, S. 74 (zu den unterschiedlichen synonym verwendeten Begriffen) u. S. 86; *Baumgärtel*, FS für die Rechtswissenschaftliche Fakultät der Universität Köln, S. 165, 176 ff.; *Schwab*, Das Beweismaß im Zivilprozess, FS *Fasching*, S. 451, 457 ff.; *Greger*, Beweis und Wahrscheinlichkeit, S. 111 f.; vgl. auch Prütting, Karlsruher Forum 1989, 3, 7.

271 *Greger*, Beweis und Wahrscheinlichkeit, S. 111 f.; *Baumgärtel*, FS für die Rechtswissenschaftliche Fakultät der Universität Köln, S. 165, 179.

Kläger aufgrund ihm bereits aus seiner Klägerposition erwachsender Vorteile – wie zum Beispiel dem Privileg, sich den Gegner aussuchen zu können oder dem Beschleunigungsgrundsatz – das größere Beweisrisiko aufzuerlegen[272].

Entscheidend spricht aber die Tatsache gegen das Überwiegensprinzip, dass sich in den Gesetzen selbst – als Beispiel sei allein § 252 S. 2 BGB angeführt – Herabsetzungen des Beweismaßes finden. Diese Normen würden funktionslos werden, wenn das Regelbeweismaß im Sinne des Überwiegensprinzips zu definieren wäre, also eine Überzeugung von einer 51%igen Wahrscheinlichkeit der Tatsache genügte[273]: Als Beispiel kann man sich die Beweiserleichterung für den entgangenen Gewinn gemäß § 252 S. 2 BGB näher betrachten. Ein Beweismaß, welches für die Überzeugung des erkennenden Gerichts eine Überzeugung von einer Wahrscheinlichkeit von unter 50 % genügen ließe, würde dem Schädiger unverhältnismäßige Nachteile aufbürden[274]. Folgte man dem Überwiegensprinzip, wäre aber die Beweiserleichterung des § 252 S. 2 BGB entbehrlich. Eine überwiegende Wahrscheinlichkeit kann also nicht ausreichen.

Wie bereits erwähnt hatte das Reichsgericht als Kriterium für die Überzeugung des Gerichts im Sinne des § 259 CPO (des heutigen § 286 ZPO) ein „Bewusstsein vom Vorliegen einer hohen Wahrscheinlichkeit“ gefordert[275].

Später hob der BGH in dem oben bereits zitierten Urteil „Anastasia“ das Kriterium persönlicher Überzeugung hervor. Erforderlich sei aber nicht eine „von allen Zweifeln freie Überzeugung“. Der Richter müsse sich in tatsächlich zweifelhaften Fällen mit einem für das praktische Leben brauchbaren Grad von

272 Vgl. *Bender*, Das Beweismaß, FS für *Baur*, S. 247, 257.

273 Vgl. *Prütting*, Gegenwartsprobleme der Beweislast, S. 79 ff., mit einer Auflistung dieser das Beweismaß senkenden Normen; *Weber*, Der Kausalitätsbeweis im Zivilprozess, S. 140: „Wenn § 286 Abs. 1 S. 1 ZPO sowieso und generell im Sinne von „Wahrscheinlichkeit“ zu lesen ist, was soll es dann, wenn der Gesetzgeber in einzelnen materiellrechtlichen Normen nicht wie üblich auf das Vorliegen, sondern ausnahmsweise auf das wahrscheinliche Vorliegen eines Sachverhalts abstellt?“; *Katzenmeier*, ZZP 117 (2004), 195, 202.

274 Vgl. *v. Hoyningen-Huene / Boemke*, NJW 1994, 1757, 1758.

275 Vgl. RGZ 15, 338, 339: „Wer die Schranken des menschlichen Erkennens erfasst hat, wird nie annehmen, dass er in dem Sinne zweifellos von der Existenz eines Vorganges überzeugt sein dürfte, dass ein Irrtum absolut ausgeschlossen wäre. Deswegen gilt im praktischen Leben der hohe Grad von Wahrscheinlichkeit, welcher bei möglichst erschöpfender und gewissenhafter Anwendung der Mittel der Erkenntnis entsteht, als Wahrheit, und das Bewusstsein des Erkennenden von dem Vorliegen einer so ermittelten hohen Wahrscheinlichkeit, als die Überzeugung von der Wahrheit“; RGZ 95, 249; 162, 223, 229; 163, 321, 324.

Sicherheit begnügen, der den Zweifeln Schweigen gebiete, ohne sie völlig auszuschließen. Soweit angenommen werde, das Gericht dürfe sich mit einer an Sicherheit grenzenden Wahrscheinlichkeit begnügen, sei dies falsch, falls damit von der Erlangung einer eigenen Überzeugung des Richters von der Wahrheit abgesehen werden sollte[276].

Obwohl diese Rechtsprechung auf den ersten Blick in Bezug auf ein exaktes Beweismaß etwas unpräzise erscheint, lässt sich jedoch ein wichtiger Schluss aus ihr ziehen: Da ein Grad von Sicherheit verlangt wird, der „Zweifeln Schweigen" gebietet, kann auch nach der Rechtsprechung eine lediglich überwiegende Wahrscheinlichkeit nicht genügen[277]. Und eben auf diese Sicherheit muss sich die richterliche – subjektive – Überzeugung beziehen.

Damit kann im Folgenden davon ausgegangen werden, dass die richterliche Überzeugung im Sinne des § 286 Abs. 1 ZPO stets auch die persönliche Überzeugung voraussetzt. Es reicht allerdings nicht eine Überzeugung aus, dass eine überwiegende Wahrscheinlichkeit für die Wahrheit einer Tatsache spricht. Vielmehr muss ein so hoher Grad an Sicherheit vorliegen, dass der Richter sich hierauf aufbauend von der Wahrheit der Tatsache überzeugen lassen kann.

2. Absenkung der Darlegungs- und Beweislast bei der Schadensermittlung nach § 287 Abs. 1 S. 1 ZPO

Nach § 286 Abs. 1 ZPO hat das Gericht zu entscheiden, ob eine „tatsächliche Behauptung für wahr oder nicht wahr zu erachten sei". Aus dem Fehlen eines solchen Bezugspunktes in § 287 Abs. 1 S. 1 ZPO und aus dem Sinn und Zweck der Regelung, die Beweisführung zu erleichtern[278], wird in ständiger Rechtsprechung[279]

---

276 BGH NJW 1970, 946, 948; vgl. ferner BGH NJW 1993, 935, 937; 1994, 801, 802; 1998, 2969, 2971; 2000, 953, 954; 2003, 1116, 1117; 2008, 2845.

277 *Walter*, Freie Beweiswürdigung, S. 206 ff. und *Musielak*, Die Grundlagen der Beweislast im Zivilprozess, S. 120 ff. stellen ein teilweises Abweichen der Rechtsprechung von diesem Beweismaß unter dem Deckmantel des „Anscheinsbeweises" zur haftungsbegründenden Kausalität fest und fordern im Hinblick darauf ein klares Bekenntnis der Rechtsprechung zur Beweismaßverringerung. Vgl. ferner hierzu *Brüggemeier*, Haftungsrecht, S. 616.

278 Vgl. *Prütting / Gehrlein / Laumen*, § 287 Rn. 1; ZPO-MünchKomm / *Prütting*, § 287 Rn. 1 ff.

279 BGH NJW 1992, 2694, 2695; 1994, 3295, 3297; NJW-RR 1996, 781; NJW 1996, 775, 776; 1996, 2501, 2502; 2002, 128; 2003, 358, 359; 2004, 2828, 2829; 2004, 1521, 1522; 2005, 3275, 3277; NJW-RR 2006, 1238, 1239; 2007, 569, 571.

und von der herrschenden Auffassung in der Literatur[280] von einem durch § 287 Abs. 1 S. 1 ZPO gegenüber § 286 Abs. 1 ZPO abgesenkten Beweismaß ausgegangen. Mit der Senkung des Beweismaßes geht auch eine Senkung der Darlegungslast einher[281].

Uneinigkeit herrscht bislang jedoch in Bezug auf das Ausmaß der Beweismaßerleichterung. Die von der Rechtsprechung des Bundesgerichtshofs gewählten Formulierungen geben kein einheitliches Bild[282].

So lassen Entscheidungen, eine „überwiegende[283]“, eine „überwiegende, auf gesicherter Grundlage beruhende“[284] oder eine „mehr oder minder hohe, zumindest aber überwiegende Wahrscheinlichkeit“[285] genügen. Andere Entscheidungen verlangen hingegen eine „deutlich überwiegende“[286], eine „deutlich überwiegende, auf gesicherter Grundlage beruhende“[287], eine „höhere oder deutlich höhere“[288] oder eine „erhebliche“[289] Wahrscheinlichkeit.

Auch in der Literatur lassen sich divergierende Beweismaße finden:

Zum Teil ist man der Ansicht, eine lediglich überwiegende Wahrscheinlichkeit reiche nicht aus. Für ein solches Beweismaß würde es einer expliziten gesetzlichen Grundlage bedürfen[290].

Andere schränken ein, lediglich für Kausalitätsfragen sei eine „deutlich überwiegende“ Wahrscheinlichkeit zu fordern[291].

---

280 *v. Hoyningen-Huene/Boemke*, NJW 1994, 1757, 1759; *Klauser*, JZ 1968, 167, 170; *Lepa*, NZV 1992, 129, 132; *Musielak / Foerste*, ZPO, § 287 Rn. 6 f.; *Prütting / Gehrlein / Laumen*, § 287 Rn. 17; *Rosenberg / Schwab / Gottwald*, Zivilprozessrecht, § 113 Rn. 13 u. § 114 Rn. 3; *Roth*, ZHR 154 (1990), 513, 522 f.; *Stein / Jonas / Leipold*, § 287 IV Rn. 43; *Wieczorek / Schütze / Ahrens*, § 287 Rn. 48 f.; ZPO-MünchKomm / *Prütting*, § 287 Rn. 17; a.A. *Gottwald*, Schadenszurechnung und Schadensschätzung, 4. Teil § 11 S. 217 ff; dazu kritisch *Koziol*, AcP 180 (1980), 415, 417 f.

281 BGH NJW 2000, 1572, 1573; 1996, 2924, 2925; 1994, 3295, 3297; *Prütting / Gehrlein / Laumen*, § 287 Rn. 18; *Rosenberg / Schwab / Gottwald*, Zivilprozessrecht, § 114 Rn. 3; *Stein / Jonas / Leipold*, § 287 IV Rn. 32.

282 Dies kritisiert *Arens*, ZZP 88 (1975) 1, 27 f.

283 BGH NJW 2008, 1381, 1382; NJW 2007, 569, 571.

284 BGH NJW 2005, 3275, 3277.

285 BGH NJW-RR 2006, 1238, 1239.

286 BGH NJW-RR 1996, 781.

287 BGH NJW 2004, 1521, 1522.

288 BGH NJW 2004, 2828, 2829.

289 BGH NJW 1996, 775, 776; 2002, 128.

290 *Klauser*, JZ 1968, 167, 170.

291 *Roth*, ZHR 154 (1990), 513, 522 f.; *Stein / Jonas / Leipold*, § 287 IV Rn. 43.

Nach wiederum einem anderen Teil der Literatur senke § 287 Abs. 1 S. 1 ZPO das Beweismaß generell auf eine lediglich überwiegende Wahrscheinlichkeit ab[292].

Obgleich es teilweise nicht als entscheidend angesehen wird, ob von einer „überwiegenden", einer „erheblichen" oder „höheren" Wahrscheinlichkeit als Beweismaß auszugehen ist, da es für die Praxis keine exakte Messlatte mit Wahrscheinlichkeitsgraden oder Prozentangaben zum Beweisquantum gebe[293], ist es dennoch wünschenswert, das Beweismaß im Rahmen des Möglichen genau zu bestimmen und dem erkennenden Gericht so präzisere Leitlinien vorzugeben.

Für eine von *Roth* vertretene Differenzierung, bei welcher für einzelne der Beweiserleichterung des § 287 Abs. 1 S. 1 ZPO unterfallende Tatbestandsmerkmale – wie beispielsweise die haftungsausfüllende Kausalität, also die Ursachenbeziehung zwischen der Rechtsgutsverletzung und dem eingetretenen Schaden – eine „höhere Wahrscheinlichkeit" gefordert, für andere eine lediglich überwiegende Wahrscheinlichkeit als ausreichend angesehen würde[294], bietet die Vorschrift des § 287 Abs. 1 S. 1 ZPO keinen Anhaltspunkt. Vielmehr ist im Rahmen des § 287 Abs. 1 S. 1 ZPO ein einheitliches Beweismaß zu bestimmen.

Dabei muss sich das erkennende Gericht mit einer lediglich überwiegenden Wahrscheinlichkeit begnügen.

Für die Wahl eines solchen Beweismaßes streiten nämlich der Sinn und Zweck des § 287 Abs. 1 S. 1 ZPO als Beweiserleichterung[295] sowie gleichsam praktische Erwägungen:

Mit der Entscheidung für eine „überwiegende Wahrscheinlichkeit" geht eine deutlichere Abgrenzbarkeit zum Beweismaß des § 286 Abs. 1 ZPO einher, die insbesondere für die Rechtsanwendungspraxis wünschenswert ist. Würde man nämlich im Rahmen des § 287 Abs. 1 S. 1 ZPO eine „deutlich überwiegende" Wahrscheinlichkeit fordern, liefe das erkennende Gericht eher Gefahr, bei der Beweiswürdigung die Unterschiede zwischen den geforderten Beweismaßen in § 286 Abs. 1 ZPO und § 287 Abs. 1 S. 1 ZPO zu verwässern und somit im Ergebnis die Beweiserleichterungsfunktion des § 287 Abs. 1 S. 1 ZPO zu konterkarieren. Diese Gefahr besteht jedenfalls nicht in dem Ausmaß, wenn man im Rahmen

292 *Henckel*, JuS 1975, 221, 222; *Rosenberg / Schwab / Gottwald*, Zivilprozessrecht, § 113 Rn. 13; ZPO-MünchKomm / *Prütting*, § 287 Rn. 17; *Prütting / Gehrlein / Laumen*, § 287 Rn. 17; *v. Hoyningen-Huene / Boemke*, NJW 1994, 1757, 1759 f.

293 *Lepa*, NZV 1992, 129, 133; vgl. auch BGH NJW 2005, 3348, nach dem eine Differenzierung zwischen den Bezeichnungen des gegenüber § 286 Abs. 1 ZPO abgemilderten Beweismaßen „nicht ohne weiteres weiterhelfe".

294 *Roth*, ZHR 154 (1990), 513, 522 f.; *Stein / Jonas / Leipold*, § 287 IV Rn. 43.

295 Vgl. *v. Hoyningen-Huene / Boemke*, NJW 1994, 1757, 1579.

des § 287 Abs. 1 S. 1 ZPO eine bloß „überwiegende Wahrscheinlichkeit" genügen lässt. Durch die Entscheidung für eine „bloß überwiegende Wahrscheinlichkeit" gelingt eine plakative Abgrenzung zu § 286 Abs. 1 ZPO, die gerade im schwer fassbaren Bereich der Abgrenzung unterschiedlicher Beweismaße wünschenswert ist.

Jedoch bleibt zu beachten, dass nicht einmal die Wahl eines Beweismaßes einer bloß „überwiegenden Wahrscheinlichkeit" im Rahmen der Schätzung der Schadenshöhe im engen Sinne durchgehalten werden kann. Im Rahmen einer Schadensschätzung ist eine Bandbreite von Schäden möglich. Es wird sich kaum genau eine Schadenshöhe finden lassen, die überwiegend wahrscheinlich im Sinne einer 51%igen Wahrscheinlichkeit ist. Hier muss es genügen, soweit die Anknüpfungstatsachen eine ausreichende Grundlage bilden[296], dass als Schaden derjenige Wert angesetzt wird, dem nach der Lebenserfahrung die größtmögliche Wahrscheinlichkeit zukommt[297].

3. Anwendungsbereich des § 287 Abs. 1 S. 1 ZPO

Um die Vorschrift des § 287 Abs. 1 S. 1 ZPO von § 286 Abs. 1 ZPO abzugrenzen, reicht es nicht aus, sich mit den unterschiedlichen von den Normen geforderten Beweismaßen auseinanderzusetzen. Entscheidend ist vielmehr auch die Reichweite des § 287 Abs. 1 S. 1 ZPO, also die Frage, welche der im Rahmen des Schadensprozesses zu beweisenden Tatbestandsmerkmale unter das Regelbeweismaß des § 286 Abs. 1 ZPO fallen und für welche dem Geschädigten oder dem Schädiger die Norm des § 287 Abs. 1 S. 1 ZPO zu Gute kommt.

a) Schadenshöhe

Nach allgemeiner Auffassung der Rechtsprechung und Literatur ist die Höhe des Schadens nach § 287 Abs. 1 S. 1 ZPO zu schätzen[298].

Ziel der Schätzung muss es sein, dem tatsächlich eingetretenen Schaden möglichst nahe zu kommen und den Geschädigten nicht vorschnell auf die Feststellung eines bloßen „Mindestschadens" zu verweisen[299]. Ein solcher „Mindestschaden"

---

296 Siehe unten unter: E. III. 3.

297 Nur in diesem Zusammenhang kann von einer Schätzung im engen Sinne ausgegangen werden, vgl. BGH NJW 1970, 1970, 1971.

298 Vgl. u.a. BGH NJW-RR 1991, 3277, 3278; 2004, 1023; 2006, 1238, 1239; ZPO-MünchKomm / *Prütting*, § 287 Rn. 16; *Rosenberg / Schwab / Gottwald*, Zivilprozessrecht, § 114 Rn. 9.

299 Vgl. BGH NJW-RR 1990, 997, 998; *Lepa*, NZV 1992, 129, 134.

ist nach der Rechtsprechung des BGH aber zu gewähren, wenn die Tatsachen nicht für eine vollumfängliche Schätzung des Schadens ausreichen[300]. Jedoch bedarf es nach dieser auch zur Schätzung eines solchen „Mindestschadens“ konkreter Anhaltspunkte für die Schadensermittlung[301].

Der Geschädigte hat grundsätzlich die für die Schätzung notwendigen Tatsachen, die sogenannten „Anknüpfungstatsachen“, darzulegen[302] und im Falle eines Bestreitens zu beweisen. Dabei ist für die bestrittenen Anknüpfungstatsachen nach herrschender Auffassung in der Rechtsprechung und Literatur das erleichterte Beweismaß des § 287 Abs. 1 S. 1 ZPO anzuwenden[303].

b) „Haftungsgrund“, haftungsbegründende und haftungsausfüllende Kausalität

Es besteht überwiegend Konsens, dass für den sogenannten „Haftungsgrund“, das sind die Tatsachen, aus denen die Verpflichtung einer Person zum Schadensersatz dem Grunde nach hergeleitet wird, hingegen die Beweisanforderungen des § 286 Abs. 1 ZPO heranzuziehen sind.

---

300 Vgl. BGH NJW 1987, 909, 910; 2005, 3348; ZPO-MünchKomm / *Prütting*, § 287 Rn. 14; *Rosenberg / Schwab / Gottwald*, Zivilprozessrecht, § 114 Rn. 9.

301 BGH NJW 1995, 1023, 1024: „Daher geht es nicht an, einem Verletzten, dessen Arbeitskraft im arbeitsfähigen Alter unfallbedingt beeinträchtigt worden ist, ohne hinreichende Anhaltspunkte dafür, wie sich seine Erwerbstätigkeit ohne das Unfallereignis voraussichtlich entwickelt hätte, gleichsam pauschal einen (abstrakt geschätzten) „Mindestschaden“ zuzusprechen.“; vgl. ferner BGH NJW-RR 1988, 534, 535; 1991, 470, 471.

302 Vgl. BGH NJW 1988, 3016, 3017; NJW 1991, 3277, 3278; NJW-RR 1991, 470, 471; NJW 1995, 1023, 1024.

303 BGH NJW 1988, 3016, 3017; NJW-RR 1998, 331, 333; MDR 2000, 817, 818; *Wieczorek / Schütze / Ahrens*, § 287 Rn. 38; ZPO-MünchKomm / *Prütting*, § 287 Rn. 16; *Stein / Jonas / Leipold*, § 287 Rn. 23; *Arens*, ZZP 88 (1975), 1, 43 ff. *Klauser*, JZ 1968, 167, 168 spricht sich generell für eine Anwendung des § 287 Abs. 1 ZPO aus. Denn man könne häufig nicht zwischen dem Schaden als solchem und den Umständen, auf die er sich gründet, unterscheiden. Ein an § 286 Abs. 1 ZPO angeglichenes Beweismaß sei aber dann zu fordern, wenn der Geschädigte außergewönliche Vorkehrungen behaupte, auf denen ein besonders hoher Schaden beruhe. *Prölss*, Beweiserleichterungen im Schadensersatzprozess, S. 60 f. differenziert danach, ob es sich um Tatsachen, die für das „ob“ eines Schadens, oder um solche, die für die Frage der Schadenshöhe von Bedeutung seien, handele. Nur letztere seien dem erleichterten Beweismaß des § 287 Abs. 1 ZPO unterworfen. A.A. *Prütting / Gehrlein / Laumen*, § 287 Rn. 18.

Hierzu zählen das rechtswidrige Tun oder Unterlassen, gegebenenfalls das Verschulden[304]. Auch als ein Element des Haftungsgrundes wird von der herrschenden Auffassung der Ursachenzusammenhang zwischen dem rechtswidrigen Tun oder Unterlassen und der eingetretenen Rechtsgutsverletzung, die sogenannte „haftungsbegründende Kausalität“, angesehen[305].

In Bezug auf die Vertragshaftung ließ der BGH es in einigen seiner Entscheidungen für die Bejahung des Haftungsgrundes neben dem Vorliegen eines Tun oder Unterlassens, gegebenenfalls eines Verschuldens, genügen, dass der Geschädigte durch das Verhalten des Schädigers „betroffen“ worden sei. Das „Betroffensein“ bejahte der BGH bereits dann, wenn aus der Pflichtverletzung „nachteilige Folgen für ihn [den Geschädigten] eintreten konnten“[306].

Diese Rechtsprechung, die die Kritik nach sich zog, diese Terminologie sei unklar und ließe sich so deuten, als ob die Gefährdung eines geschützten Rechtsguts zur Bejahung des konkreten Haftungsgrundes genügte[307], konkretisierte der BGH. Er stellte klar, dass jedenfalls bei solchen Vertragsverletzungen, die eine Verletzung von absoluten Rechtsgütern, die nicht bloße Vermögensschäden darstellten, nach sich zögen, für die Kausalität zwischen der vertraglichen Pflichtverletzung und der Rechtsgutsverletzung das strenge Beweismaß des § 286 Abs. 1 ZPO anzuwenden sei. In einem solchen Fall bestehe nämlich Strukturgleichheit zwischen den deliktischen und den vertraglichen Verhaltenspflichten, weshalb

---

304 Vgl. BGH NJW 1968, 985; 1969, 1708; 1972, 1126, 1127; 1987, 1019, 1020; 2005, 1653, 1654; ZPO-MünchKomm / *Prütting*, § 287 Rn. 8; *Stein / Jonas / Leipold*, § 287 II Rn. 11; *Prütting / Gehrlein / Laumen*, § 287 Rn. 5.

305 Vgl. u.a. BGH NJW 1987, 705, 706 (Arzthaftung und Differenzierung zw. Haftungsgrund bei Delikt und vertraglicher Haftung); 1987, 339; 1998, 3417, 3418; 2003, 1116, 1117; 2004, 777, 778 f.; NJW-RR 2008, 1380; ZPO-MünchKomm / *Prütting*, § 287 Rn. 10; *Stein / Jonas / Leipold*, § 287 II Rn. 13; allerdings wandte der BGH in NJW 1973, 1283, 1284 das Beweismaß des § 287 Abs. 1 ZPO auch auf die haftungsbegründende Kausalität an.

306 Vgl. u.a. BGH NJW 1952, 301, 302; 1983, 998; 1993, 3073, 3076; NJW-RR 1996, 781.

307 *Stoll*, AcP 176 (1976), 145, 185 f.; *Arens*, ZZP 88 (1975), 1, 8 ff. Er schlägt seinerseits vor, zwischen Eingriffstatbeständen wie beispielsweise § 823 Abs. 1 BGB und Verhaltenspflichten zu differenzieren, S. 20 ff.: Im Falle der Verletzung eines Eingriffstatbestandes zähle die Entstehung des konkreten Schadens zum Haftungsgrund, während bei einer Verletzung einer Verhaltenspflicht allein die Verletzung als Haftungsgrund genügen soll. Gegen eine solche Differenzierung spricht jedoch, dass letzten Endes auch Eingriffstatbestände dem Handelnden eine Verhaltenspflicht aufbürden, vgl. *Rosenberg / Schwab / Gottwald*, Zivilprozessrecht, § 114 Rn. 13.

eine Anwendung unterschiedlicher Beweismaße nicht gerechtfertigt werden könne[308].

Soweit allerdings reine Vermögensschäden im Raume stehen, zählt die Rechtsprechung die Schadensentstehung und die Kausalität zwischen Pflichtverletzung und Schaden nicht zum Haftungsgrund: Für diese gilt das Beweismaß des § 287 Abs. 1 S. 1 ZPO[309].

Hingegen wird die haftungsausfüllende Kausalität, also die Kausalität zwischen der eingetretenen Rechtsgutsverletzung und dem Schaden, von der Rechtsprechung des BGH[310] sowie einem Teil der Literatur[311] dem Überzeugungsmaßstab des § 287 Abs. 1 S. 1 ZPO unterworfen[312].

Darüber hinaus existieren abzulehnende Extrempositionen, die entweder das strenge Beweismaß des § 286 Abs. 1 ZPO[313] oder das geringere des § 287 Abs. 1 S. 1 ZPO[314] auf die haftungsbegründende und die haftungsausfüllende Kausalität zusammen anwenden wollen.

Gegen die Auffassung, die sämtliche Kausalitätsfragen § 286 Abs. 1 ZPO unterordnen will, spricht zunächst, dass § 287 Abs. 1 S. 1 ZPO das „ob" des Schadens, also Fragen der Schadensentstehung und der Höhe des Schadens, betrifft, so dass für sämtliche Merkmale, die dem Beweis des Schadens dienen, das abgeschwächte Beweismaß genügen sollte.

Auch die Entstehungsgeschichte lässt sich gegen Anwendung das § 286 Abs. 1 ZPO auf die haftungsbegründende und zugleich die haftungsausfüllende

---

308 Vgl. BGH NJW 1987, 705, 706 und auch BGH NJW 1993, 3073, 3076; ähnlich bereits BGH NJW 1969, 1708, 1709.

309 BGH NJW 1983, 998 f.; 1993, 3073, 3076; 2000, 1572, 1573; 2003, 358, 359; 2004, 1521, 1522.

310 Vgl. u.a. BGHZ 2, 138, 140; 4, 192, 196; 7, 287, 295; BGH VersR 1975, 540, 541; NJW 1983, 998, 999; 1987, 705, 706; 1993, 734; 1993, 3973, 3076.

311 Vgl. *Lepa*, NZV 1992, 129, 133; ZPO-MünchKomm / *Prütting*, § 287 Rn. 13; *Prütting / Gehrlein / Laumen*, § 287 Rn. 6.

312 Vgl. u.a. BGH NJW 1951, 405; 1964, 661, 663; 2009, 1591; 1989, 2687, 2688; 2004, 2828, 2829.

313 Vgl. *Prölss*, Beweiserleichterungen im Schadensersatzprozess, S. 54 ff.; *Wahrendorf*, Prinzipien der Beweislast im Haftungsrecht, S. 47 ff.

314 *Gottwald*, Schadenszurechnung und Schadensschätzung, S. 81 f.; *Hanau*, Die Kausalität der Pflichtwidrigkeit, S. 117 ff.; *Hansen*, Normativer Schadensbegriff und Schadensberechnung, S. 92 ff.; *Rosenberg / Schwab / Gottwald*, Zivilprozessrecht, § 114 Rn. 13; *Spickhoff*, Karlsruher Forum 2007, 7, 79 ff.

Kausalität anführen: Die Motive wollten den haftungsausfüllenden Kausalzusammenhang dem „freien Ermessen des Gerichts" unterstellen[315].

Schließlich ist auch hier zu betonen, dass es dem Geschädigten oftmals nicht möglich sein wird, die haftungsausfüllende Kausalität unter Heranziehung des § 286 Abs. 1 ZPO zu beweisen. Besonders tritt diese Schwierigkeit bei der Geltendmachung von Fortkommensschäden zu Tage: Hier muss der Geschädigte einen mitunter jahrzehntelangen hypothetischen Kausalverlauf darlegen und beweisen. Zur Vermeidung einer Aushöhlung materiellrechtlich bestehender Ansprüche sollte also in Bezug auf die haftungsausfüllende Kausalität das Beweismaß des § 287 Abs. 1 S. 1 ZPO angewandt werden.

Andererseits sind auch die Tendenzen in der Literatur, welche die haftungsbegründende Kausalität § 287 Abs. 1 S. 1 ZPO unterordnen, abzulehnen. § 287 Abs. 1 S. 1 ZPO bezieht sich seinem Wortlaut nach eindeutig auf die Schadensentstehung und die Schadenshöhe. Zudem widerspräche es dem Charakter des § 287 Abs. 1 S. 1 ZPO als Sondervorschrift, wenn diese Vorschrift auf die der Schadensentstehung gedanklich vorgelagerte haftungsbegründende Kausalität angewandt würde.

Darüber hinaus ist der Argumentation des BGH, der sich ebenfalls eindeutig gegen eine Anwendung des § 287 Abs. 1 S. 1 ZPO auf die haftungsbegründende Kausalität aussprach, zu folgen: Es ist nicht zu rechtfertigen, den vermeintlichen Schädiger für eine möglicherweise gar nicht durch ihn verursachte Schädigung haften zu lassen und so die gesetzliche Haftung unangemessen zu erweitern. Entstehenden Beweisschwierigkeiten wird mit gesetzlichen oder tatsächlichen Vermutungen, der Figur des Anscheinsbeweises und sonstigen Beweiserleichterungen Rechnung getragen[316].

c) Zusammenhang zwischen Erstverletzung und Folgeschäden

Auch ist problematisch, ob die Kausalität zwischen einem ersten Verletzungserfolg und späteren Gesundheitsschäden dem abgesenkten Beweismaß des § 287 Abs. 1 S. 1 ZPO unterstellt werden kann.

Zur Veranschaulichung der Problematik sei ein Beispielsfall angeführt[317]:

Erleidet der Kläger infolge eines vom Beklagten zu verantwortenden Unfalls eine die Gehsicherheit vermindernde Knieverletzung und verletzt er sich später

---

315 *Hahn*, Die gesamten Materialien zu den Reichsjustizgesetzen, 2. Bd., 1. Abt., S. 277.

316 BGH NJW 2004, 777, 778; so auch *Musielak / Foerste*, ZPO, § 287 Rn. 4; *Stein / Jonas / Leipold*, § 287 II Rn. 13; *Wieczorek / Schütze / Ahrens*, § 287 Rn. 26.

317 *Stoll*, AcP 176 (1976), 145, 193.

bei einem Sturz nochmals, so muss der vom Kläger behauptete Kausalzusammenhang zwischen dem haftungsbegründenden Unfall und dem Sturz nach § 286 ZPO bewiesen werden. Fraglich ist aber, ob das Gericht sich zur Beantwortung der Frage nach der Kausalität zwischen dem Unfall und der letzten Verletzung auf das erleichterte Beweismaß des § 287 Abs. 1 S. 1 ZPO stützen darf.

Nach Auffassung des BGH ist auf den Kausalzusammenhang zwischen Erst- und Zweitschädigung § 287 Abs. 1 ZPO anzuwenden[318]. Insbesondere für den Bereich von Körperverletzungen und Gesundheitsbeschädigungen bestehe ein Bedürfnis für das Beweismaß des § 287 Abs. 1 S. 1 ZPO. Denn dort sei in der Regel über den Ablauf komplizierter physiologischer Vorgänge im menschlichen Körper zu befinden, die trotz medizinischen Fortschrittes noch nicht mit naturwissenschaftlicher Sicherheit aufgehellt werden könnten[319].

Auch Teile der Literatur stimmen dem zu. So sei eine Beweiserleichterung für den Geschädigten gerade bei Spätfolgen von Gesundheitsschäden ein „Gebot der Billigkeit“[320].

Ferner führe die Rechtsprechung zu größerer Rechtsklarheit[321]. Schließlich handle es sich bei der zweiten Rechtsgutsverletzung ja eigentlich um einen Bestandteil des Schadens, so dass Folgeschäden, soweit keine weiteren Handlungen des Schädigers relevant würden, nach § 287 Abs. 1 S. 1 ZPO zu beurteilen seien[322].

Die Rechtsprechung stieß aber nicht ohne Grund auch auf vielfältige kritische Stimmen:

Die Zweitschädigung stelle selbst eine neue eigenständige Rechtsgutsverletzung dar, die eine ebenfalls getrennt zu beurteilende Ersatzpflicht auslöse[323]. Ferner würden auch bei der haftungsbegründenden Kausalität bezüglich der Erstverletzung die gleichen Beweisschwierigkeiten auftreten, so dass sich die Frage stelle, was eine unterschiedliche Beurteilung rechtfertige[324]. Die Unterscheidung zwischen dem

---

318 Vgl. u.a. BGH NJW 1973, 993, 994; 1976, 1145, 1146; NJW-RR 1987, 339, 340; NJW 1992, 3298, 3299 (Tod aufgrund Erstverletzung); 1993, 201; 2008, 1381, 1382; NJW-RR 2009, 409, 410.

319 BGH VersR 1963, 872; dazu auch Umschau in DRiZ 1970, 202 f.

320 *Klauser*, JZ 1971, 230; ähnlich auch *Prütting / Gehrlein / Laumen*, § 287 Rn. 9.

321 ZPO-MünchKomm / *Prütting*, § 287 Rn. 13.

322 *Wieczorek / Schütze / Ahrens*, § 287 Rn. 26.

323 *Hainmüller*, Der Anscheinsbeweis und die Fahrlässigkeitstat, S. 140 ff.; *Wahrendorf*, Prinzipien der Beweislast im Haftungsrecht, S. 48; *Großerichter*, Hypothetischer Geschehensverlauf und Schadensfeststellung, S. 66; *Lüke*, Zivilprozessrecht, Rn. 273; *Schilken*, Zivilprozessrecht, Rn. 492.

324 *Stoll*, AcP 176 (1976), 145, 194 f.

„ersten“ und einem zweiten Verletzungserfolg erscheine zudem willkürlich und sei gerade bei einer mittelbaren Verletzung kaum durchführbar[325]. § 287 Abs. 1 S. 1 ZPO solle den Richter lediglich bei der „wirtschaftlichen Bemessung“ der Folgen des Eingriffs in geschützte Rechtsgüter freier stellen, nicht aber die Beurteilung des Eingriffes in die Rechtsgüter selbst erleichtern[326].

Nach einer vermittelnden Auffassung von *Arens* ist zwischen „echten Zweiterfolgen“ und solchen Fällen zu unterscheiden, in denen sich die Erstschädigung lediglich weiterentwickle. Für letztere dürfe § 287 Abs. 1 S. 1 ZPO herangezogen werden[327].

Im Ergebnis ist nicht einzusehen, wieso man wie die Rechtsprechung und Teile der Literatur den Erst-Kausalzusammenhang anders beurteilen sollte als den zwischen der Erstverletzung und der Zweitverletzung[328]. Mehr Rechtsklarheit wird durch diese Auffassung jedenfalls nicht geschaffen[329]. Rechtsklarheit schafft es vielmehr, wenn man zwischen den Tatbestandsmerkmalen „Rechtsgutsverletzung“ und den eingetretenen wirtschaftlichen Schäden differenziert. Auch zweifelsohne auftretende Beweisschwierigkeiten bei der Kausalität zwischen Erst- und Zweitschädigung sollten nicht dazu führen, diese klare Unterscheidung zwischen haftungsausfüllender und haftungsbegründender Kausalität aufzuweichen. Denn entstehenden Beweisschwierigkeiten kann durch Anwendung von Beweiserleichterungen wie dem Anscheinsbeweis entgegengewirkt werden[330]. Ebenso stützte sich der BGH auf mögliche Beweiserleichterungen, um Beweisschwierigkeiten abzufedern, als er urteilte, § 287 ZPO könne nicht auf die haftungsbegründende Kausalität angewandt werden[331]. Umso weniger kann es überzeugen, wenn gerade diese Beweisschwierigkeiten angeführt werden, um die Anwendung von § 287 ZPO auf Folgeschäden zu rechtfertigen[332].

Die von *Arens* vorgeschlagene Unterscheidung zwischen „echten Zweiterfolgen“ und Weiterentwicklungen von Erstschäden würde wieder kaum lösbare neue Abgrenzungsprobleme aufwerfen und kann deshalb nicht überzeugen[333].

---

325 *Staudinger / Schiemann*, Vorbem zu §§ 249 ff. Rn. 101.
326 BGB-MünchKomm³ / *Grunsky*, Vor § 249 Rn. 141.
327 *Arens*, ZZP 88 (1975), 1, 41 f.
328 Vgl. auch *Gottwald*, Schadenszurechnung und Schadensschätzung, S. 75.
329 So aber ZPO-MünchKomm / *Prütting*, § 287 Rn. 13.
330 Vgl. BGB-MünchKomm³ / *Grunsky*, Vor § 249 Rn. 141.
331 BGH NJW 2004, 777, 778.
332 So aber BGH VersR 1963, 872; dazu auch DRiZ 1970, 202 f.
333 So auch *Stoll*, AcP 176 (1976), 145, 195.

Es erscheint damit überzeugender, den Kausalzusammenhang zwischen Erst- und Zweitschädigung § 286 Abs. 1 ZPO zuzuordnen.

d) *Mitverschulden und Schadensminderungsobliegenheit*

Bei der Behandlung des Mitverschuldens im Sinne des § 254 Abs. 1 BGB wird differenziert vorgegangen:

Es entspricht allgemeiner Auffassung, dass diejenigen Tatsachen, aus denen sich das Mitverschulden ergeben soll, und die Mitursächlichkeit für eingetretene Rechtsgutsverletzungen dem Haftungsgrund zuzurechnen und daher vom Schädiger darzulegen und nach § 286 Abs. 1 ZPO voll zu beweisen sind[334].

Hingegen wird auf den Einfluss und die Gewichtung des Mitverschuldensbeitrages das Beweismaß des § 287 Abs. 1 S 1 angewandt[335]. In diesem Fall kann § 287 Abs. 1 S. 1 ZPO also auch den beklagten Schädiger begünstigen[336].

Ähnlich wird bei der Feststellung eines Verstoßes gegen die Schadensminderungsobliegenheit gemäß § 254 Abs. 2 BGB verfahren: Der Verstoß selbst, also die Tatsachen, aus denen auf das Vorliegen einer Verletzung der Schadensminderungspflicht zu schließen ist, ist nach § 286 Abs. 1 ZPO zu beweisen. Für die Bewertung des Einflusses der Obliegenheitsverletzung auf die Schadensentstehung und die Bemessung der Haftungsanteile gilt wiederum § 287 Abs. 1 S. 1 ZPO[337].

4. Zwischenbetrachtung zu § 287 Abs. 1 S. 1 ZPO

Gegenüber § 286 Abs. 1 ZPO schafft § 287 Abs. 1 S. 1 ZPO eine Beweiserleichterung. Während das Beweismaß bei erstgenannter Norm einen so hohen Grad

---

334 Vgl. BGH NJW 1968, 985; NJW 1981, 287; *Lüke*, Zivilprozessrecht, Rn. 273; *Klauser*, JZ 1968, 167, 169; *Prütting / Gehrlein / Laumen*, § 287 Rn. 10; *Staudinger / Schiemann*, Vorbem zu §§ 249 ff. Rn. 102; *Weber*, NJW 1986, 2667, 2669 f.; *Rosenberg / Schwab / Gottwald*, Zivilprozessrecht, § 114 Rn. 21; *Wussow / Baur*, Unfallhaftpflichtrecht, Kapitel 2 Rn. 137.

335 Vgl. BGH NJW 1973, 993, 995; NJW-RR 1988, 1373; NJW 1993, 2674, 2676; *Klauser*, JZ 1968, 167, 169; *Lüke*, Zivilprozessrecht, Rn. 273; *Staudinger / Schiemann*, § 254 Rn. 119; *Stein / Jonas / Leipold*, § 287 Rn. 23 Fn. 58; *Soergel*[12] / *Mertens*, § 254 Rn. 133; *Prütting / Gehrlein / Laumen*, § 287 Rn. 10; ZPO-MünchKomm / *Prütting*, § 287 Rn. 15; *Wussow / Baur*, Unfallhaftpflichtrecht, Kapitel 2 Rn. 137.

336 *Wieczorek / Schütze / Ahrens*, § 287 Rn. 34.

337 BGH NJW 1986, 2945, 2946; OLG Köln NJW-RR 2005, 1042, 1044; *Lepa*, NZV 1992, 129, 134; *Lüke*, Zivilprozessrecht, Rn. 273; *Prütting / Gehrlein / Laumen*, § 287 Rn. 10; *Rosenberg / Schwab / Gottwald*, Zivilprozessrecht, § 114 Rn. 21; *Stein / Jonas / Leipold*, § 287 Rn. 23 Fn. 59.

an Sicherheit voraussetzt, der die persönliche Überzeugung des erkennenden Gerichts zur Folge hat, genügt für § 287 Abs. 1 S. 1 ZPO eine lediglich überwiegende Wahrscheinlichkeit[338].

Auch sind die Anwendungsbereiche beider Normen voneinander zu unterscheiden:

§ 286 Abs. 1 ZPO betrifft den sogenannten „Haftungsgrund", also zumindest das rechtswidrige Tun oder Unterlassen und erforderlichenfalls das Verschulden[339]. Richtigerweise wird auch die haftungsbegründende Kausalität § 286 Abs. 1 ZPO zugeordnet. Der Ursachenzusammenhang zwischen der eingetretenen Rechtsgutsverletzung und dem Vermögensschaden, also die haftungsausfüllende Kausalität, und die eigentliche Bestimmung der Schadenshöhe richten sich nach dem abgesenkten Beweismaß des § 287 Abs. 1 S. 1 ZPO[340].

Entgegen der Rechtsprechung und Teilen der Literatur unterliegt die Kausalität zwischen der Erstverletzung und Folgeverletzungen § 286 ZPO[341].

Schließlich ist beim Mitverschulden und der Verletzung der Schadensminderungsobliegenheit gemäß § 254 Abs. 1 und 2 BGB zu differenzieren: Diejenigen Tatsachen, auf die das Mitverschulden oder die Schadensminderungsobliegenheitsverletzung gestützt werden, sind nach § 286 Abs. 1 ZPO zu beweisen. Für die Bemessung der Mithaftungsanteile kann schließlich auf § 287 Abs. 1 S. 1 ZPO zurückgegriffen werden[342].

IV. Abgrenzung von § 252 S. 2 BGB zu § 287 Abs. 1 S. 1 ZPO

Es wurde bereits festgestellt, dass es sich bei § 252 S. 2 BGB um eine Beweiserleichterung handelt[343]. Zur Bejahung entgangenen Gewinnes ist erforderlich, dass es wahrscheinlicher ist, dass der Gewinn eingetreten wäre als dessen Ausbleiben[344]. Auch § 287 Abs. 1 S. 1 ZPO stellt eine Beweiserleichterung dar, indem als Beweismaß im Unterschied zu § 286 Abs. 1 ZPO eine überwiegende

---

338 Siehe oben unter: E. III. 1. und 2.

339 Vgl. BGH NJW 2005, 1653, 1654; 1987, 1019, 1020; 1972, 1126, 1127; 1969, 1708; 1968, 985; ZPO-MünchKomm / *Prütting*, § 287 Rn. 8; *Stein / Jonas / Leipold*, § 287 II Rn. 11; *Prütting / Gehrlein / Laumen*, § 287 Rn. 5.

340 Siehe oben unter: E. III. 3. a) und b).

341 Siehe oben unter: E. III. 3. c).

342 Siehe oben unter: E. III. 3. d).

343 Siehe oben unter: E. II. 1.

344 Siehe oben unter: E. II. 4.

Wahrscheinlichkeit genügt und bei der Schätzung des Schadens lediglich erforderlich ist, dass ein Schadensbetrag wahrscheinlicher ist als andere Schadensbeträge[345].

Wenn beide Normen aber eine Beweiserleichterung darstellen, so fragt sich, in welchem Verhältnis die Regelungen zueinander stehen.

Beweiserleichterungen sind gerade zur Bestimmung von Fortkommensschäden von entscheidender Bedeutung, da ihre Geltendmachung sonst in vielen Fällen an den hohen Hürden des § 286 Abs. 1 ZPO scheitern würde. Wegen dieser Relevanz der Beweiserleichterungen ist es wünschenswert, den Anwendungsbereich der beiden Vorschriften voneinander abzugrenzen zu können und im Speziellen ihre Anwendung für den Bereich von Fortkommensschäden zu untersuchen.

1. Behandlung in der höchstrichterlichen Rechtsprechung

Die Rechtsprechung hat sich zur Abgrenzung des § 252 S. 2 BGB vom § 287 Abs. 1 ZPO bislang nicht explizit verhalten. Vielmehr werden beide Normen oftmals einfach nebeneinander angewandt[346]. Teilweise finden sich aber auch Entscheidungen, die § 287 Abs. 1 ZPO im Zusammenhang mit der Bewertung der Anknüpfungstatsachen, § 252 S. 2 BGB bei der Bestimmung der konkreten Schadenshöhe zitieren[347] oder die zwar zwischen beiden Regelungen differenzieren[348], jedoch oftmals die Kriterien der Differenzierung kaum erkennen lassen[349].

Der BGH hat § 252 S. 2 BGB als eine „im Rahmen des § 287 ZPO liegende Beweiserleichterung", als eine weitere Ausgestaltung des § 287 Abs. 1 ZPO, angesehen[350]. Eine genaue und ausdrückliche Unterscheidung beider Normen blieb bislang aus.

---

345 Siehe oben unter: E. III. 1. und 2.

346 Vgl. u.a. BGH NJW 1988, 3016, 3017; NJW-RR 1992, 852; NJW 1993, 2673; 1997, 941 f.; 2001, 1640, 1641.

347 Vgl. u.a. BGH NJW 1998, 1634, 1635 f.; 2002, 825, 826 f.

348 BGH NJW 2005, 3348: Für die relevanten Umstände und den hypothetischen Kausalverlauf wird auf § 252 S. 2 BGB abgestellt, allein für die Schadensschätzung auf § 287 Abs. 1 ZPO; BGH NJW-RR 2009, 715, 716; BGH NJW 2010, 1532, 1533, wobei § 252 S. 2 BGB als „sachlich rechtlich" bezeichnet wird, § 287 Abs. 1 ZPO für die Schadensschätzung verwendet wird.

349 Vgl. u.a. BGH NJW 1998, 1633, 1634, wo zunächst auf die Anknüpfungstatsachen § 287 Abs. 1 ZPO, für die Schätzung der Schadenshöhe anfangs auf §§ 252 S. 2 BGB, 287 Abs. 1 ZPO nebeneinander, schließlich dann aber auf § 287 Abs. 1 ZPO ausschließlich Bezug genommen wird.

350 BGHZ 29, 393, 398 f.

2. Behandlung in der Literatur

In der Literatur finden sich unter denjenigen, die § 252 S. 2 BGB nicht als eine materiellrechtliche Beschränkung des Schadensersatzes ansehen[351], diverse unterschiedliche Ansätze, das Verhältnis der beiden Normen zueinander zu beschreiben:

Teilweise wird wie von der Rechtsprechung des BGH angenommen, § 252 S. 2 BGB liege im Rahmen des § 287 Abs. 1 ZPO[352] oder ergänze diesen[353].

Andererseits wird vertreten, § 252 S. 2 BGB gehe in seiner Wirkung über § 287 Abs. 1 ZPO hinaus[354].

Auch wird teilweise in § 252 S. 2 BGB die materiellrechtliche Entsprechung des § 287 Abs. 1 ZPO für den Bereich des entgangenen Gewinnes gesehen[355]. Die praktischen Wirkungen der beiden Vorschriften seien sehr ähnlich[356]. Jedoch wird in § 252 S. 2 BGB zugleich die Mahnung an den Richter erkannt, die Beweisanforderungen möglichst gering zu halten[357].

Unter Verweis auf die Entstehungsgeschichte des § 252 S. 2 BGB[358] wird die Vorschrift aber auch als Norm verstanden, die das durch § 287 Abs. 1 ZPO eröffnete freie Ermessen konkretisiere und präzisiere[359]. Ähnlich ist *Langeneick* der Auffassung, der Vorschrift des § 252 S. 2 BGB sei ein ambivalenter Charakter eigen: Es handle sich zwar um eine Beweiserleichterung, die aber zugleich dem Richter verdeutliche, dass er den Schaden nicht nach freier Phantasie schätzen dürfe, sondern der Schätzung hinreichende Anhaltspunkte zugrunde liegen müssten[360].

---

351 Vgl. hierzu E. II. 1.

352 *Belke*, JZ 1969, 586, 587; *Jauernig / Teichmann*, § 252 Rn. 2.

353 *Erman /Ebert*, § 252 Rn. 10; *Bamberger / Roth / Schubert*, § 252 Rn. 32; *Stoll*, AcP 176 (1976), 145, 184; *Palandt / Grüneberg*, § 252 Rn. 4.

354 *Schneider*, AP Nr. 2 zu § 252 BGB.

355 *Steffen*, VersR 1985, 605, 608.

356 *Eckelmann / Nehls / Schäfer*, DAR 1983, 337, 347; *Soergel / Mertens*, § 252 Rn. 12; BGB-MünchKomm / *Oetker*, § 252 Rn. 30; *Staudinger / Schiemann*, § 252 Rn. 18.

357 *Staudinger / Schiemann*, § 252 Rn. 18.

358 *Mugdan* S. 10 = Mot. II. S. 18: „Der Abs. 2 ist nicht zu entbehren. Durch ihn erhält die Praxis im Hinblicke auf § 260 CPO. die nötige Anweisung, aus der erhellt, dass einesteils die volle Gewissheit, der Gewinn würde gezogen worden sein, nicht erforderlich sei, andererseits aber auch die bloße Möglichkeit, der Beschädigte würde den Gewinn erlangt haben, nicht ausreiche, dass vielmehr eine gewisse Wahrscheinlichkeit entscheide."

359 BGB-MünchKomm / *Oetker*, § 252 Rn. 30.

360 *Langeneick*, NZV 2009, 257, 262.

Dogmatische Unterschiede zwischen beiden Normen werden unter anderem von *Blomeyer* angeführt: § 287 Abs. 1 ZPO betreffe nicht nur alle Schäden und gehe damit weiter als der ausschließlich auf den entgangenen Gewinn anwendbare § 252 S. 2 BGB, sondern begründe im Gegensatz zu § 252 S. 2 BGB keine Vermutung und eröffne lediglich ein Schätzungsermessen hinsichtlich des Schadenseintritts und der Schadenshöhe[361].

Halfpap sieht in § 252 S. 2 BGB gegenüber § 287 Abs. 1 ZPO eine Spezialvorschrift für den gesamten Bereich richterlicher Beurteilung entgangenen Gewinnes, die sich sowohl auf die Anknüpfungstatsachen als auch auf die Höhe des entgangenen Gewinnes beziehe. Das erkennende Gericht müsse in Höhe des Betrages, der dem Geschädigten zugesprochen werden solle, von der in § 252 S. 2 BGB vorausgesetzten Wahrscheinlichkeit überzeugt sein[362].

Nach einem anderen Ansatz von *v. Hoyningen-Huene / Boemke* sei § 287 Abs. 1 ZPO wegen der engeren Voraussetzungen des § 252 S. 2 BGB im Bereich des entgangenen Gewinnes zwar partiell subsidiär. Jedoch werde § 287 Abs. 1 ZPO nicht vollständig verdrängt. Zum einen ergänze diese Norm § 252 S. 2 BGB, soweit es um die besonderen Umstände, Anstalten und Vorkehrungen gehe, die das Entgehen des Gewinnes wahrscheinlich machten. Denn auf diese Anknüpfungstatsachen beziehe sich § 252 S. 2 BGB nicht. Ferner greife § 287 Abs. 1 ZPO auch dann ein, wenn zwar irgendein entgangener Gewinn wahrscheinlich sei, die exakte Höhe dieses Gewinnes nicht bestimmt werden könne. Eine Differenzierung danach, dass § 287 Abs. 1 ZPO im Vergleich zu § 252 S. 2 BGB keine Vermutung enthalte und Schätzungsermessen eröffne[363], sei nicht weiterführend. Denn in der Regel könne davon ausgegangen werden können, dass ein *wahrscheinlicher* Gewinn, wie er von § 252 S. 2 BGB gefordert wird, auch im Rahmen der Schadensschätzung dem Geschädigten würde zugesprochen werden können[364].

Ähnlich gesteht auch *Helling* § 287 Abs. 1 ZPO neben § 252 S. 2 BGB einen eigenen Anwendungsbereich für Fälle zu, in denen weder ein „gewöhnlicher Verlauf" noch „besondere Umstände" im Sinne des § 252 S. 2 BGB auszumachen seien[365].

Ebenso will *Medicus* § 287 Abs. 1 ZPO einen eigenen Anwendungsbereich im Verhältnis zu § 252 S. 2 BGB geben. Zunächst erkennt auch er die Anwendbarkeit

361 *Blomeyer*, SAE 1977, 254, 255.

362 *Halfpap*, Der entgangene Gewinn, S. 138.

363 Vgl. *Blomeyer*, SAE 1977, 254, 255.

364 *V. Hoyningen-Huene / Boemke*, NJW 1994, 1757, 1760 f.

365 *Baumgärtel / Laumen / Prütting / Helling*, § 252 Rn. 8.

des § 287 Abs. 1 ZPO auf die Anknüpfungstatsachen und die Bestimmung der Schadenshöhe an, sollte letztere nicht mit der nötigen erforderlichen Wahrscheinlichkeit festgestellt werden können.

Jedoch geht *Medicus* darüber hinaus: Im Bereich der Fortkommensschäden könne man nicht auf den „gewöhnlichen Lauf der Dinge“ im Sinne des § 252 S. 2 BGB abstellen, und „besondere Umstände“ im Sinne dieser Norm seien oft nicht vorhanden. Jedenfalls lasse sich aber nur selten mit der von § 252 S. 2 BGB geforderten überwiegenden Wahrscheinlichkeit feststellen, wie sich die Laufbahn des Verletzten in den nächsten Jahren entwickelt hätte[366]. Denn eine überwiegende mathematische Wahrscheinlichkeit eines künftigen Karriereverlaufs sei bei den vielen denkbaren unterschiedlichen Berufswegen kaum festzustellen. In diesen Fällen sei dem Geschädigten über § 287 Abs. 1 ZPO zu helfen. Das erkennende Gericht solle dann nach „freier Überzeugung“ ohne Bindung an rechnerische Wahrscheinlichkeiten entscheiden.

Anderenfalls würde man das Vertrauen des Geschädigten unangemessen enttäuschen. Ob ein solcher Unterschied zwischen § 252 S. 2 BGB und § 287 Abs. 1 ZPO auf dem Konzept des Gesetzgebers beruhe oder wenigstens nachträglich begründet werden könne, sei gegenüber der durch bei einer solchen Auslegung des § 287 ZPO ermöglichten Elastizität zweitrangig[367]. Jedoch gebe es andererseits keine völlig unkontrollierbare Freiheit. Der Richter müsse darlegen, wieso ihn die Unsicherheit zu einer Schätzung nach § 287 Abs. 1 ZPO zwinge und woher er die zur Schätzung notwendige Sachkunde habe[368].

3. Stellungnahme

Bisweilen auftretende Unklarheiten in der Rechtsprechung im Hinblick auf eine Abgrenzung von § 252 S. 2 BGB zu § 287 Abs. 1 ZPO sind damit zu erklären, dass diese Vorschriften eng miteinander verwoben sind.

Jedoch sind die von Teilen der Literatur unternommenen Versuche der Schaffung eines eigenen Anwendungsbereiches des § 252 S. 2 BGB zu begrüßen. Denn diese ist notwendig, will man dem Vorwurf begegnen, § 252 S. 2 BGB wäre neben § 287 Abs. 1 ZPO funktionslos, würde man eine den Schadensersatz beschränkende oder das Beweismaß des § 287 Abs. 1 ZPO erhöhende Wirkung des § 252 S. 2 BGB verneinen[369].

---

366 Vgl. *Medicus*, DAR 1994, 442, 444 f.

367 *Medicus*, DAR 1994, 442, 445.

368 *Medicus*, DAR 1994, 442, 446.

369 Vgl. *Halfpap*, Der entgangene Gewinn, S. 121.

Allerdings ist eine Lösung abzulehnen, die – jedenfalls im Bereich von Fortkommensschäden – von einer kompletten Verdrängung des § 287 Abs. 1 ZPO durch § 252 S. 2 BGB ausgeht und den Beweis einer überwiegenden Wahrscheinlichkeit der konkreten entgangenen Gewinne fordert, was deutlich wird, wenn man sich die Fallgruppe der Fortkommensschäden vor Augen führt: Einem Geschädigten wird es in der Regel kaum möglich sein, seinen genauen hypothetischen Karriereverlauf oder eine konkrete Schadenshöhe mit der von § 252 S. 2 BGB geforderten überwiegenden Wahrscheinlichkeit zu beweisen. Seine Schadensersatzansprüche blieben wertlos.

Diese Auslegung wäre auch nur eingeschränkt mit der Entstehungsgeschichte des § 252 S. 2 BGB zu vereinbaren: Wenn nämlich § 252 S. 2 BGB im Hinblick auf § 260 CPO (~ § 287 Abs. 1 ZPO) eine Anweisung darstellen sollte, „aus der erhellt, dass einesteils die volle Gewissheit, der Gewinn würde gezogen worden sein, nicht erforderlich sei, andererseits aber auch die bloße Möglichkeit, der Beschädigte würde den Gewinn erlangt haben, nicht ausreiche, dass vielmehr eine gewisse Wahrscheinlichkeit entscheide", so liegt es nahe, in § 252 S. 2 BGB eine Vorschrift zu erkennen, die das durch das Gericht auszuübende Ermessen in der Weise lenkt, dass zum einen der willkürlichen Ausübung des Ermessens bei der Schadensbemessung, aber zugleich auch zu strengen Anforderungen an den Schadensbeweis entgegengewirkt werden sollte.

Eine solche Anleitung für das richterliche Ermessen ist auch wünschenswert: Denn gerade die Bestimmung entgangenen Gewinnes kann für das erkennende Gericht mit erheblichen Schwierigkeiten verbunden sein. Dies gilt umso mehr für die Fälle des hier zu betrachtenden Fortkommensschadens, bei denen der Richter vor der Aufgabe steht, einen jahrelangen hypothetischen Karriereverlauf des Geschädigten zu schätzen.

Daher ist zunächst der Auffassung zuzustimmen, die § 252 S. 2 BGB als eine Präzisierung des richterlichen Ermessens im Rahmen entgangenen Gewinnes ansieht[370].

Geht man von einer solchen ermessensleitenden Funktion des § 252 S. 2 BGB aus, kann diese Vorschrift aber die Norm des § 287 Abs. 1 ZPO nicht verdrängen. Vielmehr ist § 287 Abs. 1 ZPO im Lichte einer solchen Präzisierung des § 252 S. 2 BGB anzuwenden.

---

370 Vgl. BGB-MünchKomm / *Oetker*, § 252 Rn. 30; ähnlich *Langeneick*, NZV 2009, 257, 262.

Darüber hinaus ergänzen sich § 252 S. 2 BGB und § 287 Abs. 1 S. 1 ZPO: Während § 252 S. 2 BGB eine Beweiserleichterung schafft, wenn von einem „gewöhnlichen Verlauf der Dinge ausgegangen" werden kann oder „besondere Umstände", also Anknüpfungstatsachen, vorliegen, aus denen auf einen überwiegend wahrscheinlichen Gewinn geschlossen werden kann, setzt § 252 S. 2 BGB aber nicht das Beweismaß für die zur Schadensbestimmung notwendigen Anknüpfungstatsachen herab. Für diese Anknüpfungstatsachen selbst gelten für den Geschädigten die ermäßigten Beweisanforderungen des § 287 Abs. 1 S. 1 ZPO[371], weil sich häufig kaum zwischen dem Schaden und den Umständen, auf die sich dieser Schaden gründet, unterscheiden lässt[372].

Auch die genaue Bestimmung der konkreten Höhe eines Fortkommensschadens lässt sich – anders als die Frage, ob überhaupt ein Fortkommensschaden entstanden ist – nur eingeschränkt unter Zuhilfenahme des § 252 S. 2 BGB durchführen. Denn eine überwiegende Wahrscheinlichkeit eines konkreten Fortkommensschadens – wie § 252 S. 2 BGB sie fordert – wird der Geschädigte niemals beweisen können. Vielmehr wird der dem Geschädigten entstandene Fortkommensschaden innerhalb eines großen Kontinuums möglicher Fortkommensschäden liegen, von denen kein einziger mit überwiegender Wahrscheinlichkeit im Sinne des § 252 S. 2 BGB gemacht worden wäre. Daher ist in diesen Fällen unter Anwendung des § 287 Abs. 1 S. 1 ZPO von einem solchen entgangenen Gewinn auszugehen, der der Höhe nach wahrscheinlicher ist als alle anderen[373].

Schätzt man den Schaden nunmehr nach § 287 Abs. 1 S. 1 ZPO, zeigt sich erneut die Wechselwirkung zur Norm des § 252 S. 2 BGB: Im Rahmen der durchzuführenden Schadensschätzung kommt dem Geschädigten die zuvor dargestellte ermessenslenkende Funktion des § 252 S. 2 BGB zugute[374].

Nach der Auffassung von *Medicus* befreit § 287 Abs. 1 S. 1 ZPO für die Fallgruppe der Fortkommensschäden das erkennende Gericht bei der Schätzung des hypothetischen Berufsverlaufs des Geschädigten und des entstandenen Schadens von den Bindungen an Wahrscheinlichkeitsurteile[375].

---

371 *Klauser*, JZ 1968, 167, 168; *v. Hoyningen-Huene / Boemke*, NJW 1994, 1757, 1760 f.; vgl. auch *Baumgärtel / Laumen / Prütting / Helling*, § 252 Rn. 8.

372 *Klauser*, JZ 1968, 167, 168; *v. Hoyningen-Huene / Boemke*, NJW 1994, 1757, 1760 f.

373 Vgl. *v. Hoyningen-Huene / Boemke*, NJW 1994, 1757, 1760; noch weitergehender *Medicus*, DAR 1994, 442, 445, der sich von solchen Wahrscheinlichkeitserwägungen lösen will.

374 Vgl. zum Anwendungsbereich des § 287 Abs. 1 S. 1 ZPO oben unter: E. III. 2 u. 3.

375 Vgl. *Medicus*, DAR 1994, 442, 445.

Insoweit auf Wahrscheinlichkeiten verzichtet wird, geht dies zu weit: Denn wenn ein Urteil nicht einmal mehr Gründe aufweisen müsste, weshalb das erkennende Gericht eine Schadenshöhe gegenüber anderen als die wahrscheinlichste ansieht, ginge damit die Gefahr der Intransparenz und letztlich willkürlicher Entscheidungen einher. Die ermessenslenkende Funktion des § 252 S. 2 BGB bliebe unbeachtet. Die Darlegung des Richters – wie von *Medicus* vorgeschlagen – wieso im konkreten Fall eine Schätzung notwendig gewesen sei und woher er die nötige Sachkunde habe, kann diese Gefahr nicht beseitigen. Insofern ist *Medicus* zwar insoweit zuzustimmen, als er auch den hypothetischen Erwerbsverlauf des Geschädigten § 287 Abs. 1 ZPO unterordnen will, die richterliche Schadensschätzung muss allerdings erkennen lassen, weshalb ein bestimmter Schaden als wahrscheinlicher als andere Schäden angesehen wurde.

Nach alledem kann festgehalten werden, dass sich § 252 S. 2 BGB und § 287 Abs. 1 S. 1 ZPO ergänzen:

Will der Geschädigte seinen Schaden auf Anknüpfungstatsachen stützen, erleichtert § 287 Abs. 1 S. 1 ZPO ihm deren Beweis. Dem Geschädigten wird weiter über die Aussage des § 252 S. 2 BGB geholfen, dass bei überwiegender Wahrscheinlichkeit für einen entgangenen Gewinn ein solcher entgangener Gewinn wird vermutet werden können. Die Bestimmung der konkreten Höhe des Fortkommensschadens wird dann aber über § 287 Abs. 1 ZPO durchgeführt werden müssen[376], wobei für die konkrete Schadensbestimmung wieder die oben beschriebene ermessenslenkende Funktion des § 252 S. 2 BGB zum Tragen kommt.

4. Zwischenbetrachtung zur Abgrenzung von § 252 S. 2 BGB zu § 287 Abs. 1 S. 1 ZPO

Zusammenfassend lässt sich also über das Verhältnis von § 252 S. 2 BGB zu § 287 Abs. 1 S. 1 ZPO Folgendes sagen:

§ 252 S. 2 BGB stellt im Bereich entgangenen Gewinnes Leitlinien für die Bestimmung der Höhe des Schadensersatzanspruchs durch den Richter auf, der weder zu hohe noch zu geringe Beweisanforderungen an die Darlegung und den Beweis stellen soll.

Nach § 252 S. 2 BGB wird weiterhin vermutet, dass ein überwiegend wahrscheinlicher Gewinn gemacht worden wäre, wenn „Anstalten und Vorkehrungen" als Anknüpfungstatsachen für die Berechnung des Schadens zur Überzeugung

376 Auf die Auswirkungen dieses Unterschiedes zwischen § 252 S. 2 BGB und § 287 Abs. 1 ZPO in Bezug auf Leistungs- und Feststellungsklagen weisen *v. Hoyningen-Huene / Boemke*, NJW 1994, 1757, 1761, hin.

des Gerichts feststehen. Für den Beweis dieser Anknüpfungstatsachen selbst senkt die Beweiserleichterung des § 287 Abs. 1 S. 1 ZPO das Beweismaß herab.

Der konkrete Schaden ist gemäß § 287 Abs. 1 S. 1 ZPO zu schätzen. Bei dieser Schätzung greift wiederum die ermessenslenkende Funktion des § 252 S. 2 BGB ein, an die Darlegung und den Beweis des Schadens weder zu hohe noch zu geringe Anforderungen zu stellen.

Es zeigt sich, dass die Beweiserleichterung des § 287 Abs. 1 S. 1 ZPO gerade im Bereich von Fortkommensschäden, bei denen ein mitunter jahrzehntelanger hypothetischer Erwerbsverlauf zu schätzen ist, sowohl für die Anknüpfungstatsachen als auch für die Bestimmung der Schadenshöhe unerlässlich ist. Insoweit ist *Medicus* zuzustimmen, der zutreffend beschreibt, dass für die Errechnung von Fortkommensschäden die Vorschrift § 252 S. 2 BGB nicht genüge und daher Hilfe durch einen Rückgriff auf § 287 Abs. 1 S. 1 ZPO zu suchen sei[377].

377 Vgl. hierzu E. II. 5. und *Medicus*, DAR 1994, 442, 444 f.

F. Kriterien und Leitlinien für die Erstellung von Fortkommensschadensprognosen in der Rechtsprechung und in der Literatur

Nachdem zunächst der Begriff der Fortkommensschäden beleuchtet und auf die rechtlichen Grundlagen ihrer Berechnung eingegangen wurde, soll nun ein Blick auf die Rechtsprechung und Literatur zur Erstellung von Fortkommensschadensprognosen geworfen werden. Von besonderem Interesse ist dabei, wie der konkrete Fortkommensschaden in der Praxis bemessen wird.

In der Rechtsprechung und Literatur werden ungeschriebene Beweiserleichterungen zugunsten Geschädigter vertreten, die in den Blick genommen werden sollen. Auch soll dargestellt werden, auf welche Anknüpfungstatsachen sich die Gerichte bei der Feststellung der Fortkommensschäden beziehen und wie sich die Literatur zu dieser Rechtsprechung positioniert. Dabei wird der Schwerpunkt der Darstellung sich auf die Frage konzentrieren, ob der sozio-ökonomische Hintergrund des Geschädigten, also das Bildungs- und Einkommensniveau der Familie, nach der zu untersuchenden Rechtsprechung und Literatur für die Schadensprognose herangezogen werden können.

I. Schätzungsbonus zu Gunsten des Geschädigten?

Es steht außer Zweifel, dass die Darlegung und der Beweis von Fortkommensschäden den Geschädigten oftmals vor hohe Hürden stellen. Zur Erleichterung dieser Schwierigkeiten hat die Rechtsprechung eine Beweiserleichterung zu Gunsten des Geschädigten entwickelt, der sich Teile der Literatur angeschlossen haben.

1. Rechtsprechung

In der höchstrichterlichen und obergerichtliche Rechtsprechung zur Bestimmung von Fortkommensschäden lassen sich mehrere Urteile finden, die eine Besonderheit aufweisen:

Diese stellt nicht bereits die Tatsache dar, dass betont wird, an die Darlegung und den Beweis der Anknüpfungstatsachen zur Prognoseerstellung dürften keine zu hohen Anforderungen gestellt werden[378]. Denn – wie bereits erörtert – führt ja

378 Vgl. u.a. BGH NJW 1998, 1633, 1634; NJW-RR 1999, 1039, 1040; BGH r + s 2010, 528, 529 f.; OLG Köln DAR 2002, 353, 354; OLG Koblenz Schaden-Praxis 2007, 177 ff.

eigentlich bereits § 287 Abs. 1 S. 1 ZPO zu einer Absenkung der Darlegungs- und Beweislast für den Geschädigten[379].

Interessant ist jedoch die Begründung, auf die diese Entscheidungen die scheinbar über § 287 Abs. 1 S. 1 ZPO hinausgehende Darlegungs- und Beweiserleichterung stützen:

Die Schwierigkeiten des Geschädigten, den Erwerbsverlauf darzulegen, lägen in der Sphäre[380] bzw. Verantwortung[381] des Schädigers, seien auf das Unfallereignis zurückzuführen[382]. Am deutlichsten wird das OLG München[383]: Der Unfallverursacher habe dem Geschädigten die Chance genommen, einen hypothetischen erfolgreichen Abschluss der Berufsausbildung zu beweisen. Daher müsse dem Geschädigten ein „Schätzungsbonus“ zugebilligt werden.

Auch nach dem OLG Stuttgart habe der Schädiger die Prognoseschwierigkeiten zu tragen, so dass von einem „Schätzungsbonus“ zu Gunsten des Geschädigten auszugehen sei[384].

Insgesamt lässt sich damit festhalten, dass die genannten Entscheidungen von einer besonderen Beweiserleichterung ausgehen, die damit begründet wird, dass der Geschädigte durch den Schädiger aus dem Erwerbsleben gerissen wurde. Wie weit die Wirkung dieses Schätzungsbonus über die Erleichterungen des § 287 Abs. 1 S. 1 ZPO nach der Rechtsprechung hinausreicht, bleibt in den genannten Urteilen unklar.

2. Auffassungen in der Literatur zur Gewährung eines Schätzungsbonus

In der Literatur ist umstritten, ob und inwieweit dem Geschädigten ein solcher „Schätzungsbonus“ einzuräumen ist.

Unter den Befürwortern einer Beweiserleichterung wird teilweise ausdrücklich von einem „Schätzungsbonus“ gesprochen[385]; *Stürner* hingegen hält bei der

---

379 Siehe oben unter: E. III. 3. a).

380 BGH NJW 1998, 1633, 1634.

381 BGH NJW-RR 1999, 1039, 1040; BGH r + s 2010, 528, 529 f.; OLG Köln DAR 2002, 353, 354; OLG Koblenz Schaden-Praxis 2007, 177 ff.; OLG Schleswig, Urteil v. 24.04.2008, 7 U 81/06.

382 OLG Karlsruhe VersR 1989, 1101.

383 OLG München, Urteil v. 29.12.2006, 10 U 3815/04, Tz. 34 (nach juris).

384 OLG Stuttgart VersR 1999, 630 f.

385 Vgl. *Steffen*, DAR 1984, 1, 4; *Küppersbusch*, Ersatzansprüche bei Personenschäden, II. 13. b); *Geigel* – Der Haftpflichtprozess / *Pardey*, 4. Kapitel Rn. 96; AnwK-BGB / *Huber*, §§ 842, 843 Rn. 193; *Burmann / Heß / Jahnke / Janker / Jahnke*, § 842 Rn. 49; *Halfpap*, Der entgangene Gewinn, S. 226.

Bemessung von Fortkommensschäden von frühzeitig Geschädigten „Großzügigkeit bei der rechnerischen Ermittlung von Frühschadensfolgen" für gerechtfertigt[386].

Größtenteils wird für eine Beweiserleichterung zu Gunsten des Geschädigten das bereits aus der Rechtsprechung bekannte Argument[387] angeführt: Der Schädiger bzw. das Schadensereignis sei für die Beweisschwierigkeiten verantwortlich, vor denen der Verletzte im Prozess stehe. Durch die Schädigung werde diesem die Möglichkeit genommen, den Abschluss einer erfolgreichen Berufsausbildung zu beweisen[388].

Steffen beruft sich nicht ausschließlich darauf, dass der Schädiger für die durch die Schädigung ausgelösten Beweisschwierigkeiten einzustehen habe. Ein „Schätzungsbonus" sei zusätzlich deshalb gerechtfertigt, weil Behinderungen in frühen Entwicklungsphasen einen Geschädigten besonders stark träfen. Auch bringe die „Leistungsgesellschaft" behinderten Mitmenschen Misstrauen entgegen. Für einen Schätzungsbonus spreche auch, dass bei jugendlichen Geschädigten das Unterbewusstsein noch nicht zur Entwicklung „raffinierter Entlastungsstrategien" fähig sei. „Begehrensneurosen"[389] würden daher nicht ausgebildet[390].

Halfpap vermag sich der Erwägung, der Schädiger habe die Beweisnot des Geschädigten zu verantworten, nicht anzuschließen. Für einen „Schätzungsbonus" spreche eher, dass bei jungen Menschen nicht angenommen werden könne, sie würden die ihnen zur Verfügung stehenden Möglichkeiten zur Gewinnerzielung nicht nutzen können[391].

Ein Teil der Literatur lehnt hingegen einen „Schätzungsbonus" zu Gunsten des Geschädigten ab.

Medicus hält das Argument, der Schädiger habe aufgrund seiner Verantwortlichkeit für die Verletzung auch für die Beweisschwierigkeiten einzustehen, für

386 Vgl. *Stürner*, JZ 1984, 461, 462.

387 OLG München, Urteil v. 29.12.2006, 10 U 3815/04, Tz. 34 (nach juris).

388 Vgl. *Geigel* – Der Haftpflichtprozess / *Pardey*, 4. Kapitel Rn. 96; *Küppersbusch*, Ersatzansprüche bei Personenschäden, II. 13. b); AnwK-BGB / *Huber*, §§ 842, 843 Rn. 193; *Burmann / Heß / Jahnke / Janker / Jahnke*, § 842 Rn. 49; *Funk*, DAR 1985, 42, 47, und *Stürner*, JZ 1984, 461, 462, die diese Argumentation zur Rechtfertigung einer Beweiserleichterung anführen.

389 Eine „Rentenneurose" oder „Begehrensneurose" ist eine Neurose, die durch die Aussicht auf Entschädigung oder dauernde Rente hervorgerufen wird, vgl. *Lange / Schiemann*, Schadensersatz, § 3 X 2.

390 Vgl. *Steffen*, DAR 1984, 1, 4.

391 *Halfpap*, Der entgangene Gewinn, S. 226.

wenig überzeugend. Schadensbeweisschwierigkeiten seien in vielen anderen Konstellationen entgangenen Gewinnes – z.B. aufgrund Verzuges – möglich, in denen kein „Schätzungsbonus" gewährt werde. Die Verantwortlichkeit des Schädigers erschöpfe sich in der Ersatzpflicht, könne aber nicht auf unbeweisbare Schäden erweitert werden. Anderenfalls wäre auch dem nicht rechtzeitig befriedigten Geldgläubiger ein Ausgleich für entstehende Beweisschwierigkeiten zu gewähren. Das Verantwortlichkeitsargument passe nur für die Fälle der Beweisvereitelung, in denen der Prozessgegner der beweisbelasteten Partei schuldhaft Beweismittel entziehe oder vorenthalte. In den Konstellationen von Fortkommensschäden junger Geschädigter könne dem Schädiger ausschließlich vorgeworfen werden, dass er die Entstehung von Beweismitteln verhindert habe. Dies könne aber nicht einer Beweisvereitelung gleichgesetzt werden. Vor der Gewährung eines Schätzungsbonus müsse man daher mit den Vorschriften der § 252 S. 2 BGB und § 287 Abs. 1 S. 1 ZPO auskommen[392].

Auch *Schiemann* wendet sich gegen einen „Schätzungsbonus" für den Geschädigten. Denn bereits § 252 S. 2 BGB berücksichtige die Schwierigkeit des Geschädigten, den Schaden zu beweisen. Für den Beweis des Erwerbsschadens genüge ja eine bereits überwiegende Wahrscheinlichkeit[393]. Um ein solches Wahrscheinlichkeitsurteil fällen zu können, müssten alle erreichbaren Daten herangezogen werden. Ein „Schätzungsbonus" könnte jedoch hingegen leicht als Ermächtigung zu „diskretionären", auf die Tatsachengrundlage verzichtenden Entscheidungen verstanden werden[394].

Schließlich erkennt *Felsinger* in der Gewährung eines „Schätzungsbonus" eine Überkompensation des Geschädigten, die auch durch prozentuale Risikoabschläge im Schaden nicht ausgeglichen werde. Der Schätzungsbonus beruhe lediglich auf einer sozialen Grundentscheidung, den verletzten auf Kosten des Schädigers bzw. seiner Haftpflichtversicherung abzusichern. Der Schätzungsbonus setze die Anforderungen an die richterliche Überzeugungsbildung in beispielloser und bedenklicher Weise herab. So sei es nicht nachvollziehbar, wie der Tatrichter im Falle völliger Offenheit zu der Überzeugung gelangen könne, der Verletzte hätte mit mittlerem Erfolg eine bestimmte Schul- und Berufsausbildung absolviert und einen durchschnittlichen Beruf ergriffen[395].

---

392 Vgl. *Medicus*, DAR 1994, 442, 446.

393 Siehe oben: E. II. 4.

394 Vgl. *Staudinger / Schiemann*, § 252 Rn. 35.

395 Vgl. *Felsinger*, Der Erwerbsschadensersatz, Teil 3 E. IV.

3. Stellungnahme

Zunächst ist *Medicus*[396] dahingehend zuzustimmen, dass das von der Rechtsprechung und teilweise von der Literatur angeführte Argument, der Schädiger sei für die Beweisschwierigkeiten des Geschädigten verantwortlich, nicht durchgreift: Ein Fall der Beweisvereitelung liegt nicht vor. Von einer solchen kann nur dann die Rede sein, wenn vorhandene Beweismittel dem Geschädigten entzogen werden[397]. Hier liegt es aber so, dass der Schädiger den Geschädigten in eine Lage bringt, in der ihm ein Schadensersatzanspruch zusteht und zu dessen Darlegung und Beweis Beweismittel erforderlich werden. Vorhandene Beweismittel, die der Schädiger entzogen haben könnte, bestanden aber niemals.

Soweit *Halfpap* für einen Schätzungsbonus anführt, ein junger Mensch hätte die sich ihm bietenden Erwerbsmöglichkeiten genutzt, scheint es sich dabei um eine Argumentation mittels eines „Anscheinsbeweises" zu handeln. Erforderlich ist für einen solchen Anscheinsbeweis ein typisierter Geschehensablauf[398], der die individuellen Umstände des Einzelfalles in ihrer Bedeutung zurücktreten lässt[399]. Betrachtet man die Argumentation von *Halfpap* nun als Anscheinsbeweis, so findet dieser eben bei einem typischen Verlauf seine Grenze: Es kann nur als typisch angenommen werden, dass ein junger Geschädigter ohne die Schädigung irgendeine gewinnbringende Tätigkeit aufgenommen hätte. Für den Nachweis eines konkreten hypothetischen Erwerbsverlaufes kann dieser Anscheinsbeweis wegen der vielen individuellen Gestaltungsmöglichkeiten von Erwerbsbiographien aber nicht weiterhelfen[400].

Ebenso wenig überzeugt die auf die besondere Schutzbedürftigkeit der Geschädigten abstellende Argumentation von *Steffen*[401]. Diese nährt die Auffassung von *Felsinger*, bei dem Schätzungsbonus handle es sich lediglich um eine soziale Grundentscheidung ohne juristisches Fundament, den Verletzten auf Kosten

---

396 Vgl. *Medicus*, DAR 1994, 442, 446.

397 Vgl. *Zimmermann*, ZPO, § 286 Rn. 21; *Rosenberg / Schwab / Gottwald*, Zivilprozessrecht, § 115 Rn. 19.

398 Vgl. *Baumbach / Lauterbach / Albers / Hartmann*, Anh § 286 Rn. 16; *Stein / Jonas / Leipold*, § 286 VI. Rn. 88; *Zöller / Greger*, Vor § 284 Rn. 29; ZPO-MünchKomm / *Prütting*, § 286 Rn. 48, 56 ff.; *Rosenberg / Schwab / Gottwald*, Zivilprozessrecht, § 112 Rn. 20.

399 Vgl. BGH NJW 1987, 1944; BGH VersR 1978, 74, 75.

400 Vgl. *Felsinger*, Der Erwerbsschadensersatz bei Verletzungen im Kindesalter, Teil 3 E. II. 1. b).

401 Vgl. *Steffen*, DAR 1984, 1, 4.

des Schädigers oder einer – nicht immer vorhandenen – Haftpflichtversicherung finanziell abzusichern[402].

Durch den Schätzungsbonus wird ferner die Rechtssicherheit im Prozess beeinträchtigt. Denn bislang ist ungeklärt, welche Auswirkungen ein solcher auf die Schadensschätzung haben sollte. Das ohnehin schon weite Ermessen des § 287 Abs. 1 S. 1 ZPO würde durch eine weitere Unbekannte weiter verwässert.

Für einen Schätzungsbonus besteht schließlich auch kein Bedarf. Den sich dem Geschädigten zweifelsohne in den Weg stellenden Beweishürden kann durch konsequente Anwendung der Beweiserleichterungen in § 252 S. 2 BGB und § 287 Abs. 1 S. 1 ZPO[403] entgegengewirkt werden.

II. Kriterien und Beispiele zur Erstellung von Fortkommensschadensprognosen in der Rechtsprechung und Literatur

Es fällt auf, dass die Anzahl höchstrichterlicher und obergerichtlicher Entscheidungen sich in Grenzen hält. Die überschaubare Menge der Entscheidungen leitet *Steffen* vornehmlich aus einer im Bereich von Fortkommensschäden vorherrschenden Vergleichsbereitschaft ab[404].

Im Folgenden soll in einem ersten Schritt versucht werden, anhand der höchstrichterlichen, der obergerichtlichen und erstinstanzlichen Rechtsprechung grundsätzliche Kriterien zur Bestimmung von Fortkommensschäden zu entwickeln.

Grob kann hier zwischen einer Schädigung in einem fortgeschrittenen und in einem frühen Lebensstadium unterschiedenen werden. Von besonderem Interesse sind dabei die Entscheidungen, die sich mit der Fortkommensschadensprognose in einem solchen Stadium befassen, in dem kaum Anhaltspunkte für die Begabung, die Fähigkeiten, die Strebsamkeit des Verletzten erkennbar waren.

Ist allerdings der Werdegang des Geschädigten weiter fortgeschritten, so dass auch dem erkennenden Gericht mehrere Anknüpfungspunkte zur Verfügung stehen, wird die Bestimmung des erlittenen Fortkommensschadens dem erkennenden Gericht naturgemäß leichter fallen.

402 Vgl. *Felsinger*, Der Erwerbsschadensersatz, Teil 3 E. IV.
403 Siehe oben unter E. II. 2; E. III. 2. und E. IV.
404 *Steffen*, DAR 1984, 1, 2.

1. Rechtsprechung

a) *Geschädigte Person stand im Beruf oder mitten in oder am Ende ihrer Ausbildung oder ihres Studiums*

Die zunächst zu beleuchtende Gruppe von Entscheidungen betrifft die Gruppe der Geschädigten, die im Zeitpunkt der Schädigung in ihrer Ausbildung oder ihrem Studium relativ weit fortgeschritten waren, bereits kurz vor dem Berufseintritt oder schon im Beruf standen.

Befand die geschädigte Person sich bereits im Berufsleben, dürfte der Beruf selbst eine sehr aussagekräftige Anknüpfungstatsache zur Errechnung des Fortkommensschadens liefern. Dabei ist natürlich nicht nur die Berufswahl von maßgebender Bedeutung. Vielmehr kann auf Grundlage der bisherigen Entwicklung des Geschädigten auf der Karriereleiter und der Dauer dieser Entwicklung abgeschätzt werden, wie sich die Laufbahn ohne die nun eingetretene Schädigung entwickelt hätte.

Ereignete sich die Schädigung aber zu einem Zeitpunkt, als die geschädigte Person mitten oder am Ende ihrer Ausbildung oder des Studiums stand, so lässt die Ausbildung die – wenn auch mit gewisser Unsicherheit belastete – Vermutung zu, der Geschädigte wäre nach seiner Ausbildung in dem fraglichen Berufszweig geblieben[405]. Ferner lassen sich natürlich Anhaltspunkte für die anzustellende Prognose aus den bislang während der Ausbildung gezeigten Leistungen, den gezeigten Fleiß und Einsatz ableiten.

(1) Leitlinien zur Erstellung von Fortkommensschadensprognosen in der Rechtsprechung

Der höchstrichterlichen und obergerichtlichen Rechtsprechung sind allgemeine Leitlinien zur Erstellung von Fortkommensschadensprognosen zu entnehmen. Einige dieser Leitlinien sollen anhand von Entscheidungen im Folgenden vorgestellt werden.

Für die Bestimmung des Fortkommensschadens ist zunächst entscheidend, wie der Geschädigte in Zukunft sein Erwerbsleben fortgesetzt hätte. Waren bereits Anlagen vorhanden, aufgrund derer der Schaden ohnehin eingetreten wäre, darf

405 Vgl. OLG Hamm, Urteil v. 10.11.1993, 32 U 37/93, OLGR Hamm 1994, 161 f.: „Theoretisch hätte die Klägerin daher nach Abschluss ihrer Ausbildung in einem Betrieb eines anderen Industriezweigs arbeiten können. Nach dem gewöhnlichen Lauf der Dinge war aber nicht als wahrscheinlich zu erwarten, dass das geschehen wäre."

dieser mangels haftungsausfüllender Kausalität nicht als Fortkommensschaden Berücksichtigung finden[406].

Der BGH betont weiterhin die Wichtigkeit individueller Interessen des Geschädigten: Dies urteilte der BGH in einem Fall, in welchem die Geschädigte Person im Zeitpunkt des Unfalls Medizinstudentin im 9. Semester gewesen war. Nach der Schädigung studierte sie weitere sieben Semester und bestand im Anschluss das medizinische Staatsexamen mit der Note „genügend". Nachdem sie im Anschluss an das Examen für circa zwei Jahre als Pflichtassistentin in einem Universitätskrankenhaus tätig gewesen war, erfüllte sie die Voraussetzungen der „Bestallungsordnung für die Ausbildung des ärztlichen Berufes in eigener Praxis". Der Vater der Geschädigten, dem diese ihre Ansprüche abgetreten hatte, machte geltend, wegen des Unfalls habe sich der Abschluss seiner Tochter verzögert. Ferner hätte sie sich ohne den Unfall als frei praktizierende Ärztin niedergelassen. Dies ergebe sich zum einen daraus, dass in der Familie freiberufliche Tätigkeiten Tradition gewesen seien, zum anderen entspreche es statistischen Erhebungen, dass die größte Zahl der Ärzte freiberuflich praktiziere. Dem widersprach der BGH: Bei der Wahl des Erwerbslebens handele es sich zuvörderst um eine persönliche Entscheidung, hinter die Statistiken oder die Familientradition in den Hintergrund träten. Ausschlaggebend seien persönliche Neigungen und die Willensrichtung des Geschädigten[407].

Mit dem Grad der erforderlichen Darlegung beschäftigt sich eine weitere Entscheidung, die in der Literatur als „Segelanleitung der Schadensprognoseerstellung" bezeichnet wird[408]: In dem vom BGH zu entscheidenden Fall hatte der Kläger, ein junger Mann, seine Lehre als Verkäufer beendet. Im Anschluss an diese Lehre war er fast drei Jahre in diesem Berufsfeld tätig. In der Folge verlor er den Arbeitsplatz, erwarb eine Erlaubnis zum Führen von Taxifahrzeugen, arbeitete darauf als Mietwagenfahrer und wurde zur Bundeswehr einberufen. Aus der Bundeswehr wurde der Mann aber nach wenigen Monaten wieder entlassen und war schließlich aushilfsweise für einen Taxiunternehmer tätig. Der Unfall, den der Kläger dann erlitt, verhinderte, dass er diesen Beruf weiter ausübte. Mehrere Umschulungsversuche blieben ohne Erfolg. Zusammenfassend lässt sich sagen, dass es sich um ein wenig strukturiertes Erwerbsleben des Klägers handelte.

Die erhobene Klage war auf Ersatz des Erwerbsschadens gerichtet, der dem Kläger dadurch entstanden sei, dass er nicht mehr als Taxifahrer tätig gewesen sei.

---

406 Vgl. BGH VersR 1965, 489, 490 f. zur Vorbelastung des Geschädigten mit einer Krankheit.

407 BGH VersR 1965, 489, 490.

408 Langeneick, NZV 2009, 257, 264.

Der BGH zog daraus, dass der Kläger immer wieder – wenn auch keine kontinuierliche – Arbeit gefunden habe, den Schluss einer positiven Erwerbsverlaufsprognose, nämlich dass der Kläger ohne das Schadensereignis in Absehbarer Zeit Arbeit gefunden hätte, selbst wenn er im Zeitpunkt des Unfalls ohne sichere Beschäftigung gewesen sei.

Einerseits müsse der Geschädigte „hinreichende" oder „konkrete" Anknüpfungspunkte zur Erstellung der Prognose über den Fortkommensschaden darlegen. Eine völlig abstrakte Berechnung des Schadens sei nicht erlaubt. Andererseits seien auch keine zu hohen Anforderungen an den Vortrag des Verletzten zu stellen. Wenn Anhaltspunkte fehlten, sei von einem durchschnittlichen Verdienst auszugehen und ein Sicherheitsabschlag vorzunehmen[409]

Mit der Schadensprognose im Falle eines diskontinuierlichen Erwerbsverlaufes hatte sich der BGH auch in folgender Entscheidung zu beschäftigen[410]: Die Geschädigte war zunächst als kaufmännische Angestellte in einem Presswerk, dann aber mehrere Jahre nicht mehr berufstätig gewesen. Im Anschluss an ihre Arbeitslosigkeit hatte sie drei Jahre halbtags als kaufmännische Angestellte gearbeitet und nach Verlust der Arbeitsstelle zur Auffrischung ihrer beruflichen Kenntnisse und zur Weiterbildung an einem Halbjahreskurs teilgenommen. Nachdem sie erneut keinen Arbeitsplatz gefunden hatte, betreute sie für ein Entgelt von 280 DM im Monat Kinder und nahm parallel zu ihrer Kinderbetreuungstätigkeit an einem Schwesternhelferinnenlehrgang teil. Nach dem erlittenen Unfall war sie als kaufmännische Angestellte mit Fahrertätigkeit bei einem Kurierdienst und darauf bei einem Transportunternehmen und als Pflegekraft beschäftigt.

Die Geschädigte, die den Ersatz ihres Fortkommensschadens erstrebte, machte geltend, sie hätte ohne den Unfall ihre Ausbildung zur Schwesternhelferin abgeschlossen und im Anschluss ein Praktikum absolviert und in den städtischen Krankenanstalten oder einem Altenheim eine Anstellung gefunden. Im Gegensatz zum Berufungsgericht bejahte der BGH eine positive Verdienstprognose: An die Darlegung des Schadens seien auch dann keine überhöhten Anforderungen zu stellen, wenn der Geschädigte sich bis zum Zeitpunkt der Verletzung in nur vorübergehenden Beschäftigungsverhältnissen oder in Bemühungen um eine Weiterbildung befunden habe. Dafür wurden vom BGH aber Risikoabschläge vom prognostizierten durchschnittlichen Erfolg zugelassen[411].

409 BGH NJW 1995, 1023, 1024.
410 BGH NJW-RR 1999, 1039 f.
411 BGH NJW-RR 1999, 1039, 1040.

Eine weitere Entscheidung des BGH beschäftigte sich mit der verhinderten Karriere eines Fußballers[412]: Der Kläger war bis zu einer Gelenkversteifung, für die er die behandelnden Ärzte verantwortlich machte, Fußballspieler im Nebenberuf gewesen. Neben seinem Verdienstausfall als Fußballspieler machte er auch den Fortkommensschaden geltend, der ihm daraus entstanden sei, dass er in den nächsten zehn Jahren nicht als Fußballtrainer tätig werden konnte. Das Berufungsgericht hat den Fortkommensschaden für die ausfallende Karriere als Fußballtrainer mit der Begründung abgewiesen, auch unter Berücksichtigung der § 252 S. 2 BGB und § 287 Abs. 1 ZPO könne keine hinreichende Prognose angestellt werden, ob der Kläger als Trainer gearbeitet und so erfolgreich gewesen wäre, dass ihm auch für spätere Saisons Verträge angeboten worden wären.

Dieser Begründung widersprach der BGH: Es sei ein durchschnittlicher Verdienst des Geschädigten anzusetzen, wobei Restrisiken Abschläge rechtfertigten. Ohne konkrete Feststellungen könne nämlich nicht von einem Misserfolg des Geschädigten in dem von ihm gewählten Beruf ausgegangen werden. Auffällig ist, dass diese Begründung dem von *Halfpap* verwandten Argument für einen Schätzungsbonus zu Gunsten des Geschädigten entspricht[413].

Ähnliche Erwägungen äußerte der BGH in einem weiteren Fall[414]: Der Kläger hatte eine Lehre im Bäckerhandwerk absolviert und mit der Gesellenprüfung abgeschlossen. Nach kurzer Zeit der Arbeit in einer Bäckerei war er als Lagerarbeiter tätig und wurde schließlich arbeitslos. Durch einen Unfall wurde der Kläger querschnittsgelähmt und bezog Erwerbsunfähigkeitsrente. Mit der Klage machte er geltend, er hätte nach einigen Jahren die Meisterprüfung im Bäckerhandwerk bestanden und so einen Mehrverdienst erzielt.

Während die Klage in der Berufungsinstanz mit der Erwägung abgewiesen wurde, der Kläger habe aufgrund seiner Abkehr vom Bäckereigewerbe hin zum Lagerarbeiter nicht wahrscheinlich machen können, dass er die Meisterprüfung absolviert und als Bäcker tätig geblieben wäre, widersprach der BGH mit der Erwägung, das Berufungsgericht habe nicht genügend alternative Beschäftigungsmöglichkeiten in die Prognose einbezogen. Nach dem BGH muss geprüft werden, ob der Geschädigte nicht andere Beschäftigungsmöglichkeiten wahrgenommen hätte. Denn es könne nicht davon ausgegangen werden, dass ein junger Mensch die ihm zu Gebote stehenden Möglichkeiten für eine gewinnbringende Tätigkeit nicht nutzen werde[415].

---

412 BGH NJW 1998, 1633, 1634.

413 Vgl. *Halfpap*, Der entgangene Gewinn, S. 226; siehe ferner oben unter F. I. 2.

414 BGH NJW 1997, 937 f.

415 BGH NJW 1997, 937, 938.

Die Bandbreite von Beschäftigungsmöglichkeiten einer Geschädigten nahm der BGH ebenfalls in einer anderen Entscheidung zum Anlass, dieser den geltend gemachten Fortkommensschaden zuzusprechen[416]: Die Klägerin hatte ihren beruflichen Werdegang als staatlich geprüfte Sozialarbeiterin begonnen und nach einigen Jahren in dieser Tätigkeit ein Studium der Soziologie in England aufgenommen. Nach Abschluss des Studiums war sie zunächst als „research fellow" in Großbritannien und Österreich tätig und erhielt ein Stipendium von der Deutschen Forschungsgemeinschaft. Sie erlitt bei einem Unfall Verletzungen und verlor ihr Stipendium.

Die auf Ersatz des entgangenen Gewinnes gerichtete Klage wiesen die erste Instanz und das Berufungsgericht zurück. Die Klägerin habe keinen kausal auf dem Unfall beruhenden Vermögensschaden erlitten. Denn für eine wissenschaftliche Karriere hätte die Geschädigte eine Habilitation benötigt. Ferner habe ein Überangebot ausgebildeten Soziologen bestanden, so dass die Klägerin keine Aussicht auf eine Anstellung gehabt hätte.

Der BGH hob die vorinstanzlichen Entscheidungen auf, da diese zu sehr auf den Beruf der Hochschullehrerin fixiert gewesen seien. Der Richter dürfe sich eben bei der Prognose nicht auf ein einziges Berufsziel fixieren. In Betracht komme auch, auf ein geringeres Einkommensniveau in einem anderen Beruf abzustellen[417].

Trotz oder gerade wegen dieser erleichterten Anforderungen an die Darlegung des Geschädigten für den Fortkommensschaden verlangt der BGH aber eine ausreichende Würdigung des Vortrages des Beklagten[418]: Die Klägerin wurde von einem Pferd in den Bauchraum getreten und infolgedessen erwerbsunfähig. Vor dem Unfall hatte die Klägerin ein Studium der Germanistik mit der Note „sehr gut" beendet und bereitete ihre Promotion vor. Im Zeitraum bis zu dem Unfall war die Klägerin befristet eingestellt. Sie begehrte mit ihrer Klage auch Ersatz des Einkommens, das sie im Zeitraum nach ihrer befristeten Tätigkeit dann im Rahmen einer unbefristeten Einstellung verdient hätte.

Das OLG Frankfurt als Berufungsgericht[419] erläuterte zunächst, dass zur Erstellung der Prognose, wie sich die berufliche Entwicklung der geschädigten Person ohne das Schadensereignis voraussichtlich dargestellt hätte, auf die Ausbildung und die berufliche Erfahrung abzustellen sei. Für eine positive Prognose führte das OLG Frankfurt im konkreten Fall die Leistungen der Klägerin im Studium und die Vorbereitungen zur Promotion und ihre Lehrerfahrungen an. Der Bedarf

416 BGH NJW-RR 1989, 606 f.

417 BGH NJW-RR 1989, 606, 607.

418 BGH NJW 2011, 1146 ff.

419 OLG Frankfurt, Urteil v. 31.10.2008, 24 U 51/08.

an Lehrkräften steige, die Arbeitslosenquote der Akademiker sinke. Zwar stellten Geisteswissenschaftler sich am Arbeitsmarkt schlechter als Natur- oder Wirtschaftswissenschaftler. Doch bestehe gerade im Bereich der Sprachenausbildung erheblicher Bedarf.

Der BGH hob diese Entscheidung teilweise auf. Das Berufungsgericht habe weder den Vortrag der Beklagten noch die Ausführungen des Landgerichts zu den Berufsaussichten der Klägerin ausreichend berücksichtigt. Wenn nämlich die Klägerin zum Abschluss ihres Studiums bereits 39 Jahre alt gewesen sei und erst zwei Jahre nach Abschluss des Studiums einen Teilzeit-Arbeitsvertrag als wissenschaftliche Lehrbeauftragte erhalten und geplant habe, im Anschluss zu promovieren und bei Abschluss der Promotion 45 Jahre alt gewesen wäre, so wäre die Klägerin als Berufsanfängerin aus der Norm gefallen. Ob sie Dissertation tatsächlich abgeschlossen hätte, sei offen. Ferner hätten die Beklagten vorgetragen, bei Einstellung einer Kraft in höherem Alter wären auch höhere Gehälter zu zahlen gewesen. Vor dem Hintergrund der in Hessen eingeläuteten Sparmaßnahmen wären die Chancen der Klägerin noch geringer gewesen. Mit all diesen Einwänden habe sich das Berufungsgericht unzureichend auseinandergesetzt[420].

Das Kammergericht hatte sich mit einer Klage eines 33jährigen Geschädigten zu befassen, der zum Zeitpunkt seines Unfalls Student im Fach Bauingenieurwesen gewesen war. Das Studium beendete er nach insgesamt 17 Semestern. Davon war er 2 Semester beurlaubt gewesen. Vor dem Studium des Bauingenieurwesens hatte der Kläger ein Jurastudium und das Referendariat abgeschlossen. Im Anschluss an das Bauingenieurstudium begann der Kläger in einem Unternehmen in der Rechtsabteilung zu arbeiten. Mit der Klage verlangte er aber das Gehalt, das ihm durch die verzögerte Beendigung seines Studiums entgangen sei, als Fortkommensschaden. Das Kammergericht fasste im Rahmen seines Urteils mehrere Grundsätze zusammen[421]: Für die Prognoseerstellung seien die persönlichen Fähigkeiten und Eigenschaften des Geschädigten und die Entwicklungen des Arbeitsmarktes entscheidend. Dabei sei zur Feststellung der Schätzungsgrundlagen nicht nur auf den Zeitpunkt des Schadensereignisses abzustellen. Die Situation im Unfallzeitpunkt sei nur einer von vielen Prognosefaktoren für die zukünftige Entwicklung des Geschädigten. Entwicklungen nach dem Unfallereignis bis zur mündlichen Verhandlung seien miteinzubeziehen. Unter Berücksichtigung dieser Kriterien sah das Kammergericht den geltend gemachten Fortkommensschaden als bewiesen an.

---

420 BGH NJW 2011, 1146, 1147 f.

421 KG VersR 2006, 794 f.

In einer weiteren Entscheidung des Kammergerichts führte es aus, der Geschädigte müsse die Tatsachen, aus denen er nach dem gewöhnlichen Verlauf der Dinge oder den besonderen Umständen des Falles seine Gewinnerwartung herleite, darlegen und beweisen. Stünden diese Tatsachen aber zur Überzeugung des Gerichts fest, genüge es, wenn der Gewinn nach dem gewöhnlichen Verlauf der Dinge erwartet werden könne. Dabei bräuchten die Tatsachen, die selbst zum gewöhnlichen Verlauf der Dinge gehörten, nicht selbst bewiesen zu werden. Welche Tatsachen aber so wesentlich seien, dass sie der Kläger darlegen und beweisen müsse, und welche Tatsachen zum gewöhnlichen Verlauf der Dinge zu zählen seien, hänge von den Umständen des Einzelfalles ab und lasse sich daher nicht ein für alle Male festlegen[422].

Das OLG München hatte sich mit einem zur Entscheidung vorliegenden interessanten Fall mit einem Fortkommensschaden nach amtspflichtwidriger Korrektur von Examensklausuren zu beschäftigen[423]: Der Kläger hatte sich im Jahr 1994 und 1995 jeweils erfolglos den Klausuren der Zweiten Juristischen Staatsprüfung gestellt und war daher nicht zur mündlichen Prüfung zugelassen worden. Gegen den das Nichtbestehen der Prüfung feststellenden Bescheid aus dem Jahre 1995 ging der Kläger auf dem Verwaltungsrechtsweg vor und trat parallel zu einem dritten Versuch an, den er erneut erfolglos ohne Zulassung zur mündlichen Prüfung abschloss. Auf ein Urteil des VG wurde eine Klausur aus dem Jahr 1995 – statt mit „0 Punkten“ – mit „1 Punkt“ bewertet, so dass der Kläger nachträglich zur mündlichen Prüfung zugelassen wurde. Im Jahr 1999 bestand er die mündliche Prüfung mit einer Punktezahl von „5,20 Punkten“, was zu einem Gesamtergebnis der Zweiten Juristischen Staatsprüfung von „4,02 Punkten“ führte. Damit hatte der Kläger die Prüfung bestanden.

Mit seiner Klage machte der Kläger gegen den Freistaat Bayern den ihm wegen des verzögerten Berufseintritts entstandenen Fortkommensschaden als Angestellter geltend. Zwischen den Parteien war insbesondere streitig, ob der Kläger bereits im Jahr 1995 bei ordnungsgemäßer Zulassung zur mündlichen Prüfung diese bestanden hätte – eine Frage der haftungsausfüllenden Kausalität. Diese haftungsausfüllende Kausalität bejahte das OLG München unter anderem mit folgender Erwägung: Bei Amtspflichtverletzungen sei von einer Beweiserleichterung auszugehen. Stünden eine Amtspflichtverletzung und eine zeitlich nachfolgende Schädigung fest, müsse die öffentliche Körperschaft eine mangelnde Kausalität nachweisen, wenn nach der Lebenswahrscheinlichkeit

422 KG DAR 2003, 168 f.
423 OLG München NJW 2007, 1005 ff.

eine tatsächliche Vermutung oder eine tatsächliche Wahrscheinlichkeit für den ursächlichen Zusammenhang sprächen. Unter Anwendung dieser Vermutungsregelung und des § 287 ZPO entsprach das OLG München größtenteils den Anträgen des Klägers.

Den eben genannten Entscheidungen lassen sich einige Leitlinien der Rechtsprechung entnehmen:

Die Feststellung des Fortkommensschadens, darf nicht vornehmlich über Statistiken erfolgen. Besonders wichtig sind demgegenüber die individuellen Fähigkeiten und Neigungen des Verletzten. Einzubeziehen in die Erwerbsverlaufsprognose sind auch solche Umstände, die sich erst nach der Schädigung ergeben haben.

An die Darlegung und den Beweis des hypothetischen Erwerbsverlaufes sind keine zu hohen Anforderungen zu stellen. Gegebenenfalls kann sich ergebenden Unsicherheiten mit einem Risikoabschlag entgegengewirkt werden. Bei jüngeren Geschädigten ist ohne konkrete Gegenanzeichen davon auszugehen, dass diese ohne die Verletzung ihre Erwerbsmöglichkeiten – gegebenenfalls unter Wechsel des ursprünglichen Berufszieles auf ein weniger einträgliches – genutzt hätten.

Die vom Prozessgegner erhobenen Einwände gegen eine positive Fortkommensschadensprognose müssen dennoch ausreichend durch das Gericht gewürdigt werden.

Für die Bestimmung des Fortkommensschadens von Selbständigen gelten nach der höchstrichterlichen und obergerichtlichen Rechtsprechung übrigens ähnliche Kriterien:

In einem vom BGH entschiedenen Fall war der Geschädigte vor seinem Unfall als alleiniger Geschäftsführer einer GmbH tätig gewesen. Außerdem hatte er 80 % der GmbH-Anteile besessen. Die GmbH war erst kürzlich gegründet worden und fiel nach dem Unfall des Geschädigten in Konkurs. Mit der Klage machte die Gattin des Geschädigten, an die dieser den Schadensersatzanspruch abgetreten hatte, den ihrem Mann entstehenden Fortkommensschaden geltend. Nachdem das Berufungsgericht den klägerischen Vortrag als unzureichend bewertet hatte, da der Kläger hätte exakt darlegen müssen, welche Leistungen der Geschädigte für die GmbH erbracht habe, wie der Umsatz sich zusammengesetzt habe und welche Aufträge genau dem Geschädigten durch den Unfall entgangen seien, setzte der BGH die Schwelle für die Darlegung entgangenen Gewinnes beim Unternehmer tiefer an.

Im konkreten Fall genügte es dem BGH bereits für eine positive, eine Schätzung ermöglichende Schadensprognose, dass dargelegt und bewiesen war, dass die GmbH vor dem Unfall mit einer anderen Firma zusammengearbeitet und diese sich bei Gründung der GmbH bereiterklärt hatte, die GmbH weiter mit

Aufträgen zu versorgen. Genaue Angaben zu Umsätzen und Aufwendungen in den Monaten vor und der Zeit nach dem Unfall – diese hatte das LG Celle in erster Instanz verlangt – seien hingegen nicht erforderlich. Grundsätzlich sei zwar eine abstrakte Berechnung des Erwerbsschadens unzulässig. Es dürften aber auch bei selbständigen Unternehmern an die Darlegung von Fortkommensschäden keine zu strengen Anforderungen gestellt werden, da die Darlegung der hypothetischen Entwicklung eines Geschäftsbetriebes schwierig sei[424].

Für die Prognoseerstellung steht nach dem BGH die Geschäftsentwicklung bis zum Zeitpunkt des Unfalls im Vordergrund, wobei es Sache des Tatsachengerichts sei zu bestimmen, wie weit man in dem Zeitraum vor dem Unfall zurückgehen könne oder müsse. Fehlten konkrete Anhaltspunkte, sei von einem durchschnittlichen Erfolg des Selbständigen auszugehen. Verbleibenden Risiken könne durch Abschläge Rechnung getragen werden[425]. Sei die berufliche Entwicklung des Selbständigen nicht weit fortgeschritten, müssten aber auch solche Tatsachen im Rahmen der Prognoseentscheidung Berücksichtigung finden, die sich erst nach dem Unfall bis zur mündlichen Verhandlung ereignet hätten. Denn die Situation des Geschädigten bis zum Unfallzeitpunkt sei nur einer der Prognosefaktoren[426].

Schließlich ist noch zu beachten, dass nach einer weiteren Entscheidung des BGH selbst bei einer negativen Prognose des Geschädigten im Rahmen einer selbständigen Tätigkeit ein Fortkommensschaden nicht vollkommen zu verneinen sein muss: Der Kläger betrieb ein kleines Fuhrunternehmen, welches er nach einem Unfall binnen kurzer Zeit wieder abmeldete. Da er durch den Unfall berufsunfähig geworden war, verlangte er den Ersatz von Verdienstausfällen. Er habe sich vor dem Unfall in einer gewinnbringenden Aufbauphase gefunden.

Der BGH stimmte dem Berufungsgericht insoweit zu, als es die ausreichende Darlegung eines Erwerbsschadens durch den Kläger verneint hatte. Allerdings hätte das Gericht im Rahmen seiner Prognose berücksichtigen müssen, dass der Kläger als gelernter Kfz-Mechaniker auch im Rahmen einer Tätigkeit als Angestellter seine Arbeitskraft hätte nutzen können. Einer solchen Möglichkeit muss das Tatsachengericht – so der BGH – im Rahmen der Erstellung der Fortkommensschadensprognose nachgehen[427].

---

424 BGH NJW 1993, 2673.

425 BGH DAR 2001, 266, 267: Das Berufungsgericht hatte sich damit begnügt, die Gewinne der letzten 2,5 Jahre in die Prognose einzubeziehen. Außerdem war es von einem Risikoabschlag von 10 % ausgegangen. Dies beurteilte der BGH als rechtmäßige Schätzung.

426 OLG Celle, Urteil v. 09.09.2009, 14 U 41/09, OLGR Celle 2009, 1003 ff.

427 BGH NJW 1998, 1634, 1635 f.

(2) Beispiele für Kriterien zur Bestimmung des Fortkommensschadens aus der Rechtsprechung

Die nun folgenden Entscheidungen sollen beispielhaft aufzeigen, welche Umstände im Rahmen der Erstellung der Fortkommensschadensprognose nach der Rechtsprechung von besonderem Gewicht sind und welchen eine geringere Bedeutung zugeschrieben wird.

Für die Fortkommensschadensprognose kann die psychische Konstitution des Geschädigten relevant werden. Dies entschied der BGH in einem Fall, in dem der Geschädigte eine psychische Anlage zur erschwerten Verarbeitung des erlittenen Unfalles aufgewiesen hatte[428]: Zwar habe der Schädiger für den aus einer psychischen Anlage zur erschwerten Verarbeitung eines Unfalls resultierenden Erwerbsschaden einzustehen, jedoch müsse auch prognostiziert werden, ob und zu welchem Zeitpunkt ohne den Unfall eine entsprechende Entwicklung mit vergleichbaren Auswirkungen früher oder später zum Tragen gekommen wäre. Bei ausreichender Wahrscheinlichkeit rechtfertige dies einen Abschlag von dem prognostizierten Erwerbsschaden.

Das OLG Hamm stellte im Rahmen einer Entscheidung darauf ab, wie sich das Erwerbsleben des Geschädigten „nach menschlicher Erfahrung" entwickelt hätte. Dabei ging es davon aus, dass zur Erstellung der Erwerbsverlaufsprognose entscheidend auf den erlernten Beruf des Geschädigten abzustellen sei. Das OLG Hamm wandte sich gegen den Vortrag einer Auszubildenden, die zum Zeitpunkt ihrer Verletzung vor dem Abschluss einer Lehre zur Industriekauffrau in der metallverarbeitenden Industrie stand, sie hätte ohne den erlittenen Unfall in einen finanziell lukrativeren Industriezweig, nämlich in die Holzverarbeitung, gewechselt. Es ist nach dem OLG Hamm nicht fernliegend, dass ein Auszubildender nach Beendigung der Lehre einen Arbeitsvertrag bei seiner Ausbildungsfirma erhält, wo er in ihm vertrauten Bereichen arbeiten und Erfahrungen sammeln könne. Der Arbeitgeber sei nämlich häufig auch daran interessiert, gute von ihm ausgebildete Kräfte selbst einzusetzen. Allein finanzielle Erwägungen seien nicht entscheidend, sondern auch die Verbundenheit mit dem Ausbildungsbetrieb und das Verhältnis zu den Kollegen[429].

Trotz der weniger strengen Anforderungen der Rechtsprechung an die Darlegung der Anknüpfungstatsachen[430] kann eine längere Arbeitslosigkeit als starkes Indiz gegen eine positive Fortkommensschadensprognose sprechen: Das OLG

---

428 BGH NJW 1998, 810, 811 f.

429 OLG Hamm, Urteil v. 10.11.1993, 32 U 37/93, OLGR Hamm 1994, 161 f.

430 Siehe oben unter: F. I. 1.

Frankfurt hatte über einen Fall zu entscheiden, in dem eine Langzeitarbeitslose – sie war im Unfallzeitpunkt fast zwei Jahre arbeitslos gewesen – den Ersatz ihres Fortkommensschadens begehrte. Gegenüber ihrem Ehemann hatte sie die Absicht geäußert, im Frühjahr nächsten Jahres wieder eine Arbeit aufnehmen zu wollen. Das OLG Frankfurt entschied, für eine positive Prognose reiche es nicht aus, wenn der Geschädigte allein die Absicht geäußert habe, eine Arbeit aufzunehmen, und hierfür keine weiteren Tatsachen zu finden seien. Solche Äußerungen würden nämlich von nicht berufstätigen Personen häufig zum Ausdruck gebracht, ohne dass der entscheidende und erhebliche Schritt, den Gedanken in die Tat umsetzen zu wollen, vollzogen werde. Die Absichtserklärung, sich eine neue Arbeit zu suchen, entfalte daher keine rechtserhebliche Bedeutung[431].

Nach einer weiteren Entscheidung des OLG Frankfurt ist es andererseits aber für die Prognoseerstellung relevant, wenn der Geschädigte vor seiner Verletzung immer wieder Arbeit gefunden hat: In dem entschiedenen Fall hatte ein Tischler vor seinem Unfall trotz fehlenden Auges und einer Asthmaerkrankung in Betrieben des Tischlerhandwerkes gearbeitet. Das OLG Frankfurt leitete daraus und aus der Höhe des Verdienstes bis zu seiner Verletzung eine positive Erwerbsprognose ab. Auch sei die die Höhe des Verdienstes von Bedeutung. Positiv sei es ferner zu bewerten, wenn ein arbeitsloser Geschädigter ortsungebunden und ledig und nach seinem verletzungsbedingten Ausscheiden aus dem Beruf noch aktiv auf Arbeitssuche sei. Einen Abschlag könnten jedoch Zeiten der Beschäftigungslosigkeit rechtfertigen[432].

b) Geschädigte Person stand vor oder am Anfang ihrer Schul- oder Berufsausbildung oder ihres Studiums

Die Erstellung einer sachgerechten Erwerbsschadensprognose fällt naturgemäß in den Fällen am schwersten, in denen die geschädigte Person noch vor oder am Beginn ihrer Schul- oder Berufsausbildung stand, als sie durch den Unfall aus dieser herausgerissen wurde. Für eine solche Schadensermittlung fehlt es nämlich regelmäßig an Anknüpfungstatsachen. Daraus ist die Bezeichnung dieser jugendlichen Geschädigten als die „Ärmsten des Schadensersatzrechts" durch *Funk* zu erklären[433].

Zur Erstellung der Fortkommensschadensprognose für solch junge Geschädigte existiert jedoch nur eine sehr übersichtliche Anzahl höchstrichterlicher

431 OLG Frankfurt MDR 1995, 1012 f.

432 OLG Frankfurt Schaden-Praxis 2007, 275.

433 *Funk* DAR 1985, 42, 50.

und obergerichtlicher Entscheidungen, die im Folgenden betrachtet werden sollen. Von besonderem Interesse sind dabei die Entscheidungen, die sich mit den Fällen beschäftigten, in denen Geschädigte nur geringe Anhaltspunkte für Begabungen und Interessen boten.

(1) Leitlinien zur Erstellung von Fortkommensschadensprognosen in der Rechtsprechung

Der BGH stellte im Rahmen einer Entscheidung zur Schätzung des Fortkommensschadens einer im Alter von 17 Jahren verletzten Schülerin mehrere Grundsätze auf. Die Geschädigte war von einem Pferdehuf getroffen worden. Den von ihr geltend gemachten Fortkommensschaden stützte die Verletzte darauf, sie hätte ohne den Unfall ihren Hauptschulabschluss abgelegt, dann die Sekundarstufe I abgeschlossen und schließlich ein Arbeitseinkommen als Pferdewirtin erzielt. Die Beklagte trug vor, der Unfall hätte die Geschädigte nicht an der Aufnahme des Berufes der Pferdewirtin gehindert.

Die Klage war zunächst in der ersten und in der Berufungsinstanz aufgrund mangelnder Beweisbarkeit des Ursachenzusammenhanges zwischen dem Unfall und der Unmöglichkeit der Geschädigten, den Beruf der Pferdewirtin zu ergreifen, abgewiesen worden. Die Tatsache, dass die Geschädigte in der Zeit nach Ausheilen der Verletzung ihre Ausbildung nicht fortgesetzt hätte, habe entscheidend gegen diesen Kausalzusammenhang gesprochen. Dem widersprach der BGH: Zur Schätzung des Fortkommensschadens gebiete § 252 BGB eine Prognose entsprechend dem gewöhnlichen Verlauf der Dinge bzw. nach den besonderen Umständen auf Grundlage dessen, was zur Ausbildung und bis zur bisherigen beruflichen Situation des Geschädigten festgestellt werden könne. Allerdings dürften die Anforderungen an die Darlegung von Anknüpfungstatsachen nicht überspannt werden, wenn der Geschädigte sich im Zeitpunkt des Unfalls in der Schule oder in der Ausbildung befunden habe. Denn er könne nur wenige Anhaltspunkte dartun, wie sich seine berufliche Entwicklung voraussichtlich gestaltet hätte. Daher dürfe der Tatrichter im Rahmen der Schadensermittlung den Geschädigten nicht vorschnell auf die Unsicherheit möglicher Prognosen verweisen und insbesondere nicht daraus ableiten, dass kein Erwerbsschaden eingetreten sei. Mangele es an Anhaltspunkten, die vorwiegend für oder gegen einen Erfolg sprächen, liege es nahe, nach dem gewöhnlichen Verlauf der Dinge von einem durchschnittlichen Erfolg des Geschädigten in seiner Tätigkeit auszugehen und auf dieser Grundlage die weitere Prognose der entgangenen Einnahmen anzustellen und den Schaden zu schätzen. Verbleibenden Risiken könne durch entsprechende Abschläge Rechnung getragen werden. Schließlich könne bei einem jüngeren Menschen ohne konkrete Anhaltspunkte nicht davon ausgegangen werden, dass er auf Dauer nicht die ihm zu Gebote stehenden Möglichkeiten für eine gewinnbringende Tätigkeit genutzt hätte[434] – auch an dieser Stelle wird also auf das von *Halfpap* genannte Argument für einen Schätzungsbonus zu Gunsten des Geschädigten rekurriert[435].

Unter Anwendung dieser zuvor genannten Grundsätze entschied der BGH zu Gunsten der Geschädigten: Einer positiven Prognose des Erwerbsverlaufs stehe nicht von vornherein entgegen, dass die Geschädigte nicht nach Ausheilen ihrer Verletzung ihre geplante Ausbildung zur Pferdewirtin nachgeholt habe. Es sei vielmehr möglich, dass sie ohne die Schädigung ihre Ausbildung regulär fortgesetzt hätte.

Gelingt dem Geschädigten der Nachweis, er hätte den angestrebten Beruf ergreifen können, so kann bei fehlenden entgegengesetzten Anhaltspunkten für die Prognose unterstellt werden, er hätte den Beruf für die übliche Dauer behalten[436].

Ein Ausgehen von einem durchschnittlichen Erfolg des Geschädigten in seiner Erwerbslaufbahn kann für diesen einerseits eine positive Prognose bedeuten – wie ein durch das OLG Hamm entschiedener Fall zeigt[437]: Die Geschädigte hatte ihr Abitur mit der Note 3,0 („befriedigend“) bestanden und begann im Anschluss an einer pädagogischen Hochschule die Fächer Theologie, Mathematik und Deutsch zu studieren. Nach einem Unfall brach sie das Studium ab und war seitdem arbeitslos. Ihre Klage stützte die Klägerin größtenteils auf den ihr entgangenen Verdienst. Sie wäre – so ihre Behauptung – ohne den Unfall Referendarin und im Anschluss Lehrerin an einer Grund- oder Hauptschule geworden.

Das OLG Hamm gab der Klage der Geschädigten wie bereits das Landgericht Bielefeld in großem Umfang statt. Denn die Fächer, die die Geschädigte studiert hätte, hätten keine außergewöhnliche Begabung erfordert. Davon sei das OLG Hamm auch bei der Abiturnote von 3,0 überzeugt. Allein das Bestehen des Examens hätte genügt, um in den Schuldienst übernommen zu werden. Der Geschädigten verhalf also die Prognose eines durchschnittlichen Erwerbsverlaufs zu einer größtenteils erfolgreichen Klage.

Es ist aber natürlich auch denkbar, dass die Bemessung des Fortkommensschadens am Durchschnitt zur Abweisung der Klage führt. Begehrt der Geschädigte den Ersatz seines Fortkommensschadens auf Basis eines außergewöhnlichen Erfolges und gelingt ihm die entsprechende Darlegung nicht, so ist eine Prognose anhand des durchschnittlichen Verlaufes der Dinge als negativ zu bewerten:

---

434 BGH NJW 2000, 3287, 3288.

435 Vgl. *Halfpap*, Der entgangene Gewinn, S. 226; siehe ferner oben unter F. I. 2.

436 OLG München, Urteil v. 29.12.2006, 10 U 3815/04, Tz. 38 (nach juris).

437 Vgl. u.a. OLG Hamm, Urteil v. 06.10.1982, 3 U 20/82 (unveröffentlicht).

Dies verdeutlicht ein vom OLG Celle entschiedener Fall[438]: Der Geschädigte besuchte im Unfallzeitpunkt die 11. Klasse eines Gymnasiums. In seiner Klage machte er, der zum Zeitpunkt des Urteils Rechtswissenschaften studierte, geltend, er hätte ohne die unfallbedingten Verletzungen nach dem Abitur eine Ausbildung zum Piloten als Offizier der Luftwaffe mit Studium der Betriebswirtschaftslehre an der Bundeswehrhochschule begonnen.

Das OLG Celle sprach sich gegen eine positive Prognose des hypothetischen Erwerbsverlaufes aus. Selbst eine sich am durchschnittlichen Erfolg des Geschädigten orientierende Prognose begründe nicht die Annahme, er hätte in die Luftwaffe eintreten können. Es habe nämlich eine nur sehr geringe Wahrscheinlichkeit für eine Einstellung in den Dienst der Luftwaffe mit Studium existiert. So seien im (konkret relevanten) Jahr 2003 lediglich 0,48 % der Bewerber aufgenommen worden. Die sportlichen Leistungen des Geschädigten in der Schule (Zensuren im Bereich „befriedigend" bis 12 Punkte) begründeten darüber hinaus nicht von der Hand zu weisende Zweifel. Die übrigen schulischen Leistungen seien auch durchschnittlich gewesen, so dass auch diese nicht für hypothetische Laufbahn im Dienst der Luftwaffe gesprochen hätten. Das OLG Celle orientierte sich in einer Entscheidung also am durchschnittlichen Erfolg und wies daher eine Klage des Geschädigten, der behauptete, er wäre ohne die unfallbedingten Verletzungen nach dem Abitur Offizier der Luftwaffe geworden, unter Heranziehung einer durchschnittlichen Erfolgsprognose ab.

Auch ein weiterer Fall, der dem OLG Schleswig zur Entscheidung vorlag verdeutlicht die negativen Konsequenzen, die es haben kann, wenn ein Gericht sich am durchschnittlichen Erfolg des Geschädigten in seinem Leben orientiert[439]: Der junge Geschädigte erlitt im Alter von 14 Jahren eine Querschnittslähmung. Er machte geltend, er hätte ohne den Unfall ein Medizinstudium aufgenommen und während des Studiums einen Nebenverdienst erzielt.

Das Gericht ging bei der Erstellung der Schadensprognose davon aus, dass der Geschädigte fünf Jahre auf den Studienplatz hätte warten müssen:

Das OLG Schleswig urteilte, der Geschädigte hätte über einen Einstellungstest das Medizinstudium nicht – wie behauptet – beschleunigt aufnehmen können. Da nur 25 % der Studienbewerber einen Studienplatz über den Einstellungstest erhielten, widerspräche es gerade dem durchschnittlichen Erfolg, wenn man zugunsten des Geschädigten davon ausginge, ihm wäre durch den Einstellungstest ein Studienplatz beschleunigt zugewiesen worden. Die am durchschnittlichen

438 OLG Celle VersR 2008, 82 f.

439 OLG Schleswig, Urteil v. 24.04.2008, 7 U 81/06.

Erfolg orientierte Fortkommensschadensprognose führte also zur Abweisung der Klage des Geschädigten.

Ein Urteil des LG Bielefeld verdeutlicht schließlich ebenfalls, wie eine am durchschnittlichen Erfolg orientierte Klage – selbst bei außergewöhnlicher Berufsprognose – eine Klageabweisung zur Folge haben kann[440]: Der Geschädigte hatte als äußerst begabter jugendlicher Fußballer in der höchsten Spielklasse in Westfalen gespielt. Aufgrund seiner hervorragenden Fähigkeiten durfte er bereits in der Herrenmannschaft seines Fußballvereines spielen. Der Verein stand kurz davor, ihm einen Vertrag anzubieten. Durch einen ärztlichen Behandlungsfehler erlitt der Geschädigte eine Verletzung, die sowohl eine Fußballprofikarriere als auch eine Tätigkeit in seinem erlernten Beruf eines Konstruktionsmechanikers ausschloss. Für eine positive Prognose über den Fortkommensschaden machte der Geschädigte geltend, er hätte über Jahre in der 1. Bundesliga gespielt und dort ein Nettoeinkommen von insgesamt 3.580.000 € erzielen können. Dies stützte er neben seiner hohen fußballerischen Begabung auch darauf, dass er von Seiten der Trainer mit einem bekannten deutschen Nationalspieler verglichen worden war, mit dem er auch ab und zu trainierte.

Das LG Bielefeld gab der Klage nur zum Teil statt: Zwar sei davon auszugehen, dass der Geschädigte ohne den Behandlungsfehler Profispieler geworden wäre. Jedoch sei, da noch kein nachweisbarer Erfolg als Profifußballer existiere, von einem durchschnittlichen Erfolg in seiner Tätigkeit auszugehen. Vor diesem Hintergrund sei es wahrscheinlich, dass der Geschädigte auch zeitweise in der 2. Bundesliga gespielt und dort auch weniger verdient hätte. Der Vergleich mit dem berühmten deutschen Nationalspieler sei nur wenig ergiebig, da sich Karrieren im Profifußball aufgrund objektiver Unwägbarkeiten trotz gleicher spielerischer Fähigkeiten deutlich unterschiedlich entwickeln könnten.

Schließlich gilt erst Recht bei Verletzungen sehr junger Menschen, bei denen oftmals Anhaltspunkte für ihren hypothetischen Werdegang fehlen, dass für die voraussichtliche Entwicklung der Erwerbstätigkeit des Geschädigten grundsätzlich nicht nur auf den Zeitpunkt des Schadensereignisses abgestellt werden kann. Die Situation im Unfallzeitpunkt stellt lediglich einen der Prognosefaktoren für die künftige Entwicklung dar. Daher müssen weitere Faktoren aufgrund von Entwicklungen einbezogen werden, die sich erst nach dem Unfallereignis bis zur letzten mündlichen Verhandlung ergeben haben[441].

---

440 LG Bielefeld, Urteil v. 19.02.2008, 4 O 234/03.

441 Vgl. LG Düsseldorf Schaden-Praxis 2009, 361, 362 f.

(2) Beispiele für die Berücksichtigung des sozioökonomischen Hintergrundes zur Bestimmung des Fortkommensschadens besonders junger Geschädigter aus der Rechtsprechung

Wie bereits erwähnt, ist das Schätzen von Fortkommensschäden grundsätzlich umso schwieriger, je jünger die geschädigte Person ist. War bei Schädigungen während der Ausbildung oder des Studiums eine Prognose noch auf Grundlage der gezeigten Fähigkeiten und des bewiesenen Fleißes möglich, so stellt im Falle von Schädigungen im Kindesalter das Suchen von Prognosefaktoren das erkennende Gericht vor besondere Herausforderungen.

Zu der Frage, auf welche Prognosefaktoren sich das Gericht zu stützen hat, wenn das Kind in einem Alter verletzt wurde, in dem die Begabungen des Kindes noch nicht zu Tage getreten waren, existierte bis vor kurzem noch keine höchstrichterliche Rechtsprechung.

Dies änderte sich jedoch mit einer Entscheidung des BGH vom 05.10.2010[442]:

Der Geschädigte hatte bei seiner Geburt einen durch einen Behandlungsfehler eines Gynäkologen einen schweren Hörschaden erlitten. Der Vater des Geschädigten war im Zeitpunkt des Urteilserlasses als Maschinenbauer mit Weiterqualifikation zum Berufsschullehrer für EDV, der Bruder des Geschädigten, ein ausgebildeter Kommunikationstechniker, war als Projektentwickler der Betriebssysteme bei einem Unternehmen tätig. Mit seiner Klage machte der Geschädigte den Ersatz seines Fortkommensschadens geltend und berechnete diesen auf Grundlage der Differenz zwischen dem Nettogehalt, das er nach einem hypothetisch abgeschlossenen Hochschulstudium der Informationstechnologie hätte erzielen können, und dem tatsächlich erzielten Einkommen als Tischler bzw. auf Grundlage des von ihm nunmehr bezogenen Arbeitslosengeldes.

Nachdem das LG Braunschweig die Klage in erster Instanz abgewiesen[443] und das OLG Braunschweig der Klage in der Berufung teilweise unter Einbeziehung der familiären Umstände des Geschädigten, insbesondere des beruflichen Erfolges der Eltern und Geschwister, stattgegeben hatte[444], bestätigte der BGH die Entscheidung des Berufungsgerichts.

Treffe ein Schadensereignis ein Kind in einem sehr frühen Alter, sei es zulässig auch den Beruf, die Vor- und Weiterbildung der Eltern, ihre Qualifikation in der Berufstätigkeit, die beruflichen Pläne für das Kind sowie schulische und

---

442 BGH r+s 2010, 528, 529 ff. Den vom BGH verwendeten Kriterien hat sich inzwischen das LG Münster in einem Urteil angeschlossen, das die Erwerbsprognose eines neunjährigen Mädchens betraf, NJW-RR 2011, 1593 f.

443 LG Braunschweig, Urteil v. 27.07.2006, 4 O 2501/01.

444 OLG Braunschweig, Urteil v. 12.06.2008, 1 U 63/06.

berufliche Entwicklungen von Geschwistern heranzuziehen. Ergäben sich darüber hinaus aufgrund der tatsächlichen Entwicklung des Kindes zwischen dem Zeitpunkt der Schädigung und dem Zeitpunkt der Schadensermittlung weitere Anhaltspunkte für die Begabungen und Fähigkeiten des Kindes ohne den Schadensfall, sei dies bei der Prognose zu berücksichtigen und von einem entsprechend normalen beruflichen Werdegang auszugehen.

Der BGH nahm in seiner Entscheidung ausdrücklich auf drei obergerichtliche Urteile Bezug:

In dem ersten Urteil des OLG Frankfurt begehrte der Kläger, der im Alter von sieben Jahren Opfer eines Unfalles geworden war und trotz unfallbedingt unterdurchschnittlicher Intelligenz eine Lehrstelle in einem angesehenen Unternehmen im kaufmännischen Bereich gefunden hatte, zum Ersatz seines Schadens die Differenz zwischen dem tatsächlich erzielten Einkommen und dem Einkommen, das er hypothetisch als angestellter Versicherungskaufmann erzielt hätte.

Das OLG Frankfurt gab der Klage statt[445]:

Bei einer Verletzung in einem so frühen Alter seien Feststellungen über Begabung und Neigung des Geschädigten nicht möglich. Die Erfahrung zeige vielmehr, dass Berufswünsche siebenjähriger Knaben mit den später tatsächlich ausgeübten Berufen nur in den seltensten Fällen übereinstimmten. Daher müsse auf Faktoren aus der Umwelt des Geschädigten zurückgegriffen werden, die als Indiz für eine wahrscheinliche Berufswahl gelten könnten.

Im konkreten Fall hatte der Vater das Zeugnis der Mittleren Reife erworben, bei einem Versicherungsunternehmen begonnen und wurde im Alter von 33 Jahren Prokurist. Die Mutter des Geschädigten war Lehrerin, die Schwester studierte Medizin.

Das OLG Frankfurt prognostizierte, ohne den Unfall wäre der Geschädigte dem Berufsweg des Vaters gefolgt, wofür die guten Verdienstaussichten ohne die Mühen eines Studiums sprächen. An der Intelligenz des Geschädigten vor dem Unfall könne im Hinblick auf die Berufe des Vaters, der Mutter und der Schwester nicht gezweifelt werden.

Der BGH bestätigte in seinem oben beschriebenen Urteil auch eine Entscheidung des OLG Karlsruhe[446]:

Zwischen den Parteien war streitig, welche Berufsausbildung die durch einen Unfall verletzte Schülerin nach ihrem hypothetischen Schulabschluss gewählt hätte.

---

445 OLG Frankfurt VersR 1989, 48.

446 OLG Karlsruhe VersR 1989, 1101, 1102.

Da bei jüngeren Kindern eine zuverlässige Aussage über die künftige berufliche Entwicklung nicht möglich sei, könnten als Kriterium der Schadensprognose der Beruf, die Vor- und Weiterbildung der Eltern, ihre Qualifikation in der Berufstätigkeit, die beruflichen Pläne für das Kind, schulische und berufliche Entwicklungen von Geschwistern herangezogen werden. Soweit in der Entwicklung des Kindes bereits Anhaltspunkte für die Art der späteren Erwerbstätigkeit, seine Begabungen und Fähigkeiten erkennbar seien, müsse vom normalen weiteren beruflichen Werdegang ausgegangen werden. Auch aus der Entwicklung des Kindes nach der Verletzung ließen sich Anhaltspunkte für den künftigen beruflichen Werdegang entnehmen.

Unter Anwendung dieser Grundsätze gelangte das OLG Karlsruhe zu dem Ergebnis, dass die Geschädigte Bank- oder Versicherungskauffrau geworden wäre. Für die Erstellung der Prognose wurden die guten Schulleistungen, die kaufmännische Orientierung nach dem Unfall, der berufliche Werdegang der Eltern, aber auch der des Bruders herangezogen, der an der Universität Maschinenbau studierte.

Das dritte vom BGH zitierte Urteil des OLG Schleswig beschäftigte sich mit dem Fortkommensschaden eines Geschädigten, der aufgrund eines durch einen Ärztefehler verursachten Geburtsschadens schwerbehindert war.

Für die Prognose des hypothetischen Erwerbsverlaufes orientierte sich das OLG Schleswig entscheidend an der beruflichen Karriere des Zwillingsbruders des Geschädigten, der die Bäckerlehre begonnen hatte. Dabei sprach das Gericht von „idealen Verhältnissen" zur Schadensschätzung[447].

Bei den vorgenannten Entscheidungen handelt es sich jedoch nicht um die einzigen, in denen die Richter auf das familiäre Umfeld des Geschädigten zur Fortkommensschadensprognose zurückgegriffen haben.

Bereits im Jahr 1971 bezog das OLG Köln zur Bestimmung des Fortkommensschadens eines im Alter von 12 Jahren verletzten Geschädigten die familiären Verhältnisse ein:

Der Geschädigte, dessen Vater und Bruder auch technische Berufe eingeschlagen hatten, bestand aufgrund des durch den Unfall verursachten Leistungsabfalls die Gesellenprüfung zum Abschluss seiner Elektrolehre nicht.

Mit der Klage begehrte er das Einkommen, das er ohne den Unfall erzielt hätte. Dabei ging der Geschädigte davon aus, er hätte ohne den Unfall die Elektromeisterprüfung abgelegt und einen entsprechend hohes Einkommen erhalten.

---

447 OLG Schleswig, Urteil v. 29.02.2008, 4 U 149/07, OLGR Schleswig 2009, 305 ff.

Das OLG Köln sprach den beantragten Fortkommensschaden zu[448]:

Denn der Geschädigte habe nicht nur befriedigende Leistungen in der Schulde erbracht und überdurchschnittlichen Fleiß besessen. Er komme zudem aus „der Umwelt eines bürgerlich-strebsamen Elternhauses", bei dem Vater und Bruder technische Berufe ergriffen hätten. Damit habe der Geschädigte alle Voraussetzungen für ein späteres Ablegen der Meisterprüfung im Elektrohandwerk mitgebracht.

In einer weiteren Entscheidung aus dem Jahr 1981 äußerte sich das OLG Köln noch deutlicher[449]:

Der Geschädigte war bereits in seinem ersten Lebensjahr durch einen ärztlichen Behandlungsfehler ertaubt. Nachdem er, dessen Vater Vorsitzender Richter am OLG Köln war und dessen Schwester Medizin studierte, zunächst die Volksschule besucht hatte, nahm er eine Lehrstelle an, bestand er die Gehilfenprüfung als technischer Zeichner mit der Note „befriedigend", obgleich die Mehrheit der Prüflinge die Prüfung mit „ausreichend" ablegte. Eine Fortbildungsmaßnahme bestand der Geschädigte mit „sehr gut".

Mit seiner Klage begehrte der Geschädigte als Fortkommensschaden Zahlungen in Höhe der Differenz zwischen seinem tatsächlich erzielten Einkommen und demjenigen, das er als Beamter der Stufe A 13 hätte erzielen können.

Das OLG Köln gab der Klage statt, weil es davon ausging, der Geschädigte hätte ohne den Behandlungsfehler sein Abitur gemacht und studiert. Für diese positive Prognose sei neben der Intelligenz, Strebsamkeit und der beruflichen Entwicklung, die der Geschädigte trotz des Unfalles genommen habe, seine Herkunft entscheidend. Es könne nicht ernstlich bezweifelt werden, dass intelligente Kinder eines akademischen Vaters Zugang zum Gymnasium fänden. Auch entspreche es dem gewöhnlichen Verlauf der Dinge, dass solche Kinder ohne Verzögerung Abitur machten, zumal sie von den Eltern gefördert würden.

Auch das OLG Nürnberg traf im Rahmen eines Urteils aus dem Jahre 2002 eine positive Schadensprognose über den hypothetischen Werdegang einer im Alter von 17 Jahren bei einem Autounfall Geschädigten[450]:

Nicht nur die intellektuelle Leistungsfähigkeit, sondern auch das familiäre Umfeld der Geschädigten lasse den Schluss zu, dass sie nach Ende der Schulzeit ein Architekturstudium aufgenommen hätte. Die Eltern der Geschädigten

448 OLG Köln NJW 1972, 59 f.
449 OLG Köln, Urteil v. 29.01.1981, 7 U 85/80 (unveröffentlicht).
450 OLG Nürnberg Schaden-Praxis 2003, 307 f.

hätten Berufe ergriffen, die über eine weitgehend handwerkliche Tätigkeit, wie beispielsweise die einer Friseuse, hinausgingen.

Die aufgeführten Urteile zeigen: Die Rechtsprechung zieht den familiären Hintergrund des Geschädigten ohne eine Auseinandersetzung mit der rechtlichen Zulässigkeit einer solchen Vorgehensweise zur Schätzung des Schadens heran.

2. Auffassungen der Literatur zur Erstellung der Fortkommensschadensprognose unter besonderer Berücksichtigung der Einbeziehung des sozioökonomische Umfeldes

Im Folgenden wird eine Darstellung der in der Literatur angeführten Kriterien zur Bestimmung des Fortkommensschadens vorgenommen. Hierbei soll ein besonderer Schwerpunkt auf der Darstellung der Fälle liegen, in denen der Geschädigte aufgrund frühzeitiger schwerster Schädigungen keine eigenen Indizien für einen positiven hypothetischen Erwerbsverlauf beisteuern kann.

In der Literatur ist in diesem Zusammenhang insbesondere umstritten, ob auch sein sozioökonomisches Umfeld zur Prognoseerstellung herangezogen werden darf. Die Auffassungen in der Literatur lassen sich grob in zwei unterschiedliche Strömungen einordnen. Jedoch kann auch innerhalb dieser Strömungen differenziert werden.

a) Für eine Einbeziehung des sozioökonomischen Hintergrundes

Nach einer Auffassung in der Literatur ist es dem erkennenden Gericht möglich, das sozioökonomische Umfeld des Geschädigten zur Schätzung des Fortkommensschadens heranzuziehen:

Wird ein Jugendlicher vor Abschluss seiner Schullaufbahn geschädigt, kann nach *Funk* bei besonders guten schulischen Leistungen auf den Übergang in ein Gymnasium oder einen zukünftigen Akademikerstatus geschlossen werden.

Ereigne sich die Schädigung aber in den ersten Grundschuljahren, sei die Schadensprognose des Geschädigten wie im Falle eines verletzten Kleinkindes durchzuführen[451]: Bei einem im Kleinkindalter Verletzten sei zunächst davon auszugehen, dass dieser nach dem gewöhnlichen Verlauf der Dinge eine Schule besucht und die Schullaufbahn zumindest mit einem Hauptschulabschluss beendet hätte. Habe der Geschädigte „lediglich" eine schwerste körperliche Behinderung,

451 Vgl. *Funk*, DAR 1985, 42, 47.

könne der Geschädigte durch trotz der Schädigung gezeigte Anstrengungen zu einer positiveren Erwerbsprognose beitragen. Einem Jugendlichen, der schwerste Hirnverletzungen erlitten habe, sei das nicht möglich. Hier dürfe auf das soziale Umfeld zurückgegriffen werden. So sei es dem Geschädigten beispielsweise – wenn auch unter hohen Anforderungen – möglich, zu beweisen, dass er ohne die Schädigung einen traditionellen Familienberuf ergriffen hätte. Ein bestimmtes soziales Umfeld könne Kinder für einen bestimmten Beruf prägen. Sei ein Rückgriff auf einen traditionellen Familienberuf nicht möglich, könne als „ultima ratio" das soziale Umfeld der Eltern oder Geschwister herangezogen werden. *Funk* leitet dies aus § 7 der Durchführungsverordnung zu § 30 Abs. 3–5 BVG[452] ab. Diese Norm erkenne zumindest an, dass das soziale Umfeld nicht in vollem Umfang zu vernachlässigen sei. Eine mögliche Bevorzugung von Akademikerkindern sei hinzunehmen. Durch den Rückgriff auf den sozialen Status werde nämlich auch Arbeiterkindern die Möglichkeit eröffnet, einen Schaden ersetzt zu verlangen, den sie nie darzulegen vermocht hätten. Zwar bestehe die Möglichkeit, dass ein Kind, dessen Schadensersatzanspruch sich am Einkommen der Eltern orientiere, gegenüber jemandem bevorzugt werde, dessen Schadensprognose an seinen individuellen Fähigkeiten bemessen wird. Jedoch dürfe nicht verkannt werden, dass einem geschädigten Kleinkind auch die Möglichkeit genommen werde, den Status der Eltern „nach oben" zu verlassen[453].

Auch *Eckelmann / Nehls / Schäfer* schätzen den Fortkommensschaden eines in jungen Jahren vor einer bestimmten Berufs- oder Schulausbildung verletzen Kindes nach § 7 der Durchführungsverordnung zu § 30 Abs. 3–5 BVG, also auf Grundlage der Besoldungsgruppen des Bundesbesoldungsgesetzes unter Heranziehung der sozialen Stellung der Eltern[454].

Medicus trennt für die Schadensprognose zwischen Jugendlichen, die ihre Berufsausbildung bereits begonnen haben, und solchen, deren Berufsausbildung noch bevorsteht[455].

---

452 § 7 der Durchführungsverordnung (Berufsschadensausgleichsverordnung - BSchAV) zu § 30 Abs. 3–5 BVG vom 22.06.1976 (BGBl I S. 1633) lautet auszugsweise: „Die Eingruppierung ist nach seiner Veranlagung und seinen Fähigkeiten, hilfsweise auch unter Berücksichtigung der beruflichen und sozialen Stellung der Eltern und sonstiger Lebensverhältnisse des Beschädigten vorzunehmen".

453 Vgl. *Funk*, DAR 1985, 42, 50 f.

454 Vgl. *Eckelmann / Nehls / Schäfer*, DAR 1983, 337, 345, 352; *Eckelmann / Nehls*, Schadensersatz bei Verletzung und Tötung, S. 94 ff.

455 *Medicus*, DAR 1994, 442, 446 f.

Er stellt vornehmlich für erstere auf die bisher erbrachten, auch schulischen, Leistungen ab. Herangezogen werden könne auch die Energie, die der Verletzte bei der Bewältigung seiner Verletzungsfolgen aufgebracht habe. Nur mit größerer Vorsicht dürfe schließlich eine Orientierung auch an den aus dem Elternhaus zu erwartenden Hilfen erfolgen. Bei positiver Erfolgsprognose müsse nach den zu erwartenden Einkünften gefragt werden. Hätte nach der durchzuführenden Prognose der Geschädigte die Ausbildung erfolgreich abgeschlossen oder die zum Ergreifen des angestrebten Berufes erforderlichen Noten erzielt, müsse man in eine Schadensschätzung eintreten. Wäre dies nicht der Fall gewesen, müsse der Verletzte andere Ziele angeben, die wiederum nach der Wahrscheinlichkeit zu überprüfen seien.

Habe der Verletzte die Berufsausbildung noch nicht begonnen, sei in der Regel noch kein Berufsziel vorhanden, das anhand eines Wahrscheinlichkeitsurteils überprüft werden könnte. Zunächst seien Indizien im Verhalten des Geschädigten nach der Verletzung zu suchen. Fehlten diese aufgrund der Schwere der erlittenen Verletzungsfolgen, bleibe der Geschädigte im Grundsatz den Beweis seines Schadens schuldig. Als Schätzungsgrundlage zieht *Medicus* die berufliche und soziale Stellung der Eltern – mit Abstrichen bei Spitzeneinkommen – heran.

Dies verhindere nicht nur ein Absinken des Lebensstandards des Jugendlichen in der Zukunft, sondern schließe auch ergänzende Unterhaltsansprüche gegen die Eltern aus. Auch werde so dem Grundsatz des § 843 Abs. 4 BGB Rechnung getragen, nach dem eine Schadensersatzpflicht den Unterhaltspflichtigen entlasten solle. Zudem führt *Medicus* ein Argument an, welchem durch den Erlass des Prostitutionsgesetzes[456] der Wind aus den Segeln genommen worden sein dürfte[457]: Der BGH entschied im Jahre 1976, dass Prostituierte Erwerbsschäden lediglich in Höhe eines „existenzdeckenden Einkommens, das auch in einfachen Verhältnissen von jedem gesunden Menschen zu erreichen ist", ersetzt verlangt können[458]. Während sich die Prostituierte – so die Argumentation von *Medicus* – bewusst gegen einen rechtlich anerkannten Beruf entscheide, fehle dem jugendlichen Verletzten eine solche „Absage an einen rechtlich anzuerkennenden Erwerb". Es

---

456 Das „Gesetz zur Regelung der Rechtsverhältnisse der Prostituierten" vom 20.12.2001(BGBl. I S. 3983) trat zum 01.01.2002 in Kraft.

457 So auch *Bamberger / Roth / Schubert*, § 252 Rn. 7; BGB-MünchKomm / *Oetker*, § 252 Rn. 9; AnwK-BGB / *Spallino*, § 252 Rn. 12; *Armbrüster*, NJW 2002, 2763, 2764 f.; *Spickhoff*, JZ 2002, 970, 974; a.A. *Staudinger / Schiemann*, § 252 Rn. 15; vgl. auch *Hagen*, FS für Sonnenschein, S. 581, 593 ff., der § 1 ProstG wegen Verstoßes gegen Art. 1 Abs. 1 S. 2 GG für verfassungswidrig und damit für nichtig hält.

458 BGHZ 67, 119, 127.

würde eine unangemessene Gleichbehandlung bedeuten, wenn man dem Jugendlichen mit Blick auf die Beweislosigkeit nur ein Minimum gewährte[459].

Halfpap berechnet die hier zu beleuchtenden Fortkommensschäden von Kindern und Jugendlichen unter Berücksichtigung aller denkbaren Indizien – wie z.B. der beruflichen Entwicklung eines Freundes oder einer Freundin oder aber des Bildungs- und Arbeitsniveaus der Eltern und Geschwister. Ließen sich keine Anzeichen für ein rebellisches Verhalten des geschädigten Kindes oder Jugendlichen feststellen, könne man so die wahrscheinlich erzielte Ausbildung und das demnach zu erzielende Resteinkommen prognostizieren. Auch könne die tatsächliche Persönlichkeits- oder Berufsentwicklung nach der Verletzung Anhaltspunkte für die Persönlichkeit bieten. Leichter falle die Prognose naturgemäß bei einem verletzten Gymnasiasten oder einem in der Zeit seiner Berufsausbildung Geschädigten[460].

Nach *Pardey* darf der Ersatz des Fortkommensschadens nicht vollkommen versagt oder auf das Existenzminimum begrenzt werden, wenn die Verletzung in einem sehr frühen Stadium der schulischen Entwicklung oder gar im frühen Kindesalter erfolge. Neben dem, was der Geschädigte trotz seiner Verletzung gezeigt habe, seien auch die Standards der Familie und der Werdegang von Eltern und Geschwistern für die Schadensschätzung von Bedeutung[461]. Jedoch erkennt *Pardey* die Möglichkeit einer Benachteiligung von Kindern aus einfachen Verhältnissen: Um eine Schlechterstellung solcher Kinder zu vermeiden, dürfe für die Schadensprognose nur zum Vorteil des geschädigten Kindes auf das familiäre Umfeld zurückgegriffen werden[462].

Weitere Autoren beziehen ohne jedwede Begründung das soziale Umfeld des Geschädigten bei Verletzungen im Kindesalter in die Fortkommensschadensprognose ein. Anhaltspunkte lieferten der Beruf der Eltern und Geschwister sowie die Familien- und Vermögensverhältnisse[463].

Weiter geht die Auffassung von *Wagner*: Für geschädigte Kinder, bei denen eine berufliche Entwicklung noch nicht absehbar gewesen sei, müsse auf ihre schulischen Leistungen, sonstige Begabungen und Fähigkeiten zurückgegriffen werden. Hilfsweise sei aber die schulische und berufliche Entwicklung der

---

459 *Medicus*, DAR 1994, 442, 446 f.

460 Vgl. *Halfpap*, Der entgangene Gewinn, S. 227–229.

461 Vgl. *Geigel* – Der Haftpflichtprozess / *Pardey*, 4. Kapitel Rn. 131–134; vgl. auch *Pardey*, Berechnung von Personenschäden, Rn. 2079.

462 Vgl. *Pardey*, 2. Tagung Verkehrsopferschutz, S. 32.

463 *Wussow / Dressler*, Unfallhaftpflichtrecht, Kapitel 34 Rn. 7; *Staudinger / Vieweg*, § 842 Rn. 146; *Roß*, NZW 1999, 276.

Geschwister, dann die berufliche Tätigkeit der Eltern und in letzter Linie – genau hier geht die Auffassung von *Wagner* weiter als die bisher genannten – das Durchschnittseinkommen von Kindern einer Familie aus vergleichbarem gesellschaftlichen Umfeld heranzuziehen[464].

Nach *Huber* sind, je jünger das Kind ist, umso stärker die Umstände aus dem Umfeld des Geschädigten in Betracht zu nehmen. Dabei komme der Biografie der Eltern eine erhebliche Bedeutung zu. Bei freien Berufen gebe es mitunter eine Familientradition. Ein Anhaltspunkt sei jedenfalls, welchen Beruf die Eltern ergriffen hätten und wie sie vorwärts gekommen seien. Ob *Huber* neben der Berufslaufbahn von Geschwistern auch Kinder aus vergleichbarem sozialem Umfeld für die Schadensschätzung heranzieht, lässt er offen. Jedenfalls liefere das berufliche Vorankommen von Geschwistern vergleichsweise konkrete Anhaltspunkte[465].

Auch *Diehl* befürwortet eine Einbeziehung des sozio-ökonomischen Hintergrundes des Geschädigten in die Fortkommensschadensprognose. Dem Einfluss, den das Milieu der Familie und das gesellschaftlich-kulturelle Umfeld auf den Geschädigten hätten, sei bei der rechtlichen Bestimmung der durch das Unfallereignis beeinträchtigten Lebenschancen des Kindes Rechnung zu tragen. Bei in jungen Jahren Geschädigten könne sogar die Würdigung der individuellen Begabung des Geschädigten durch die Bewertung der Begabung von Eltern und Geschwistern vollkommen ersetzt werden[466].

b) Gegen die (teilweise oder vollständige) Einbeziehung des sozialen Umfeldes

Nur vereinzelt finden sich in der Literatur Stimmen, die sich teilweise oder gänzlich gegen Einbeziehung des sozialen Umfeldes in die Schadensprognose aussprechen.

Nach *Riesenbeck* darf nur begrenzt auf den Beruf der Eltern zur Schadensprognose zurückgegriffen werden: Bei Schülern und Kindern bis zum 7. Lebensjahr dürfe ohne weitere Indizien nur unterstellt werden, dass diese einen qualifizierten Hauptschulabschluss abgelegt hätten. Der Beruf der Eltern bzw. des Vaters sei nur für eine Prognose zuzulassen, welchen Schulabschluss der Verletzte erzielt hätte. Denn nach der Volljährigkeit gehe das Kind seinen eigenen Weg und verlasse die von den Eltern vorgezeichneten Bahnen. Durch eine solche Lösung werde nicht nur vermieden, auf so wenig aussagekräftige Merkmale wie den Beruf

---

464 Vgl. BGB-MünchKomm / *Wagner*, §§ 842, 843 Rn. 49.

465 Vgl. AnwK-BGB / *Huber*, §§ 842, 843 Rn. 191.

466 *Diehl*, ZfS 2011, 84, 85.

des Vaters oder die Familientradition zurückzugreifen, sondern es würden auch weniger privilegierten Kindern größere Chancen eingeräumt[467].

Laut *Scheffen* ist im Rahmen der Fallgruppe der im frühen Kindesalter Verletzten zu unterscheiden: Sei der Geschädigte trotz seiner Verletzung noch bildungsfähig, könne aus dem „Ist-Verlauf", also der tatsächlich eingetretenen Entwicklung des Geschädigten, auf seine Intelligenz, seinen Charakter und seine Strebsamkeit geschlossen werden. Sei der Geschädigte aber aber aufgrund der Schwere der Verletzung nicht mehr bildungsfähig, müsse man sich an anderen Anhaltspunkten orientieren. *Scheffen* bezeichnet es als „fraglich", ob die Prognose der beruflichen Entwicklung aus dem sozialen Umfeld des Kindes gewonnen werden könne. Andererseits dürfe nicht einfach nur ein Mindestschaden zugesprochen werden. In solchen Fällen müsse von einem Durchschnittseinkommen ausgegangen werden[468]. Ganz ohne Berücksichtigung des sozialen Umfeldes des Geschädigten kommt aber auch *Scheffen* nicht aus: Für die Einstufung in selbständige oder unselbständige Berufe dürfe auf eine „gewisse Berücksichtigung des sozialen Umfeldes" nicht gänzlich verzichtet werden können. Dem Tatrichter sei hierbei ein großer Verantwortungs- und Ermessensspielraum eingeräumt[469].

Einen weiteren Ansatz vertritt *Felsinger*. Er hält zur Bestimmung des Schadens zunächst für entscheidend, welche weiterführende Schule das Kind im Anschluss an die Grundschule besucht hätte. Dabei sei für die Prognose zum einen die tatsächliche Entwicklung des geschädigten Kindes trotz des Unfalles von Bedeutung. Je schwerer allerdings die Verletzungsfolgen seien und je schlechter die Rehabilitation verlaufe, umso weniger Anhaltspunkte könnten diese bieten. Der sozioökonomische Hintergrund des Geschädigten, der hier die größtmögliche Einflussmöglichkeit habe, könne nicht dazu führen, den hypothetischen beruflichen Erfolg auf dem sozialen Niveau des Elternhauses „einzufrieren".

Das soziale Umfeld dürfe jedoch aufgrund empirischer Befunde auch nicht völlig ausgeblendet werden, so dass dem Geschädigten nur ein Mindestschaden auf dem Niveau eines Berufes bliebe, der mit einem Hauptschulabschluss erreicht werden könne. Hier spricht sich *Felsinger* dafür aus, lediglich die tatsächliche Entwicklung von Geschwistern als Vergleichsmodell heranzuziehen, wobei er zugibt, dass dieses Modell bei Ein-Kind-Familien scheitern müsse[470]. Aus § 7 der Durchführungsverordnung zu § 30 Abs. 3–5 BVG, einer Norm des Versorgungsrechts, lasse sich nicht der Schluss ziehen, dass die soziale Stellung

467 Vgl. *Riesenbeck*, 22. VGT, S. 248, 258 f.

468 So auch *Greger*, Haftungsrecht des Straßenverkehrs, § 29 Rn. 165.

469 Vgl. *Scheffen*, VersR 1990, 926, 928.

470 *Felsinger*, Der Erwerbsschadensersatz bei Verletzung im Kindesalter, Teil 3 C. V.

der Eltern mangels anderer Anhaltspunkte berücksichtigt werden könne. Denn der Gesetzgeber habe sich bei Einführung des § 90 Abs. 4 SGB VII[471] für die Neufestsetzung des Jahresarbeitsverdiensts in der gesetzlichen Unfallversicherung, welcher dem Schadensrecht strukturell näher stehe als das Versorgungsrecht, bewusst gegen die Orientierung am beruflichen und sozialen Status der Eltern entschieden[472].

Lange / Schiemann wenden sich gänzlich gegen die Einbeziehung des sozialen Status in die Schadensprognose, betonen aber gleichzeitig, der Fortkommensschaden dürfe sich nicht an Durchschnittswerten orientieren. Maßgeblich sei der konkrete Einzelfall. Während man die Schadensschätzung von in der Berufsausbildung befindlichen Geschädigten auf Grundlage ihrer Vorbildung schätzen könne, sei dies nicht möglich, wenn bis zum Zeitpunkt der Schädigung noch keine Berufsausbildung begonnen habe. In solchen Fällen dürfe nicht auf die berufliche und soziale Stellung der Eltern als Indiz für die hypothetische Entwicklung des Geschädigten zurückgegriffen werden. Denn nicht einmal der Anspruch eines unterhaltsbedürftigen Kindes gegen seine Eltern orientiere sich an deren Lebensstandard: Maßgeblich für den Unterhalt sei nach § 1610 Abs. 1 BGB die Lebensstellung des Bedürftigen selbst. Zudem sei die Annahme, dass sich Lebensstellungen gleichsam vererbten, in einer egalitären Gesellschaft problematisch. Eine Orientierung des Schadensersatzes am Existenzminimum oder an einem Einkommen aus einem gering qualifizierten Beruf lehnen *Lange / Schiemann* ebenfalls ab. Vielmehr müsse dann auf ein statistisches Durchschnittseinkommen zurückgegriffen werden.

Bevor diese letzte mögliche Lösung gewählt werde, müsse man aber alle Tatsachen – wie die Art und den Erfolg des bisherigen oder eines künftigen Schulbesuchs, Gutachten zu intellektuellen und praktischen Anlagen – erschöpfend würdigen[473].

---

471 § 90 Abs. 4 SGB VII lautet: „Ist der Versicherungsfall vor Beginn der Berufsausbildung eingetreten und lässt sich auch unter Berücksichtigung der weiteren Schul- oder Berufsausbildung nicht feststellen, welches Ausbildungsziel die Versicherten ohne den Versicherungsfall voraussichtlich erreicht hätten, wird der Jahresarbeitsverdienst mit Vollendung des 21. Lebensjahres auf 75 vom Hundert und mit Vollendung des 25. Lebensjahres auf 100 vom Hundert der zu diesen Zeitpunkten maßgebenden Bezugsgröße neu festgesetzt".

472 *Felsinger*, Der Erwerbsschadensersatz bei Verletzungen im Kindesalter, Teil 3 C. II. 4. und V.

473 Vgl. *Lange / Schiemann*, Schadensersatz, § 6 IX 4; vgl. ferner *Staudinger / Schiemann*, § 252 Rn. 34 f.

III. Zwischenbetrachtung

Auf den letzten Seiten wurde zunächst die in der Rechtsprechung und in der Literatur teilweise vertretene Figur eines Schätzungsbonus zu Gunsten des Geschädigten dargestellt. Dieser ist im Ergebnis allerdings abzulehnen. Beweisnöten des Geschädigten kann mittels konsequenter Anwendung der Beweiserleichterungen in § 252 S. 2 BGB und § 287 Abs. 1 S. 1 ZPO entgegengetreten werden.

Weiterhin wurde die Rechtsprechung zu Grundlagen der Erstellung von Fortkommensschadensprognosen beleuchtet. Zu diesen haben sich für die Schadensberechnung wichtige Grundaussagen herausgebildet: Gefordert werden zwar die Darlegung und der Beweis konkreter Anknüpfungstatsachen, andererseits wird betont, dass die Anforderungen – insbesondere bei in frühen Lebensjahren Verletzten – nicht zu überspannen seien.

Mangle es an weiteren Anhaltspunkten, sei von einem durchschnittlichen Erfolg des Geschädigten in seiner hypothetischen Tätigkeit auszugehen.

Der inzwischen auch vom BGH bestätigten Rechtsprechung[474] zur Bestimmung von Fortkommensschäden solcher Geschädigter, die im Kindesalter verletzt wurden, entspricht es, in die Schadensschätzung auch das soziale Umfeld des Geschädigten – also den Beruf, die Vor- und Weiterbildung der Eltern, ihre Qualifikation in der Berufstätigkeit, die beruflichen Pläne für das Kind sowie schulische und berufliche Entwicklungen von Geschwistern – einzubeziehen.

In der Literatur befürworten es die meisten Autoren ebenfalls, die Schadensprognose unter Würdigung des sozialen Umfeldes des Verletzten vorzunehmen. Unter den Vertretern dieser Auffassung existieren unterschiedliche Strömungen: Teilweise wird vertreten, auf das soziale Umfeld des Geschädigten dürfe nur zu seinen Gunsten zurückgegriffen werden, teilweise wird auch eine Bezugnahme auf Freunde des Geschädigten aus einem vergleichbaren sozialen Umfeld für zulässig erachtet.

Andere Autoren lehnen den Rückgriff auf das soziale Umfeld des Geschädigten teilweise vollends ab, teilweise wird ein solcher Rückgriff nur für die Prognose zugelassen, welchen Schulabschluss der Geschädigte hätte ohne die Verletzung erlangen können.

---

474 Vgl. BGH r + s 2010, 528, 529 ff.

G. Kritische Auseinandersetzung mit der Berücksichtigung des sozioökonomischen Hintergrundes und des Geschlechtes eines jugendlichen Geschädigten als Prognosekriterium

Zuvor wurde festgestellt, dass der sozioökonomische Hintergrund jugendlicher Geschädigter von der Rechtsprechung zur Bestimmung von Fortkommensschäden herangezogen wird und auch ein großer Teil der Literatur – wenn auch mit unterschiedlichen Nuancen – dem zugeneigt ist.

Im Folgenden soll eine kritische Auseinandersetzung mit dieser Rechtsprechung und Literatur erfolgen und ihre rechtliche Zulässigkeit und Notwendigkeit überprüft werden.

Bevor auf die rechtliche Zulässigkeit einer Bezugnahme auf den sozialen Status der Eltern und sonstiger Verwandter eingegangen wird, sollen empirische Daten zu der Thematik aufgezeigt werden, inwieweit heutzutage noch das familiäre und soziale Umfeld für den Erwerbsverlauf eines Kindes oder Jugendlichen prägend ist. Anknüpfungspunkt ist dabei das Argument von *Lange / Schiemann*, in einer egalitären Gesellschaft müsse daran gezweifelt werden, dass Lebensstellungen des familiären Umfeldes sich „vererbten"[475].

Zudem wurden zuvor diverse Kriterien aufgezeigt, anhand derer Rechtsprechung und Literatur eine Fortkommensschadensprognose vornehmen. Im Folgenden soll neben dem sozioökonomischen Hintergrund ein weiteres, von der Rechtsprechung und Literatur bislang nicht erwogenes, Kriterium zur Erstellung der Fortkommensschadensprognose untersucht werden, nämlich die Zugehörigkeit der geschädigten Person zu einem bestimmten Geschlecht: Es soll geprüft werden, ob die Fortkommensschadensprognose auch auf dieses Prognosekriterium gestützt werden kann. Ebenfalls bezüglich dieses Kriteriums soll zuvor kurz anhand empirischer Daten ein „geschlechtsbedingter Einkommensunterschied" verdeutlicht werden.

---

475 Vgl. *Lange / Schiemann*, Schadensersatz, § 6 IX 4.

I. Abhängigkeit der Erwerbschancen vom sozioökonomischen Hintergrund, vom Geschlecht und sonstigen Faktoren

In Deutschland hängt das erzielbare Einkommen von zahlreichen Faktoren ab, von denen einige kurz exemplarisch aufgezeigt werden sollen:

1. Geschlechtsbedingte Einkommensunterschiede

Einer dieser Faktoren ist die Geschlechtszugehörigkeit. Männer verdienen im Durchschnitt pauschal gesprochen 23 % mehr als Frauen – ein in den letzten Jahren relativ konstant gebliebener Einkommensunterschied[476]. Dieser ist teilweise auf strukturelle Unterschiede zwischen Männern und Frauen zurückzuführen. Frauen gehen beispielsweise gegenüber Männern eher Tätigkeiten nach, die mit einem vergleichsweise geringen Verdienst verbunden sind. Seltener als männliche Kollegen werden sie in Führungspositionen eingesetzt. Tendenziell sind sie schlechter ausgebildet oder sind in Teilzeit tätig[477]. Aber selbst bei Bereinigung der Statistik um all diese strukturellen Unterschiede bleibt es bei einem Verdienstunterschied von 8 %[478].

2. Einkommensunterschiede zwischen Ost- und Westdeutschland

Daneben sind auch regionale Differenzen, beispielsweise der bedeutende Vergleich von Ost- und Westdeutschland, von Bedeutung: Auch wenn das Durchschnittseinkommen der Ostdeutschen im Jahr 1992 noch 37 % geringer war als das der westdeutschen Bürger, so glichen sich beide Einkommen in der Folgezeit

---

476 Vgl. „Verdienstunterschiede zwischen Männern und Frauen“, S. 59 und die Tabelle des sog. „Gender Pay Gap“, also des prozentualen Verdienstunterschiedes zwischen Männern und Frauen, abrufbar unter: http://www.destatis.de/jetspeed/portal/cms/Sites/destatis/Internet/DE/Content/Statistiken/VerdiensteArbeitskosten/Verdienstunterschiede/Tabellen/Content50/Verdienstabstand__2006,templateId=renderPrint.psml.

477 Vgl. „Verdienstunterschiede zwischen Männern und Frauen“, S. 61.

478 Vgl. „Verdienstunterschiede zwischen Männern und Frauen“, S. 61 f.
Verglichen wurden im sog. „bereinigten Gender Pay Gap“ Männer und Frauen, die die gleiche Tätigkeit ausübten, über einen äquivalenten Bildungshintergrund verfügen, in einem vergleichbar großen privaten oder öffentlichen und örtlich ähnlich verorteten Unternehmen tätig waren, einer vergleichbaren Leistungsgruppe angehörten, einem ähnlich ausgestalteten Arbeitsvertrag unterlagen, das gleiche Dienstalter und die gleiche Berufserfahrung aufwiesen und einer Beschäftigung vergleichbaren Umfanges nachgingen.

allmählich auf lediglich 24 % im Jahr 2002 an[479]. Inzwischen ist die Schere zwischen Ost- und Westdeutschland aber wieder größer geworden. Westdeutsche Bürger verdienten im Jahr 2007 im Durchschnitt 28 % mehr als Ostdeutsche. Dabei sind die Einkommensdifferenzen insbesondere bei den 10 % höchsten Bruttoeinkommen mit 37 % und bei den 10 % geringsten Einkommen mit 30 % am größten[480].

3. Migrationshintergrundbedingte Einkommensunterschiede

Nicht zu unterschätzen sind auch die Einkommensunterschiede zwischen Personen ohne und mit einem Migrationshintergrund[481] und zwischen den Migrantengruppen untereinander:

In Deutschland leben Personen mit Migrationshintergrund unterschiedlichster Herkunftsregionen. Die bedeutendsten Herkunftsländer sind dabei die ehemalige Sowjetunion, die Türkei, das ehemalige Jugoslawien, Polen und Italien. Mehr als die Hälfte der Personen mit Migrationshintergrund ist im Besitz der deutschen Staatsangehörigkeit. Bei rund einem Drittel der Migranten der zweiten oder dritten Generation handelt es sich um solche Personen, die in Deutschland geboren sind[482].

Vergleicht man die Einkommen der Personen mit Migrationshintergrund mit den Einkommen der Deutschen ohne Migrationshintergrund, so überrascht es wenig, dass erstere im Jahr 2008 im Durchschnitt deutlich unter denen der Deutschen lagen. Besonders gewichtig fielen aber auch die Unterschiede zwischen den unterschiedlichen Herkunftsländern aus: Während Migranten aus westlichen Ländern fast ein ebenso hohes Durchschnittseinkommen wie die Deutschen ohne Migrationshintergrund von ca. 22.500 € im Jahr erzielten, verdienten Personen mit Migrationshintergrund aus der Türkei unter 15.000 €. Auch die Migranten aus Osteuropa und den Balkanländern konnten mit ca. 17.000 € Jahreseinkommen nur deutlich weniger verdienen als die Migranten aus westlichen Ländern. Umgekehrt lag die Arbeitslosenquote der Deutschen ohne Migrationshintergrund bei

---

479 *Brück / Peters*, Wochenbericht DIW Berlin Nr. 44/2010, 14, 18.

480 *Brück / Peters*, Wochenbericht DIW Berlin Nr. 44/2010, 14, 18, abrufbar unter: http://www.diw.de/documents/publikationen/73/diw_01.c.363225.de/10-44-3.pdf.

481 Im Folgenden werden als „Personen mit Migrationshintergrund“ solche Personen bezeichnet, die einen, wie auch immer gearteten Migrationshintergrund, unabhängig vom Geburtsort oder Nationalität aufweisen und die selbst oder deren Eltern nach 1949 in Deutschland eingewandert sind.

482 *De Groot / Sager*, Wochenbericht DIW Berlin Nr. 49/2010, 2, 3, abrufbar unter: http://www.diw.de/documents/publikationen/73/diw_01.c.364398.de/10-49-1.pdf.

nur leicht über 6 %, der Migranten aus westlichen Ländern bei unter 8 %. Pendelte sich die Arbeitslosenquote der Migranten aus osteuropäischen Ländern und dem Balkan bei ca. 10 % ein, so lag die Arbeitslosigkeit der türkischstämmigen Migranten deutlich über diesem Wert, nämlich bei fast 18 %[483].

Es zeigt sich also, dass Personen aus westlichen Ländern im Durchschnitt fast ebenso gut verdienen wie Deutsche ohne Migrationshintergrund und ein ähnliches Arbeitslosigkeitsrisiko aufweisen. Wirtschaftlich deutlich schlechter ergeht es den türkischen Migranten, die sowohl einen geringen Durchschnittsverdienst erzielen als auch häufiger arbeitslos sind andere Migrantengruppen.

4. Ausbildungsbedingte Einkommensunterschiede

Jedoch schlägt sich ein weiterer Faktor – und dies kann kaum verwundern – besonders auf das im Durchschnitt erreichbare Einkommen nieder: Ein höherer Schulabschluss bedeutet statistisch höhere Bruttoverdienste.

In Betrieben des produzierenden Gewerbes und im Dienstleistungsbereich wurden Arbeitnehmer im Rahmen der Verdienststrukturerhebung 2006 des Statistischen Bundesamtes zu ihren Einkommen befragt. Während die Arbeitnehmer mit einem Volks-, Haupt- oder Realschulabschluss ein Bruttojahreseinkommen von 36.041 € (mit Berufsausbildung: 37.096 €; ohne Berufsausbildung: 29.688 €) erzielten, konnten diejenigen mit Abitur im Durchschnitt 48.089 € (mit Berufsausbildung: 48.350 €; ohne Berufsausbildung: 46.388 €) erreichen. Der Jahresbruttoverdienst der Fachhochschulabsolventen betrug 57.926 €. Hochschulabsolventen erzielten im Durchschnitt in den befragten Unternehmen 70.163 €[484].

In dieser Statistik verdienten damit die Abiturienten brutto pro Jahr ca. 33 %, Fachhochschulabsolventen ca. 60 % und Hochschulabsolventen sogar ca. 95 % mehr als Volks-, Haupt- oder Realschulabsolventen.

Auch die Arbeitslosenstatistik gibt ein deutliches Bild ab: Trotz konjunkturbedingten Aufschwungs lag die Arbeitslosenquote bei den Personen ohne Berufsabschluss im Jahr 2009 immerhin bei 21,9 % (Westdeutschland: 20,1 %; Ostdeutschland: 34,0 %). Bei den Absolventen einer Lehre oder einer Fachschule war der prozentuale Anteil der Arbeitslosen deutlich geringer bei nur 6,6 % (Westdeutschland: 5,1 %; Ostdeutschland: 11,6 %). Unter den Hochschul- und Fachhochschulabsolventen waren nur 2,5 % (Westdeutschland: 2,0 %; Ostdeutschland 4,2 %) von der Arbeitslosigkeit betroffen. Die Arbeitslosenquote

483 *De Groot / Sager*, Wochenbericht DIW Berlin Nr. 49/2010, 2, 6.
484 Verdienste und Arbeitskosten, Verdienststrukturerhebung 2006, Tabelle 19.1.

betrug zum Vergleich im Jahr 2009 8,4 % (Westdeutschland: 7,3 %; Ostdeutschland: 12,6 %)[485].

a) *Relevanz des sozioökonomischen Hintergrundes für die (Hoch-) Schullaufbahn*

Ist aber nach den eben zuerst genannten Faktoren die Ausbildung von so eminenter Bedeutung, fragt sich, welchen Einfluss der sozioökonomische Hintergrund auf die Teilnahme an der Bildung in Deutschland hat.

Die Struktur des deutschen Bildungssystems führt zu mehreren „Schwellen der Bildungsbeteiligung", die ein junger Mensch bis zu einem Hochschulabschluss zu durchlaufen hat. Zur Ermittlung des Einflusses des Elternhauses auf den Bildungserfolg, der Schätzung der sog. „Bildungsbeteiligungsquoten", werden zwei Stufen herangezogen: Die erste Stufe betrifft den Übergang in die gymnasiale Oberstufe, die zweite Stufe die Studienaufnahme[486].

Schon anhand einer Statistik zum Übergang in die gymnasiale Oberstufe lässt sich der Einfluss der Eltern auf den Bildungserfolg ihrer Kinder deutlich ablesen: Im Jahr 2007 besuchten von 100 Kindern, deren Vater[487] maximal den Hauptschulabschluss errungen hatte, 34 die gymnasiale Oberstufe. Von jeweils 100 Kindern, deren Vater die Realschule durchlaufen oder die Schullaufbahn mit der allgemeinen Hochschulreife beendet hatte, waren es 47 bzw. 79 Kinder[488]. Nicht nur der Ausbildungsgrad, sondern auch der Beruf der Eltern kann von gravierendem Einfluss auf den Ausbildungswerdegang sein: So besuchten von 100 Kindern, deren Väter einen Arbeiterberuf ausübten, 33 die gymnasiale Oberstufe; im Vergleich dazu waren es von 100 Beamtenkindern 73[489].

In der zweiten Stufe wird statistisch die Zahl derer festgestellt, die tatsächlich ein Studium beginnen. Hier lässt sich zunächst ein Zusammenhang zwischen der Aufnahme des Studiums und dem Bildungshintergrund des Elternhauses untersuchen:

---

485 Vgl. die Statistik in „IAB-aktuell" vom 10.02.2011, abrufbar unter: http://doku.iab.de/grauepap/2011/Quali_Alo-Quoten_1975-2009.pdf.

486 19. Sozialerhebung 2010, S. 75.

487 Die alleinige Bezugnahme auf den Vater wirkt sich weniger nachteilig auf die Schätzung der „Bildungsbeteiligungsquoten" aus als gemeinhin angenommen. Zwischen einer Großzahl von Elternpaaren besteht nämlich ein ähnliches oder gleiches Bildungsniveau, vgl. 19. Sozialerhebung 2010, S. 80.

488 19. Sozialerhebung 2010, S. 81.

489 19. Sozialerhebung 2010, S. 81.

Im Jahr 2008 begannen 72 % der Studienberechtigten ein Studium. Im Vergleich dazu nahmen 65 % der Studienberechtigten ohne zumindest ein Elternteil mit akademischem Abschluss tatsächlich ein Studium auf. Damit besteht ein nicht unerheblicher Unterschied zu den 77 % der Studienanfänger aus einem Elternhaus mit zumindest einem Elternteil mit akademischem Abschluss. Dennoch ist die Prozentzahl der Studienanfänger aus nichtakademischem Elternhaus seit 2005 um 6 % gestiegen. Die Quote der Studierenden ohne akademischen Hintergrund hat sich damit derjenigen der Studierenden mit zumindest einem Elternteil mit akademischem Abschluss angeglichen[490].

Offenbar wird der Zusammenhang zwischen dem Bildungsstatus der Eltern und der Studienaufnahme, wenn der Anteil der zwischen 19- und 24-jährigen Studienanfänger mit einem über einen Hochschulabschluss verfügenden Vater mit dem Anteil derer verglichen wird, deren Väter einen Realschulabschluss erworben oder lediglich die Volksschule oder Hauptschule besucht haben. Von der Gruppe der jungen Erwachsenen zwischen 19 und 24 Jahren mit einem Vater mit Hochschulabschluss haben im Jahr 2007 75 % ein Studium aufgenommen. Mit großem Abstand folgen diejenigen, deren Vater einen Realschulabschluss erreicht hat: Von ihnen haben lediglich 25 % ein Studium begonnen. Hat der Vater nur die Haupt- oder Volksschule besucht, ist der Anteil der Studienanfänger mit 20 % sogar noch geringer. Die beiden letztgenannten Prozentzahlen unterlagen in den letzten Jahren nur geringen Veränderungen, während die Quote der Studienanfänger unter denjenigen, die einen Vater mit akademischem Abschluss haben, von 2005 bis 2007 um 4 % gestiegen ist[491].

Der Einfluss des Berufes der Eltern wird auch bei der Quote derer, die ein Studium tatsächlich aufnehmen, deutlich. Im Jahr 2007 nahmen von 337.000 jungen Erwachsenen im Alter zwischen 19 und 24 Jahren, deren Vater als Arbeiter tätig ist, lediglich 58.000 ein Studium auf, was einer „Bildungsbeteiligungsquote" von 17 % entspricht. Eine bereits mehr als doppelt so hohe Quote, nämlich 37 % von 343.000, also umgerechnet 127.000, ergibt sich bei Untersuchung des Anteiles der Studienanfänger der Angestelltenkinder. Die Beamtenkinder bilden das positive Extrem in dieser Statistik: Von 68.000 der 19- bis 24-Jährigen begannen 46.000, also 67 %, ein Studium. Auch bei denjenigen, die einen Selbständigen zum Vater haben, lag eine recht hohe Bildungsbeteiligungsquote von 61 % vor: Von 109.000 nahmen 67.000 ein Studium auf[492].

---

490 19. Sozialerhebung 2010, S. 96.
491 19. Sozialerhebung 2010, S. 97.
492 19. Sozialerhebung 2010, S. 101.

Besonders klar zeigt sich der Einfluss des sozioökonomischen Hintergrundes auf die Bildungschancen, wenn man den elterlichen Bildungsstatus und den elterlichen Beruf kumuliert: Verglichen mit der „Bildungsbeteiligungsquote“ von 17 % der 19- bis 24-Jährigen Arbeiterkinder ohne Hochschulabschluss, nahmen von 39.000 der Beamtenkinder, deren Vater zugleich über einen akademischen Abschluss verfügt, 32.800, was einer Quote von 84 % entspricht, ein Studium auf. Noch positiver fällt die Bildungsbeteiligungsquote bei den 37.000 der 19 bis 24 Jahre alten jungen Erwachsenen auf, deren Vater selbständig tätig ist und über einen akademischen Abschluss verfügt. Hier liegt die Bildungsbeteiligungsquote bei 87 % (32.200 von 37.000), also ca. fünfmal höher als bei den Arbeiterkindern[493].

Der Einfluss des Bildungsstatus der Eltern auf die Bildungschancen ihrer Kinder ist offensichtlich. Jedoch ist auch Folgendes auffällig:

Besuchten im Jahr 2003 87 % der Akademikerkinder die Sekundarstufe II, und begannen in diesem Jahr 83 % derjenigen, deren Vater einen Hochschulabschluss vorweisen kann, ein Hochschulstudium, so waren es im Vergleich dazu im Jahr 2007 lediglich 81 %, die die Sekundarstufe II besuchten. Nur 71 % der Akademikerkinder begannen im Jahr 2007 ein Hochschulstudium.

Innerhalb der Gruppe der Kinder von Nicht-Akademikern muss differenziert werden. Begannen im Jahre 2003 noch 26 % der Nicht-Akademiker-Kinder ein Studium, so waren es im Jahr 2007 nur noch 24 %. Im Gegenzug ist allerdings die Quote derjenigen, die die Sekundarstufe II erreichen, größer geworden: Im Jahr 2003 waren es 39 %, im Jahr 2007 45 % der Kinder von Nichtakademikern. Damit lässt sich also auch feststellen, dass die Unterschiede bezüglich der Bildungschancen der Kinder aus verschiedenen sozialen Schichten in Bezug auf das Erreichen der Sekundarstufe II etwas geringer geworden sind[494].

Zu einer ähnlichen Bewertung der Auswirkungen des Bildungshintergrundes der Eltern auf die Bildungschancen ihrer Kinder gelangt man, wenn man sich die *angestrebten bzw. erreichten* Schulabschlüsse – differenziert nach dem höchsten Schulabschluss des Vaters – vor Augen führt:

Im Jahr 2010 strebten 26 % der befragten Jugendlichen im Alter von 12 bis 25 Jahren, deren Vater keinen oder einen einfachen Schulabschluss erreicht hatte, ein Abitur oder eine Hochschulreife an bzw. hatten bereits einen solchen Abschluss erreicht. Verglichen damit beabsichtigten beinahe dreimal so viele – nämlich 77 % – derjenigen, deren Vater einen höheren Schulabschluss erworben hatte, einen ebensolchen Schulabschluss zu erreichen.

---

493 19. Sozialerhebung 2010, S. 102 f.

494 Vgl. 19. Sozialerhebung 2010, S. 104–107.

Hatte der Vater keinen oder einen einfachen Schulabschluss erreicht, wurde von 32 % ein Hauptschulabschluss angestrebt. Hatte der Vater hingegen einen höheren Schulabschluss erworben, war dies nur bei 4 % der Jugendlichen der Fall[495].

Im Zeitraum von 2002 bis 2010 lässt sich kaum eine Veränderung des prozentualen Anteils der Jugendlichen, die einen mittleren oder höheren Schulabschluss anstreben und aus einfachen Bildungsverhältnissen kommen, feststellen: Einen Realschul- oder sonstigen Schulabschluss wollten in diesem Zeitraum 39–41 %, ein Abitur oder die Fachhochschulreife zwischen 24–26 % erreichen[496].

Diese Statistiken verleiten *Leven / Quenzel / Hurrelmann* zu der Aussage, dass Bildung in Deutschland weiterhin sozial vererbt werde[497].

Unterstrichen wird diese Aussage von den OECD-Studien aus den Jahren 2007 und 2008, nach welchen in Deutschland der Schulerfolg vom sozialen Status der Eltern besonders stark abhängt: So ist die Chance der Aufnahme eines Studiums für Kinder aus Arbeiterfamilien weniger als halb so hoch wie es dem Anteil an der Gesamtbevölkerung entspräche[498]. In keinem der europäischen Staaten mit vergleichbaren Daten ist diese Chance geringer. Auch das Verhältnis der Studierenden, die einen Vater mit Hochschulabschluss haben, zu dem Anteil der 40- bis 60-Jährigen mit Hochschulabschluss ist deutlich unausgewogener als in den meisten europäischen Staaten[499].

b) Relevanz des Migrationshintergrundes für die (Hoch-) Schullaufbahn

Im Falle eines Migrationshintergrundes ist – wie oben bereits beschrieben – von einem geringeren Durchschnittsverdienst auszugehen. Die Ursache hierfür dürfte zu einem großen Teil in den Migranten zukommenden schlechteren Bildungschancen bestehen.

---

495 *Leven / Quenzel / Hurrelmann*, 16. Shell Jugendstudie, S. 72.

496 *Leven / Quenzel / Hurrelmann*, 16. Shell Jugendstudie, S. 73.

497 *Leven / Quenzel / Hurrelmann*, 16. Shell Jugendstudie, S. 72.

498 Vgl. OECD, Education at a Glance, Briefing Notes für Deutschland, Equity Challenges, abrufbar unter: http://www.oecd.org/dataoecd/22/28/39317467.pdf und OECD, Education at a Glance 2008, OECD Indicators, Chapter A, Indicator A7, abrufbar unter: http://dx.doi.org/10.1787/401710587763.

499 Vgl. OECD, Education at a Glance 2008, OECD Indicators, Chapter A, Indicator A7, abrufbar unter: http://dx.doi.org/10.1787/401710587763: Im Jahr 2004 hatten 39 % der Studierenden in Deutschland einen Vater mit Hochschulabschluss, während nur 18 % der Altersgruppe der 40- bis 60-Jährigen selbst einen Hochschulabschluss erworben hatten.

Stellt man Personen mit Migrationshintergrund denjenigen gegenüber, die einen solchen nicht aufweisen, zeigen sich bereits in Bezug auf allgemeinbildende Abschlüsse deutliche Unterschiede: Von den Personen ohne Migrationshintergrund im Alter zwischen 25 und 65 Jahren verfügten im Jahr 2008 1,5 % über keinen allgemeinbildenden Abschluss. Bei Personen mit Migrationshintergrund waren es knapp über 13 %. Dabei gingen die Quoten zwischen den Migrantengruppen deutlich auseinander. Von den türkischstämmigen Migranten haben sogar über 30 % keinen solchen Abschluss erworben[500].

Auch die Quoten der Personen ohne beruflichen Bildungsabschluss weichen stark voneinander ab: 38 % der Personen mit und hingegen nur 11 % der Personen ohne Migrationshintergrund haben keinen solchen Abschluss erworben. Bei den türkischstämmigen Migranten machte der Anteil der Personen ohne beruflichen Bildungsabschluss sogar über 64 % aus[501].

Die Quote der 20- bis unter 30-Jährigen ohne einen beruflichen Bildungsabschluss, die im Zeitpunkt der Umfrage nicht mehr an der Bildung teilnahmen, lag im Jahr 2008 bei Personen ohne Migrationshintergrund bei 12,9 %, bei den Migranten bei 30,7 %[502]. Auffällig bleibt im Vergleich zu den Statistiken des Jahres 2006, dass der Anteil der Personen mit Migrationshintergrund ohne einen beruflichen Bildungsabschluss, die nicht mehr an Bildung teilnehmen, sich um 1,5 % verringert hat[503].

Hinzuweisen ist auch auf Folgendes: Kommen Migranten und Personen ohne Migrationshintergrund im Alter von 19- bis unter 21 Jahre aus einem Elternhaus mit vergleichbarer Bildungsstruktur, so lassen sich in Bezug auf den prozentualen Anteil der Abiturienten kaum Unterschiede feststellen[504]. Gleiches gilt für die

500 Vgl. Bildung in Deutschland 2010, S. 38; Bildung in Deutschland 2010, Tabelle B3-5web, abrufbar unter: http://www.bildungsbericht.de/daten2010/b2_2010.xls.

501 Vgl. Bildung in Deutschland 2010, Tabelle B3-6web, abrufbar unter: http://www.bildungsbericht.de/daten2010/b2_2010.xls.

502 Vgl. Bildung in Deutschland 2010, S. 38; Bildung in Deutschland 2010, Tabelle B3-7web, abrufbar unter: http://www.bildungsbericht.de/daten2010/b2_2010.xls und Bildung in Deutschland 2008, Tabelle B3-5web, abrufbar unter: http://www.bildungsbericht.de/daten2008/b3_2008.xls.

503 Vgl. Bildung in Deutschland 2010, S. 38.

504 Abiturienten aus Elternhaus mit hohem Bildungsniveau: 28 % mit (Migrationshintergrund) / 27 % ohne (Migrationshintergrund); aus Elternhaus mit mittlerem Bildungsniveau: 11 % mit / 14 % ohne; aus Elternhaus mit niedrigem Bildungsniveau: 6 % mit / 6 % ohne, vgl. Bildung in Deutschland 2010, S. 92 f.

Quote der im Jahre 2008 noch im Gymnasium befindlichen Schüler[505]. Das elterliche Bildungsniveau scheint also für den Besuch eines Gymnasiums und des Erwerbes des Abiturs von größerer Bedeutung als der Migrationshintergrund zu sein.

Dieser Gedanke ist allerdings nicht auf die Schulartverteilung der 15-jährigen Schülerinnen und Schüler übertragbar:

Im Jahr 2006 besuchten 16 % der Schüler ohne Migrationshintergrund und 36 % der Schüler mit mindestens einem im Ausland geborenen Elternteil die Hauptschule. Im Gegensatz hierzu lag der Anteil der Gymnasiasten ohne Migrationshintergrund bei 37 %, der Schüler, die zumindest einen im Ausland geborenen Elternteil haben, bei 22 %.

Prozentual erhebliche Unterschiede verbleiben selbst dann, wenn man Kinder mit und ohne Migrationshintergrund nebeneinanderstellt, deren Eltern über das gleiche Bildungsniveau verfügen. Der Migrationshintergrund bleibt damit nach dieser Statistik neben dem elterlichen Bildungsniveau als entscheidender Faktor für die Verteilung der Schülerinnen und Schüler auf die Schulart[506].

Schließlich ist bemerkenswert, dass die Personen mit Migrationshintergrund an Hochschulen verglichen mit ihrem Bevölkerungsanteil deutlich unterrepräsentiert sind. Während im Jahr 2008 der Anteil von Personen mit Migrationshintergrund im Alter von 20 bis 30 Jahren ca. 23 % der gleichaltrigen Gesamtbevölkerung Deutschlands ausmachte, lag der Prozentsatz der studierenden Migranten oder Migrantenkinder bei 16,7 % aller Studenten.

Doch erneut ist unter den Migrantengruppen zu differenzieren: Der Anteil der eingebürgerten Personen im Alter zwischen 20 und 30 Jahren betrug im Jahre 2008 4,5 % der Gesamtbevölkerung. Einen ebenso hohen Anteil machten die eingebürgerten Studenten an der gesamten Studentenschaft aus. Anders verhält es sich mit den aus dem Ausland zugewanderten und noch nicht eingebürgerten Personen. Der Anteil der 20 bis 30 Jährigen aus dieser Personengruppe an der gleichaltrigen Gesamtbevölkerung betrug 7,8 %. Nur 3,4 % aller gleichaltrigen Studenten betrug der Anteil der zugewanderten Personen mit ausländischer Staatsangehörigkeit[507].

---

505 Gymnasiasten aus Elternhaus mit hohem Bildungsniveau: 42 % mit (Migrationshintergrund) / 34 % ohne (Migrationshintergrund); aus Elternhaus mit mittlerem Bildungsniveau: 22 % mit / 21 % ohne; aus Elternhaus mit niedrigem Bildungsniveau: 18 % mit / 21 % ohne, vgl. Bildung in Deutschland 2010, S. 92 f.

506 Bildung in Deutschland 2010, S. 65 f.

507 Vgl. Bildung in Deutschland 2010, Tabelle F2-5A, S. 294.

5. Zwischenbetrachtung

Die Verdienstaussichten eines Menschen hängen von mehreren Faktoren ab, die ihrerseits ineinandergreifen. Von besonderer Bedeutung sind das Geschlecht der Person, der Wohnort, die Herkunft und das genossene Bildungsniveau.

Zu den geschlechtsbedingten Einkommensunterschieden lässt sich feststellen, dass diese selbst dann noch fortbestehen, wenn die Statistik um strukturelle Unterschiede zwischen beiden Geschlechtern – wie berufliche Qualifikation oder die Branche – bereinigt wird: Frauen verdienen allein wegen ihres Geschlechtes weniger als Männer.

Als Beispiel ortsbedingter Einkommensunterschiede kann insbesondere das Gefälle zwischen den Einkommen in Ost- und in Westdeutschland genannt werden. Diese Unterschiede bestehen auch heute noch fort.

Große Einkommensdifferenzen ergeben sich auch bei einem Vergleich der Einkommen von Deutschen ohne Migrationshintergrund und Migranten. Dabei verdienen türkischstämmige Migranten und solche aus Osteuropa und den Balkanländern im Verhältnis besonders schlecht. Auch die Arbeitslosenquote für Migranten aus diesen Ländern liegt deutlich über der Arbeitslosenquote der Deutschen ohne Migrationshintergrund. Nur geringe Unterschiede in Bezug auf die Einkommenshöhe und die Arbeitslosenquote lassen sich hingegen zwischen den Deutschen ohne Migrationshintergrund und Migranten aus westlichen Ländern feststellen.

In besonderem Maße wird das Einkommen von der Schul- und Berufsausbildung bestimmt. Hochschulabsolventen verdienen im Durchschnitt fast doppelt so viel wie Absolventen einer Volks-, Haupt- oder Realschule. Auch in der Arbeitslosenstatistik macht sich das erreichte Bildungsniveau deutlich bemerkbar. Ohne Berufsausbildung liegt die Chance der Arbeitslosigkeit fast neunmal höher als bei Hochschulabsolventen.

Die Schul- und Berufsausbildung hängt wiederum in besonderem Maße mit dem familiären Hintergrund zusammen, was sich bereits bei den Übergangsquoten zur gymnasialen Oberstufe deutlich zeigt.

Der Einfluss des elterlichen Bildungsniveaus wird auch auf der Ebene der Studienanfänger ersichtlich. Es hat sich gezeigt, dass ebenfalls der elterliche Beruf von Relevanz für die Bildungsebene der Kinder ist.

Zwar hat auf der Stufe des Überganges in die gymnasiale Oberstufe die „Bildungspermeabilität" leicht zugenommen, doch bleibt Deutschland verglichen mit anderen europäischen Staaten ein Land, in dem sich das elterliche Bildungsniveau besonders stark auf den Werdegang der Kinder überträgt.

Durchschnittlich betrachtet sind Menschen mit Migrationshintergrund schlechter ausgebildet als Deutsche ohne einen solchen. Bei den Migranten liegt der Anteil der Personen ohne allgemeinbildenden Schulabschluss oder ohne Berufsausbildung höher als bei den Deutschen ohne Migrationshintergrund. In letzter Zeit ist jedoch zu beobachten, dass der Anteil der Migranten ohne Berufsausbildung leicht zurückgeht.

Auch ist bemerkenswert, dass Personen mit und ohne Migrationshintergrund, deren Eltern der gleichen Bildungsschicht angehören, gleichhohe Chancen besitzen, das Abitur zu bestehen oder ein Gymnasium zu besuchen. Auf die niederen Stufen der Schulausbildung lässt sich dies allerdings noch nicht übertragen. Hier zeigen sich immer noch deutliche Unterschiede zwischen Personen mit und ohne Migrationshintergrund.

An Hochschulen sind Migranten im Allgemeinen und zugewanderte, noch nicht eingebürgerte Migranten im Besonderen – gemessen an ihrem Bevölkerungsanteil – weiterhin unterrepräsentiert.

Als Ergebnis lässt sich also festhalten, dass für den späteren Werdegang und die damit einhergehenden Verdienstaussichten auch heute noch entscheidende Weichen durch die Herkunft und das Bildungsniveau des Elternhauses gelegt werden.

Eine größere Durchlässigkeit der Bildungsschichten ist bisher vereinzelt beobachtbar. Allerdings ist festzustellen, dass der Migrationshintergrund – jedenfalls, was Chance auf ein Abitur oder den Besuch der gymnasialen Oberstufe anbelangt – weniger hemmendes Gewicht entfaltet als ein schlechtes elterliches Bildungsniveau.

Auf Grundlage einer rein empirischen Betrachtungsweise erscheint es also heutzutage immer noch angemessen, wenn die Rechtsprechung und Teile der Literatur zur Bestimmung des Fortkommensschadens auf den sozio-ökonomischen Hintergrund des Geschädigten als Kriterium zurückgreifen.

Die heutzutage immer noch bestehenden, nicht unerheblichen Einkommensunterschiede zwischen Frauen und Männern werfen die Frage auf, ob es nicht auch angebracht wäre, den Fortkommensschaden einer in jungen Jahren geschädigten Person auch anhand ihres Geschlechtes zu bestimmen.

II. Rechtliche Zulässigkeit einer Einbeziehung des sozioökonomischen Hintergrundes des Geschädigten und einer geschlechtsabhängigen Differenzierung

Nachdem die Empirie für eine Berücksichtigung des sozio-ökonomischen Hintergrundes streitet, soll ihre rechtliche Zulässigkeit untersucht werden. In Betracht kommt ein Verstoß gegen Art. 3 GG. Ferner ist denkbar, dass das Sozialstaatsprinzip es gebietet, auf einen Rückgriff auf einen solchen Hintergrund des Geschädigten zu verzichten. Auch können das AGG als einfachgesetzliche Regelung sowie völkerrechtliche Bestimmungen es verbieten, den sozioökonomischen Hintergrund des Geschädigten zur Grundlage der Bestimmung des Schadens zu machen.

Außerdem wird, nachdem ein nicht unerheblicher statistischer Verdienstunterschied zwischen Frauen und Männern festgestellt worden ist, im Folgenden auch überprüft werden, ob es rechtlich nicht zulässig wäre, ebenfalls das Geschlecht einer geschädigten Person zur Bemessung des Fortkommensschadens heranzuziehen.

1. Verstoß gegen Art. 3 GG

Die Einbeziehung der sozio-ökonomischen Herkunft des Geschädigten in die Schadensprognose kann möglicherweise gegen Art. 3 Abs. 1 GG, den allgemeinen Gleichheitssatz, oder seine spezielle Ausprägung in Art. 3 Abs. 3 S. 1 GG[508] verstoßen: Während nach Art. 3 Abs. 1 GG alle Menschen gleich sind, verbietet Art. 3 Abs. 3 S. 1 GG die Benachteiligung oder Bevorzugung eines Menschen wegen seines Geschlechtes, seiner Abstammung, seiner Rasse, seiner Sprache, seiner Heimat und Herkunft, seines Glaubens, seiner religiösen oder politischen Anschauungen[509].

Auch die Bemessung des Fortkommensschadens anhand des Geschlechts kann gegen Art. 3 Abs. 3 S. 1 verstoßen. Daneben ist ein Verstoß gegen Art. 3 Abs. 2 S. 1 GG denkbar. Nach dieser Norm sind Männer und Frauen „gleichberechtigt".

a) Bindung der Fachgerichte an den Gleichheitssatz

Nach Art. 1 Abs. 3 GG binden die Grundrechte als unmittelbar geltendes Recht die Gesetzgebung, die vollziehende Gewalt und die Rechtsprechung. Art. 1 Abs. 3 GG stellt eine „Schlüsselnorm"[510] des Grundgesetzes für die Effektivität des Grundrechtsschutzes dar[511] und steht für eine umfassende Bindung der öffentlichen Gewalt insgesamt[512].

---

508 Vgl. *Dreier / Heun*, Art. 3 Rn. 116; *Maunz / Dürig / Dürig / Scholz*, Art. 3 Abs. 1 Rn. 255 ff.; *Schmidt-Bleibtreu / Klein / Kannengießer*, Art. 3 Rn. 57 u. Rn. 10.

509 Bei der Einfügung des Art. 3 Abs. 3 S. 1 GG orientierte sich der Ausschuss für Grundsatzfragen zum GG an dem bereits bestehenden Art. 2 S. 3 der badischen Verfassung vom 19. Mai 1947, Parl. Rat. Band 5/I, S. 142.

510 *Stern*, Staatsrecht, Band III/1, S. 1178.

511 Vgl. *Dreier / Dreier*, Art. 1 III Rn. 27.

512 *Maunz / Dürig / Herdegen*, Art. 1 Abs. 3 Rn. 92.

Auch die Rechtsprechung hat also im Vorfeld und bei der Urteilsfindung den Gleichheitssatz zu beachten, wobei die folgenden Ausführungen unabhängig davon zur Geltung kommen, ob der allgemeine Gleichheitssatz des Art. 3 Abs. 1 GG oder seine speziellen Ausprägungen in Art. 3 Abs. 2 und 3 GG betroffen sind[513].

Die möglichen Gleichheitsverstöße lassen sich in drei Fallgruppen, die Gleichheit beim Zugang zum Richter, die Gleichheit vor dem Richter – also die Waffengleichheit zwischen den Parteien im anhängigen Verfahren –, und die Gleichheit der Rechtsanwendung für den Bürger durch den Richter unterscheiden[514].

Betrachtet man die Gleichheit der Rechtsanwendung durch den Richter, ist erneut zu differenzieren:

Eine Ungleichbehandlung kann zum einen darauf beruhen, dass ein Gericht einen Rechtsanwendungsfehler begangen hat, z.B. durch schlicht falsche Anwendung von Gesetzen durch fehlerhafte Nichtanwendung oder Missdeutung von Gesetzen[515]. Gegen diese Art von Ungleichbehandlung, die in dem Gesetzesverstoß aufgeht[516], muss der Betroffene sich vor den Instanzgerichten zur Wehr setzen. Solche Gleichheitsverstöße ahndet das BVerfG nämlich grundsätzlich nicht.

So soll verhindert werden, dass es sich zu einer „Superrevisionsinstanz" entwickelt[517] oder ein „zusätzlicher Rechtsbehelf"[518] für gerichtliche Urteile geschaffen wird.

Nur wenn sich die getroffene Entscheidung als „offensichtlich sachwidrig" und damit „objektiv willkürlich"[519] erweist, wird das BVerfG den Verstoß gegen den Gleichheitssatz feststellen. Von einer solchen Willkür kann aber erst dann gesprochen werden, wenn ein Gericht eine „offensichtlich einschlägige Norm nicht berücksichtigt" oder den Inhalt einer Norm „in krasser Weise" missdeutet[520].

---

513 Vgl. Bonner Kommentar / *Rüfner*, Art. 3 Abs. 2 und 3 Rn. 602.

514 *Maunz / Dürig / Dürig / Scholz*, Art. 3 Abs. 1 Rn. 378.

515 *Jarass / Pieroth / Jarass*, Art. 3 Rn. 38.

516 Vgl. *v. Mangoldt / Klein / Starck / Starck*, Art. 3 Abs. 1 Rn. 282.

517 Vgl. BVerfGE 7, 198, 207; vgl. ferner BVerfGE 1, 213, 219: „kein Revisionsgericht".

518 Vgl. BVerfGE 1, 4, 5.

519 Vgl. BVerfGE 57, 39, 42; 71, 202, 205.

520 Vgl. BVerfGE 87, 273, 279; ähnlich BVerfGE 108, 129, 137: „… prüft das BVerfG insoweit nur, ob die Rechtsanwendung oder das dazu eingeschlagene Verfahren unter keinem denkbaren rechtlichen Gesichtspunkt rechtlich vertretbar ist und sich daher der Schluss aufdrängt, dass die Entscheidung auf sachfremden und damit willkürlichen Erwägungen beruht."; vgl. auch BVerfGE 112, 185, 215; vgl. ferner *Schlaich / Korioth*, Das Bundesverfassungsgericht, Rn. 299 ff. und *Winter*, FS für F. Merz, S. 611 ff.

Diese verschärften Anforderungen an die Feststellungen eines Gleichheitsverstoßes durch das BVerfG lockern allerdings nicht die materielle Grundrechtsbindung des jeweiligen Fachgerichts. Denn durch das Willkürverbot wird lediglich die Kontrollbefugnis des BVerfG zurückgenommen. Hiervon bleibt die von Art. 3 GG ausgehende Bindungsintensität unberührt.

Demzufolge kann nicht davon ausgegangen werden, das Gericht müsse lediglich „willkürliche" Entscheidungen vermeiden. Vielmehr sind sowohl das erstinstanzliche Gericht als auch die Folgeinstanzen in vollem Umfang Art. 3 GG unterworfen[521].

Die Berücksichtigung des sozio-ökonomischen Hintergrundes des Geschädigten bei der Feststellung des Fortkommensschadens erscheint jedoch gemessen an den soeben genannten Kriterien weder „offensichtlich sachwidrig" noch „objektiv willkürlich". Vielmehr hat die vorangegangene empirische Untersuchung gezeigt, dass der familiäre Hintergrund immer noch entscheidende Weichen für die Ausbildung und damit einhergehend auch den wirtschaftlichen Erfolg eines Menschen stellt[522].

Gleiches würde gelten, wenn man – wie bisher weder von der Rechtsprechung noch in der Literatur erwogen – in die Fortkommensschadensprognose auch das Geschlecht der geschädigten Person einfließen lassen würde: Auch hier zeigen die Statistiken einen Einkommensunterschied zwischen Frauen und Männern auf[523]. Von einer „offensichtlichen Sachwidrigkeit" oder „objektiven Willkürlichkeit" solcher – bislang hypothethischer Gerichtsentscheidung – ließe sich folglich kaum sprechen.

Eine Ungleichbehandlung kann aber auch auf einem – nur selten vorkommenden[524] – „selbständigen Gleichheitsverstoß" beruhen, wenn das Fachgericht den Gleichheitssatz und seine Auswirkungen im konkreten Fall verkennt:

Das BVerfG stellt allgemein von Gerichten begangene Grundrechtsverstöße dann fest, wenn von den Fachgerichten „spezifisches Verfassungsrecht" verletzt wird[525]. Hierzu ist erforderlich, dass der Fehler „gerade in der Nichtbeachtung von Grundrechten liegt"[526].

---

521 *Maunz / Dürig / Dürig / Scholz*, Art. 3 Abs. 1 Rn. 395–397.

522 Siehe oben unter: G. I. 5.

523 Siehe oben unter: G. I. 1.

524 Vgl. Bonner Kommentar / *Rüfner*, Art. 3 Abs. 1 Rn. 185.

525 BVerfGE 1, 418, 420; 18, 85, 92.

526 BVerfGE 18, 85, 92 f. (sog. Heck'sche Formel).

Als Anknüpfungspunkt eines solchen Verstoßes kommt einerseits eine „grundsätzlich unrichtige Auffassung“[527] von der Bedeutung des Grundrechts durch das Gericht in Betracht. Speziell für einen Verstoß Art. 3 GG wird es seitens des BVerfG als erforderlich angesehen, dass die fehlerhafte Auslegung des Gesetzes „auf einer grundsätzlich unrichtigen Anschauung von der Bedeutung und Reichweite“[528] des Gleichheitssatzes beruht. Erfasst werden von dieser Fallgruppe Fehleinschätzungen bei der Anwendung und Abwägung von Grundrechten[529].

Erst Recht muss das BVerfG von einem Grundrechtsverstoß ausgehen, wenn ein Anwendungs- oder Abwägungsausfall hinsichtlich des einschlägigen Grundrechts vorliegt, das erkennende Fachgericht also gar nicht erst die Grundrechtsrelevanz erkennt und in der Folge das einschlägige Grundrecht im Entscheidungsprozess keine Rolle gespielt hat[530].

Als entscheidendes Kriterium[531] für die Prüfung eines Verstoßes gegen den Gleichheitssatz wird es angesehen, ob das Gericht im Rahmen seiner Gesetzesauslegung zu einer Differenzierung gelangt, die dem Gesetzgeber verwehrt wäre[532].

Anhand dieses Maßstabes ist also zu prüfen, inwieweit die Berücksichtigung des sozio-ökonomischen Hintergrundes durch den BGH[533] und die Oberlandesgerichte[534] gegen Art. 3 GG verstößt.

---

527 BVerfGE 42, 143, 148 f. zu Art. 5 Abs. 1 S. 2 GG.

528 Vgl. u.a. BVerfGE 56, 139, 144; 81, 347, 357 f. (zur speziellen „Rechtsschutzgleichheit“).

529 *Schlaich / Korioth*, Das Bundesverfassungsgericht, Rn. 295.

530 *Schlaich / Korioth*, Das Bundesverfassungsgericht, Rn. 294. Exemplarisch seien hier erwähnt: BVerfGE 59, 231, 270 f. (Gerichte hatten die verfassungsrechtliche Lage nicht erkannt, jede Grundrechtsprüfung ist unterblieben); BVerfGE 71, 162, 178 f. (Gerichte hatten das Eingreifen eines Werbeverbots in die Meinungsfreiheit des Beschwerdeführers nicht geprüft); BVerfGE 77, 346, 359 (Das BVerfG schloss aus der mangelnden Erörterung der Pressefreiheit, dass sich das Gericht nicht ihrer Relevanz bewusst war); BVerfGE 95, 28, 37 (Die Entscheidung des LAG ließ nicht erkennen, dass es sich der Auswirkung seines Beschlusses auf die Pressefreiheit bewusst war. Es fehlte an einer ausdrücklichen, aber auch an einer sinngemäßen Erwähnung von Art. 5 Abs. 1 S. 2 GG).

531 Vgl. *Dreier / Heun*, Art. 3 Rn. 61.

532 BVerfGE 58, 369, 374; 84, 197, 199.

533 BGH r + s 2010, 528, 529 ff.

534 OLG Frankfurt VersR 1989, 48; OLG Karlsruhe VersR 1989, 1101, 1102; OLG Schleswig, Urteil v. 29.02.2008, 4 U 149/07, OLGR Schleswig 2009, 305 ff.; OLG Köln NJW 1972, 59 f.; OLG Köln, Urteil v. 29.01.1981, 7 U 85/80; OLG Nürnberg Schaden-Praxis 2003, 307 f.

Entscheidend ist, ob eine Vorschrift mit in etwa folgendem Inhalt Art. 3 GG genügte:

„Der Richter hat bei der Bemessung von Fortkommensschäden junger Geschädigter den Beruf, die Vor- und Weiterbildung der Eltern, ihre Qualifikation in der Berufstätigkeit, die beruflichen Pläne für das Kind, schulische und berufliche Entwicklungen von Geschwistern zu berücksichtigen."

Die angesprochenen Entscheidungen, die sich für eine Berücksichtigung des sozioökonomischen Umfeldes aussprechen, haben sich – soweit aus den Urteilsgründen erkennbar – in keiner Weise mit der Problematik einer Ungleichbehandlung auseinandergesetzt. Es erscheint damit zumindest möglich, dass ein Anwendungsausfall im Hinblick auf die Prüfung von Art. 3 GG vorliegt, sollte wirklich eine Ungleichbehandlung anzunehmen sein.

Für die rechtliche Prüfung einer Bestimmung des Fortkommensschadens unter Berücksichtigung des Geschlechts anhand von Art. 3 GG muss der gleiche Maßstab gelten. Es ist zu fragen ob eine Norm ungefähr folgenden Inhalts mit Art. 3 GG vereinbar wäre:

„Der Richter hat bei der Bemessung von Fortkommensschäden junger geschädigter Personen auch deren Geschlecht zu berücksichtigen."

b) Tatbestand des Art. 3 Abs. 3 S. 1 GG und sein Verhältnis zum allgemeinen Gleichheitssatz des Art. 3 Abs. 1 GG und zu Art. 3 Abs. 2 S. 1 GG

Für die Prüfung eines möglichen Gleichheitsverstoßes ist es von entscheidender Bedeutung, ob diese Prüfung am Maßstab des allgemeinen Gleichheitssatzes in Art. 3 Abs. 1 GG oder einer seiner speziellen Ausprägungen vorzunehmen ist.

Denkbar ist, dass die Auffassung, nach welcher zur Bemessung von Fortkommensschäden jüngster Geschädigter auch auf den sozioökonomischen Hintergrund zurückgegriffen werden kann, mit Art. 3 Abs. 3 S. 1 GG unvereinbar ist.

Diese Norm betont immer wiederkehrende typische und faktische Ungleichheiten und lässt sich letztendlich auf die Idee der zu bewahrenden Menschenwürde zurückführen[535]. Im Folgenden sollen die Tatbestandsmerkmale von Art. 3 Abs. 3 S. 1 GG beleuchtet werden.

Art. 3 Abs. 3 S. 1 GG verbietet die Benachteiligung oder Bevorzugung eines Menschen wegen seines Geschlechtes, seiner Abstammung, seiner Rasse, seiner Sprache, seiner Heimat und Herkunft, seines Glaubens, seiner religiösen oder politischen Anschauungen.

---

535 Vgl. *Maunz / Dürig / Dürig / Scholz*, Art. 3 Abs. 3 Rn. 1; *Hain*, Die Grundsätze des Grundgesetzes, S. 223 ff.; *v. Mangoldt / Klein / Starck / Starck*, Art. 3 Abs. 3 Rn. 367.

Die „Abstammung“ eines Menschen bezieht sich auf die natürlichen biologischen Beziehungen eines Menschen zu seinen Vorfahren[536]. Es ist verboten, an Eigenschaften der Eltern im Sinne einer „Sippenhaft“ anzuknüpfen[537].

Der Begriff der „Rasse“ betrifft Menschengruppen mit bestimmten wirklich oder vermeintlich vererbbaren Eigenschaften[538]. Der Rassebegriff, der wissenschaftlich ungeklärt ist, ist als Reaktion auf die nationalsozialistische Rassenideologie im Sinne der nationalsozialistischen Rassenlehre zu deuten[539].

„Heimat“ eines Menschen bedeutet seine örtliche Herkunft nach der Geburt oder der Ansässigkeit[540].

Der Begriff der „Herkunft“ umschreibt die Herkunft im Sinne sozialer, sozioökonomischer und schichtspezifischer Beziehungen[541]: „Herkunft“ bezieht sich auf die „ständisch-soziale Abstammung und Verwurzelung“[542]. Den Barrieren zwischen den unterschiedlichen sozialen Schichten soll in dieser Variante des Art. 3 Abs. 3 S. 1 GG entgegengewirkt werden[543].

Für einen Verstoß gegen Art. 3 Abs. 3 S. 1 GG ist es weiter erforderlich, dass jemand „wegen“ eines der oben genannten Merkmale „bevorzugt“ oder „benachteiligt“ wird. Unter einer „Bevorzugung“ ist jede den Adressaten begünstigende Handlung der Staatsgewalt, unter einer „Benachteiligung“ ist jede belastende Staatshandlung zu verstehen, die Vergleichspersonen nicht trifft[544].

Unstreitig notwendig ist ein Kausalzusammenhang zwischen dem Differenzierungsmerkmal und der Bevorzugung oder Benachteiligung[545].

Über längere Zeit wurde jedoch vom BVerfG und Teilen der Literatur vertreten, dass über dieses Kausalitätserfordernis hinaus eine intendierte Benachteiligung

---

536 BVerfGE 9, 124, 128 f.; *v. Mangoldt / Klein / Starck / Starck*, Art. 3 Abs. 3 Rn. 385.

537 *Dreier / Heun*, Art. 3 Rn. 127; *v. Mangoldt / Klein / Starck / Starck*, Art. 3 Abs. 3 Rn. 385.

538 *V. Mangoldt / Klein / Starck / Starck*, Art. 3 Abs. 3 Rn. 387; *Maunz / Dürig / Dürig / Scholz*, Art. 3 Abs. 3 Rn. 58.

539 Bonner Kommentar / *Rüfner*, Art. 3 Abs. 2 und 3 Rn. 830; *v. Mangoldt / Klein / Starck / Starck*, Art. 3 Abs. 3 Rn. 387.

540 BVerfGE 5, 17, 22; 17, 199, 203; 23, 258, 262; *v. Mangoldt / Klein / Starck / Starck*, Art. 3 Abs. 3 Rn. 394; Bonner Kommentar / *Rüfner*, Art. 3 Abs. 2 und 3 Rn. 839.

541 *Maunz / Dürig / Dürig / Scholz*, Art. 3 Abs. 3 Rn. 86.

542 BVerfGE 5, 17, 22; 9, 124 f.

543 Vgl. *Maunz / Dürig / Dürig / Scholz*, Art. 3 Abs. 3 Rn. 92; *v. Mangoldt / Klein / Starck / Starck*, Art. 3 Abs. 3 Rn. 401; *Dreier / Heun*, Art. 3 Rn. 131.

544 *Sachs*, Grundrechte, B 3 Rn. 77.

545 Vgl. BVerfGE 2, 266, 286; 59, 128, 157; 75, 40, 70; *Sachs*, Grundrechte, B 3 Rn. 78 ff.; *v. Münch / Kunig / Boysen*, Art. 3 Rn. 125 ff.

oder Bevorzugung erforderlich war[546]. Hierdurch wurde Art. 3 Abs. 3 GG seiner Kraft beraubt, da man für eine Diskriminierung regelmäßig andere Gründe finden konnte[547].

Inzwischen hat das BVerfG zu Recht seine Rechtsprechung „klargestellt“ bzw. geändert: Nach dieser dürfen die in Art. 3 Abs. 3 GG genannten Merkmale nicht als Anknüpfungspunkt für eine rechtliche Ungleichbehandlung herangezogen werden. Dies gelte auch, wenn eine Regelung nicht auf eine nach Art. 3 Abs. 3 GG verbotene Ungleichbehandlung angelegt sei, sondern zuvörderst andere Ziele verfolge[548]. Der Tatbestand eines Differenzierungsverbotes ist demnach bereits dann erfüllt, wenn eine Entscheidung, die gegenüber jemandem, der über ein verbotenes Differenzierungsmerkmal verfügt, anders ausgefallen wäre, wenn dieses Merkmal gefehlt hätte[549].

Knüpft man die Berechnung des Fortkommensschadens an die sozio-ökonomischen Verhältnisse wie den Beruf, Bildung der Eltern, ihren beruflichen Erfolg, die beruflichen Pläne für das Kind und die schulische und berufliche Entwicklungen von Geschwistern an[550], stellt man auf die soziale Schicht, also eben auf die „Herkunft“ des Geschädigten im Sinne des Art. 3 Abs. 3 S. 1 GG, ab, aus der der dieser entstammt. Es findet eine Bevorzugung oder eine Benachteiligung des Geschädigten gegenüber anderen Geschädigten mit anderem familiären Hintergrund statt.

Auch die Kausalität ist zu bejahen, wenn der sozio-ökonomische Hintergrund den Fortkommensschaden des Geschädigten beeinflussen soll.

Für die Einschlägigkeit des Art. 3 Abs. 3 S. 1 GG spielt es weiterhin keine Rolle, ob der familiäre Hintergrund zu Lasten und zu Gunsten oder nur zu Gunsten[551] eines Geschädigten verwendet werden darf. Auch die ausschließliche

---

546 Vgl. BVerfGE 19, 119, 126: Das Differenzierungsmerkmal muss das „die Regelung motivierende Element“ sein; BVerfGE 39, 334, 368 und 75, 40, 70: Art. 3 Abs. 3 GG richte sich nur gegen „bezweckte“ Benachteiligungen oder Bevorzugungen; ähnlich auch *Bleckmann*, Staatsrecht II – Die Grundrechte, § 24 Rn. 200 und *Fuss*, JZ 1959, 329, 336.

547 *Umbach / Clemens / Sacksofsky*, Art. 3 II, III 1 Rn. 311.

548 BVerfGE 85, 181, 206; 97, 35, 43; 114, 357, 364.

549 *Sachs*, Grundrechte, B 3 Rn. 81; so auch *v. Mangoldt / Klein / Starck / Starck*, Art. 3 Abs. 3 Rn. 379.

550 Vgl. BGH r + s 2010, 528, 529 ff.; OLG Frankfurt VersR 1989, 48; OLG Karlsruhe VersR 1989, 1101, 1102; OLG Schleswig, Urteil v. 29.02.2008, 4 U 149/07, OLGR Schleswig 2009, 305 ff.; OLG Köln NJW 1972, 59 f.; OLG Köln, Urteil v. 29.01.1981, 7 U 85/80; OLG Nürnberg Schaden-Praxis 2003, 307 f.

551 So aber *Pardey*, 2. Tagung Verkehrsopferschutz, S. 32, der der Auffassung ist, damit eine Schlechterstellung von Kindern aus einfacheren Verhältnissen verhindern

Berücksichtigung eines positiven Umfeldes stellt eine „Bevorzugung" im Sinne des Art. 3 Abs. 3 S. 1 GG von Geschädigten gegenüber solchen dar, die auf ein derartiges Umfeld nicht zurückgreifen können.

Damit lässt sich festhalten, dass das besondere Differenzierungsverbot aus Art. 3 Abs. 3 S. 1 GG eingreift, wenn das erkennende Gericht den Fortkommensschaden eines Kindes anhand seines sozio-ökonomischen Hintergrundes errechnen will.

Dieser Art. 3 Abs. 3 S. 1 GG stellt eine spezielle Ausprägung des allgemeinen Gleichheitssatzes in Art. 3 Abs. 1 GG dar und erweitert diesen mit seiner strikten Formulierung[552]. Das Spezialitätsverhältnis hat auch Auswirkungen auf die Grundrechtsprüfung:

Ergibt sich aus Art. 3 Abs. 3 GG bereits der Grundrechtsverstoß, bleibt für eine Prüfung des allgemeinen Gleichheitssatzes kein Raum mehr[553].

Ebenfalls scheidet eine Erörterung des Art. 3 Abs. 1 GG aus, wenn zuvor ein öffentlich-rechtliches Handeln an Art. 3 Abs. 3 S. 1 GG gemessen und ein Verstoß abgelehnt wurde[554].

Die Berücksichtigung des Geschlechts bei der Bestimmung des Fortkommensschadens kann einerseits gegen Art. 3 Abs. 3 S. 1 GG, andererseits aber auch gegen Art. 3 Abs. 2 S. 1 GG verstoßen. Art. 3 Abs. 3 S. 1 GG ist die Norm, die vom BVerfG bei unmittelbaren Diskriminierungen von Männern und Frauen herangezogen wird[555]. Das Verbot mittelbarer Diskriminierungen ist hingegen früher auf Art. 3 Abs. 2 S. 1 GG gestützt worden[556]. Mittlerweile entnimmt das BVerfG das Recht auf Abwehr mittelbarer Diskriminierungen ebenfalls aus Art. 3 Abs. 3 S. 1 GG[557]. Art. 3 Abs. 2 GG beinhaltet ein „Gleichbehandlungsgebot", das den

---

zu können. Die Rechtsprechung hat hierzu bislang nicht Stellung bezogen. In den Entscheidungen BGH r + s 2010, 528, 529 ff.; OLG Frankfurt VersR 1989, 48; OLG Karlsruhe VersR 1989, 1101, 1102; OLG Schleswig, Urteil v. 29.02.2008, 4 U 149/07, OLGR Schleswig 2009, 305 ff.; OLG Köln NJW 1972, 59 f.; OLG Köln, Urteil v. 29.01.1981, 7 U 85/80; OLG Nürnberg Schaden-Praxis 2003, 307 f. wurde allerdings bislang der sozio-ökonomische Hintergrund des Geschädigten ausschließlich zu seinen Gunsten berücksichtigt.

552 Bonner Kommentar / *Rüfner*, Art. 3 Abs. 2 und 3 Rn. 544.

553 BVerfGE 9, 124, 128; *Maunz / Dürig / Dürig / Scholz*, Art. 3 Abs. 1 Rn. 257.

554 Vgl. BVerfGE 9, 237, 248 f.; *Maunz / Dürig / Dürig / Scholz*, Art. 3 Abs. 1 Rn. 258.

555 Vgl. BVerfGE 85, 191, 206 f.; 92, 91, 109; 114, 357, 364.

556 Vgl. BVerfGE 85, 191, 207; 113, 1, 15; 114, 357, 370.

557 Vgl. BVerfGE 121, 241, 254.

Staat zur Förderung der faktischen Durchsetzung der Gleichberechtigung von Mann und Frau verpflichtet[558].

Würde ein Richter zur Bestimmung des Fortkommensschadens einer geschädigten Person auf deren Geschlecht rekurrieren, würde es sich hierbei um eine unmittelbare rechtliche Diskriminierung handeln, die also unmittelbar an das jeweilige Geschlecht anknüpfte[559]. Auch die erforderliche Kausalität zwischen dem Differenzierungsmerkmal „Geschlecht“ und der Diskriminierung oder Bevorzugung[560] wäre zu bejahen.

Würde sich ein Gericht zur Berechnung des Fortkommensschadens (auch) des Geschlechtes der verletzten Person bedienen, so würde demnach – wie bei der Differenzierung aufgrund des sozio-ökonomischen Hintergrundes – das Differenzierungsverbot des Art. 3 Abs. 3 S. 1 GG eingreifen.

c) Grenzen des Differenzierungsverbotes nach Art. 3 Abs. 3 S. 1 GG

Obgleich Art. 3 Abs. 3 S. 1 GG keinen Gesetzesvorbehalt enthält, herrscht Einigkeit darüber, dass prinzipiell eine Einschränkung von speziellen Diskriminierungsverboten zumindest gerechtfertigt werden kann[561]. Nicht sonderlich präzise legen das BVerfG und die Literatur die an eine solche Rechtfertigung zu stellenden Voraussetzungen dar.

Einerseits kann kollidierendes Verfassungsrecht zur Legitimation einer Abweichung von Art. 3 Abs. 3 S. 1 GG führen[562]. Grundlage einer solchen Einschränkung von Art. 3 Abs. 3 S. 1 GG muss eine „Abwägung mit kollidierendem

558 Vgl. BVerfGE 92, 90, 109; 109, 64, 98; 113, 1, 15.

559 Vgl. zum Begriff der „unmittelbaren Diskriminierung“: *Sachs / Osterloh*, Art. 3 Rn. 259.

560 Vgl. BVerfGE 2, 266, 286; 59, 128, 157; 75, 40, 70; *Sachs*, Grundrechte, B 3 Rn. 78 ff.

561 Vgl. u.a. BVerfGE 85, 191, 207; 92, 91, 109; 114, 357, 364; 121, 241, 257; BVerwG NVwZ 1999, 756; NJW 2004, 1095 *Jarass / Pieroth / Jarass*, Art. 3 Rn. 134 f.; *Schmidt-Bleibtreu / Klein / Kannengießer*, Art. 3 Rn. 58; *Sachs / Osterloh*, Art. 3 Rn. 254; Bonner Kommentar / *Rüfner*, Art. 3 Abs. 2 und 3 Rn. 574; *Sodan / Sodan*, Art. 3 Rn. 24; *Sachs*, Grundrechte, B 3 Rn. 99.

562 Vgl. BVerfGE 92, 91, 109; BVerfG NVwZ 1999, 756; NJW 2004, 1095; BVerfGE 114, 357, 364; 121, 241, 257; *Umbach / Clemens / Sacksofsky*, Art. 3 II, III 1 Rn. 314; *Sachs*, Grundrechte, B 3 Rn. 99; *Sodan / Sodan*, Art. 3 Rn. 24; Bonner Kommentar / *Rüfner*, Art. 3 Abs. 2 und 3 Rn. 574; *Sachs / Osterloh*, Art. 3 Rn. 254; *Schmidt-Bleibtreu / Klein / Kannengießer*, Art. 3 Rn. 58; *Jarass / Pieroth / Jarass*, Art. 3 Rn. 134; vgl. ferner *Ebsen*, Handbuch des Verfassungsrechts, S. 279 ff.

Verfassungsrecht“[563] beziehungsweise eine „strenge“ Verhältnismäßigkeitsprüfung[564] sein. Ungleichbehandlungen sind vor Art. 3 Abs. 3 S. 1 GG nur dann zu rechtfertigen, wenn sie „zur Verfolgung überragend wichtiger Gemeinwohlinteressen zwingend erforderlich“ sind[565].

Die Rechtfertigung einer Ungleichbehandlung ist aber auch auf anderer Grundlage denkbar:

In Bezug auf das Differenzierungsverbot in Art. 3 Abs. 3 S. 1 GG wegen des Geschlechtes hat das BVerfG im Jahre 1992 ausgeführt: „Allerdings verstößt nicht jede Ungleichbehandlung, die an das Geschlecht anknüpft, gegen Art. 3 Abs. 3 GG. Differenzierende Lösungen können vielmehr zulässig sein, soweit sie zur Lösung von Problemen, die ihrer Natur nach nur entweder bei Männern oder bei Frauen auftreten können, zwingend erforderlich“ sind[566].

Obgleich dieses Urteil nur die Ungleichbehandlung aufgrund Geschlechtes betraf, wird seine Aussage auch auf die übrigen unzulässigen Differenzierungskriterien des Art. 3 Abs. 1 GG bezogen: Danach ist die Verwendung solcher Unterscheidungsmerkmale dann zulässig, wenn ihre Verwendung zur Lösung von Problemen notwendig ist, die sich ihrer Natur nach nur bei Personen der einen Gruppe von Merkmalsträgern ergeben, und wenn die Diskriminierung zwingend erforderlich ist[567].

Folglich ist weiter zu prüfen, ob kollidierendes Verfassungsrecht oder sonstige zwingende Probleme im oben genannten Sinn eine Berücksichtigung des sozio-ökonomischen Hintergrundes des Geschädigten rechtfertigen können.

(1) Rechtfertigung aufgrund kollidierenden Verfassungsrechtes

Eine Bevorzugung oder Benachteiligung nach den verbotenen Differenzierungsmerkmalen des Art. 3 Abs. 3 GG kann – wie soeben erläutert – durch kollidierendes Verfassungsrecht gerechtfertigt sein.

(a) Grundrechtliche Schutzpflichten zu Gunsten des Geschädigten

Es ist denkbar, dass die Nichtberücksichtigung des sozio-ökonomischen Umfeldes eines Geschädigten oder seines Geschlechtes zur Berechnung seines Fortkommensschadens eine unzulässige Einschränkung der sich aus der Verfassung

---

563 So BVerfGE 92, 91, 109; BVerfG NVwZ 1999, 756; NJW 2004, 1095; BVerfGE 114, 357, 364; 121, 241, 257.

564 So *Sachs / Osterloh*, Art. 3 Rn. 254.

565 *Umbach / Clemens / Sacksofsky*, Art. 3 II, III 1 Rn. 313.

566 BVerfGE 85, 191, 207.

567 Vgl. *Jarass / Pieroth / Jarass*, Art. 3 Rn. 135; *Sodan / Sodan*, Art. 3 Rn. 24.

ergebenden grundrechtlichen Schutzpflichten bedeutet: Für das BVerfG ergibt sich aus der Verfassung die Verpflichtung des Gesetzgebers, für Absicherung eines Mindestschutzes der grundrechtlich geschützten Rechtsgüter unter anderem gegenüber Eingriffen von Privatpersonen zu sorgen[568].

Solcher grundrechtlicher Schutz – sei es, dass er durch haftungsrechtliche Normen verwirklicht wird oder werden müsste –, kann kollidierendes Verfassungsrecht bedeuten, welches möglicherweise eine Einschränkung von Art. 3 Abs. 3 S. 1 GG rechtfertigen könnte.

Fehlt es an dem grundrechtlichen Schutzniveau, kann dies einen Grundrechtsverstoß bedeuten.

Allerdings ist zu beachten, dass ein Grundrechts*verstoß* nur dann vorliegt, wenn dem Geschädigten ein „von Verfassungs wegen gebotenes Minimum" an Grundrechtsschutz vorenthalten wird[569]. Im Übrigen ist es Sache des Gesetzgebers, zu entscheiden, auf welche Weise und in welchem Haftungsumfang der grundrechtliche Schutz zu gewährleisten ist: Dem Gesetzgeber wird nämlich ein weiter Gestaltungsspielraum eröffnet, welcher ihm die Möglichkeit zu Kompromisslösungen bietet[570].

Für die hier in Frage stehende Ablehnung der Berücksichtigung des sozioökonomischen Hintergrundes bei der Berechnung von Fortkommensschäden lässt sich allerdings feststellen, dass dem Geschädigten nicht gänzlicher Ersatz – beispielsweise für seine Körperverletzung – versagt wird. Es würde ihm lediglich in den speziellen Fällen, in denen keine übrigen Indizien für eine gewisse Schadenshöhe sprechen, die Möglichkeit versagt, einen höheren Fortkommensschaden darzulegen. Darüber hinaus ist zu beachten, dass der Geschädigte, selbst wenn übrige Anknüpfungspunkte zur Feststellung des Fortkommensschadens fehlten, nicht gänzlich schutzlos stünde. Ein Fortkommensschaden würde ihm zugesprochen, aber eben nicht in der von ihm angestrebten Höhe[571]. Verzichtet man auf die Einbeziehung des sozio-ökonomischen Hintergrundes, kann sich

---

568 Vgl. u.a. BVerfGE 39, 1, 41 f.; 46, 160, 164 (zum Grundrecht auf Leben); 53, 30, 57 (zum Grundrecht auf Leben und körperliche Unversehrtheit); 56, 54, 73 (zum Grundrecht auf körperliche Unversehrtheit); 88, 203, 252 (zum Grundrecht auf Leben und körperliche Unversehrtheit sowie zum Persönlichkeitsrecht).

569 Vgl. *Canaris*, AcP 184 (1984), 201, 231 f. zum Schutz des allgemeinen Persönlichkeitsrechts.

570 Vgl. BVerfGE 49, 304, 320; *Schirmer*, FS für Baumann, 293, 312; *Canaris*, AcP 184 (1984), 201, 231 f.; BGB-MünchKomm / *Oetker*, § 249 Rn. 15.

571 Siehe unten unter: G. III.

dies aus Sicht des Geschädigten auch vorteilhaft auswirken, wenn dieser Hintergrund gar die Schätzung eines niedrigeren Schadens rechtfertigen würde.

Vor diesem Hintergrund lässt sich kaum davon sprechen, dass nicht einmal grundrechtlicher Mindeststandard gewahrt würde, wenn man den sozio-ökonomischen Hintergrund aus der Schadensberechnung ausklammerte. Vielmehr ist es Sache des Gesetzgebers, diesen Grundrechtsschutz haftungsrechtlich auszugestalten und zu präzisieren[572]. Die Zivilgerichte sind jedoch derzeit nicht befugt, aufgrund grundrechtlicher Schutzpflichten den sozio-ökonomischen Hintergrund des Geschädigten zu berücksichtigen und so das Differenzierungsverbot des Art. 3 Abs. 3 S. 1 GG einzuschränken.

In Bezug auf die Berücksichtigung des Geschlechts bei der Bestimmung von Fortkommensschäden lässt sich zunächst festhalten, dass die geschädigte Person gegenwärtig nur dann Vorteile würde aus ihr ziehen können, wenn es sich bei dieser um einen Mann handelte, da Männer ja derzeit statistisch höhere Einkünfte erzielen[573]. Für die Berücksichtigung des Geschlechts bei Schätzung des Fortkommensschadens gelten darüber hinaus die gleichen, zuvor angestellten Überlegungen: Für die geschädigte Person bleibt ein „grundrechtlicher Mindeststandard" gewährleistet, selbst wenn man ihr Geschlecht nicht mit in die Schadensprognose einfließen lässt.

(b) Fehlende Berücksichtigung des sozio-ökonomischen Hintergrundes und des Geschlechtes des Geschädigten als Eingriff in das Eigentum im Sinne des Art. 14 GG

Möglich ist ferner, dass eine Außerachtlassung eines positiven sozio-ökonomischen Hintergrundes des Geschädigten oder seines Geschlechtes für diesen einen Eingriff in sein ihm nach Art. 14 Abs. 1 GG gewährtes Eigentum darstellt:

Ein positiver familiärer Hintergrund wird – statistisch betrachtet – zu einer höheren Schadensprognose führen. Umgekehrt könnte aber eine Nichtberücksichtigung dieses Hintergrundes als „Schmälerung" des Schadensersatzanspruches angesehen werden.

Art. 14 GG schützt nicht nur körperlich greifbare Sachen, sondern auch geldwerte Ansprüche des Privatrechts[574]. Die Vorschrift erfasst alle „vermögenswerten Rechte, die dem Berechtigten von der Rechtsordnung in der Weise

---

572 Vgl. BVerfGE 49, 304, 320.

573 Siehe oben unter: G. I. 1.

574 Vgl. *Dreier / Wieland*, Art. 14 Rn. 47; *Jarass / Pieroth / Jarass*, Art. 14 Rn. 8; *Epping / Hillgruber / Axer*, Art. 14 Rn. 48 f.; *Schmidt-Bleibtreu / Klein / Hofmann*, Art. 14 Rn. 11; *Maunz / Dürig / Papier*, Art. 14 Rn. 201; *Stern / Becker / Becker*, Art. 14 Rn. 53.

zugeordnet sind, dass dieser die damit verbundenen Befugnisse nach eigenverantwortlicher Entscheidung zu seinem privaten Nutzen ausüben darf"[575]. Zu solchen „vermögenswerten Rechten" zählen sowohl dingliche als auch schuldrechtliche Ansprüche[576], obgleich es Letztgenannten an der für das Eigentum „typischen" Ausschlussfunktion fehlt[577]. Entsprechend sieht das BVerfG nicht nur vertragliche, sondern auch deliktische Schadensersatzansprüche als „Eigentum" im Sinne des Art. 14 GG an: „Die der Gewährleistung des Eigentums zukommende sichernde und abwehrende Bedeutung gilt in besonderem Maße für schuldrechtliche Ansprüche, die den Charakter eines Äquivalents für Einbußen an Lebenstüchtigkeit besitzen"[578].

Schadensersatzansprüche eines Geschädigten fallen folglich auch unter den Schutz des Eigentumsbegriffs des Art. 14 GG.

Trotz dieses grundsätzlichen Schutzes durch Art. 14 GG würde durch einen Verzicht auf den sozio-ökonomsichen Hintergrund des Geschädigten zur Bestimmung der Schadenshöhe das Eigentum keinesfalls tangiert:

Schadensersatzforderungen als geschützte Rechtsposition genießen nämlich erst nach ihrer Entstehung im konkreten Schadensfall diesen grundgesetzlichen Schutz[579].

Die Frage, ob und in welcher Höhe eine Forderung entstanden ist, ist hingegen von diesem nicht erfasst[580]. Die Modalitäten der Schadensbestimmung sind genau diesem Bereich zuzuordnen. Durch einen Verzicht auf den sozioökonomischen Hintergrund als Komponente der Schadensbestimmung kann also Art. 14 GG gar nicht berührt sein.

Mit den gleichen Erwägungen kann man auch die These zum Scheitern bringen, die Außerachtlassung des Geschlechtes des Geschlechtes eines Mannes wäre als „Schmälerung" seines Anspruchs und damit als unzulässiger Eingriff in sein Eigentum nach Art. 14 GG zu bewerten: Die Frage, ob und in welcher Höhe eine Forderung entstanden ist, unterfällt nicht dem Schutz des Art. 14 GG.

575 BVerfGE 83, 201. 209; 101, 239, 258; BVerfG NJW 2001, NJW 2001, 2159; 112, 93, 107; 115, 97, 111.

576 Vgl. BVerfGE 42, 263, 293; 45, 142, 179; 83, 201, 208; 112, 93, 107; 115, 97, 111.

577 Vgl. *Stern / Becker / Becker*, Art. 14 Rn. 53.

578 BVerfGE 112, 93, 107; vgl. auch *Epping / Hillgruber / Axer*, Art. 14 Rn. 48 f.; *Stern / Becker / Becker*, Art. 14 Rn. 53.

579 Vgl. *Schirmer*, FS für Baumann, 293, 312.

580 Vgl. BVerfGE 20, 31, 34; 45, 142, 179 f.

(c) Gleichbehandlung der Schädiger oder Haftpflichtversicherer

Weiterhin könnten haftenden Schädiger oder Haftpflichtversicherer monieren, dass sie durch Außerachtlassung des familiären Umfeldes des Geschädigten oder seines Geschlechtes unzulässig gleichbehandelt würden:

Sie könnten nämlich einwenden, dass sie als Schuldner der Schadensersatzansprüche im Prozess gegen einen Verletzten, dessen sozio-ökonomischer Hintergrund negativ auf die Schadensprognose einwirkt, Schadensersatz in der gleichen Höhe zu leisten hätten wie ein Schädiger oder Haftpflichtversicherer eines Geschädigten mit deutlich positiverem familiären Hintergrund.

Diese Erwägung ließe sich auch auf die Außerachtlassung des Geschlechtes der geschädigten Person für die Schadensprognose übertragen, da die Schädiger oder Haftpflichtversicherer sich auf den Standpunkt stellen könnte, dass einer Frau als Geschädigten ja ein geringerer Fortkommensschaden entstünde und es so zu einer unzulässigen Gleichbehandlung mit Schuldnern eines Mannes käme.

Nach der Rechtsprechung des BVerfG widerspricht es zwar nicht nur dem allgemeinen Gleichheitssatz in Art. 3 Abs. 1 GG, wesentlich Gleiches, ungleich zu behandeln, sondern auch, wesentlich Ungleiches gleich zu behandeln[581].

Es kann aber offenbleiben, ob die oben genannten Gruppen von Schädigern oder Haftpflichtversicherern als „wesentlich" ungleich zu bezeichnen sind. Denn das BVerfG lässt die Rechtfertigung von Gleichbehandlungen eher großzügig zu[582]:

Eine Gleichbehandlung von wesentlich Ungleichem ist nur dann unzulässig, wenn für eine solche ein „vernünftiger, einleuchtender" Grund fehlt[583] oder wenn – so eine andere Formulierung des BVerfG – „die tatsächliche Ungleichheit so groß ist, dass sie bei einer am Gerechtigkeitsgedanken orientierten Betrachtungsweise" beachtet werden müssen[584].

Ein derart vernünftiger Grund für die Gleichbehandlung lässt sich bereits darin erblicken, dass die Gleichbehandlung zu einer Umsetzung des vorbehaltlos gewährten[585] und damit bedeutsamen Differenzierungsverbotes des Art. 3

---

581 Vgl. u.a. BVerfGE 1, 14, 52; 4, 144, 155; 23, 98, 106 f.; 42, 64, 72; 49, 148, 165; 98, 365, 385; 103, 310, 318; 112, 268, 278; 116, 164, 180; vgl. auch *v. Münch / Kunig /Boysen*, Art. 3 Rn. 64 ff.; *Jarass / Pieroth / Jarass*, Art. 3 Rn. 8. *Pieroth / Schlink*, Grundrechte, Rn. 468 f., wenden ein, die Fallgruppe der unzulässigen Gleichbehandlung könne auch in Form einer Ungleichbehandlung ausgedrückt werden, wenn man eine andere Bezugsgruppe wähle.

582 Vgl. *Jarass / Pieroth / Jarass*, Art. 3 Rn. 28.

583 BVerfGE 76, 256, 329; 90, 226, 239.

584 BVerfGE 1, 264, 275; 86, 81; 98, 365, 385; 110, 141, 167.

585 *Sachs / Osterloh*, Art. 3 Rn. 254.

Abs. 3 S. 1 GG führt[586]. Es kann damit nicht die Rede davon sein, dass es an einem „vernünftigen, einleuchtenden" Grund für die vertretene Gleichbehandlung fehlte. Vielmehr setzt sich mit dem Postulat für eine Außerachtlassung des sozioökonomischen Hintergrundes und des Geschlechtes des Geschädigten ein objektives Verfassungsprinzip des GG durch, welches als Ausfluss der Menschenwürde betrachtet werden kann[587]. Dies streitet auch dagegen, dass eine „am Gerechtigkeitsgedanken orientierte Betrachtungsweise" die Gleichbehandlung der hier zu betrachtenden Vergleichsgruppen – Schuldner eines Geschädigten mit negativem und Schuldner eines Geschädigten mit einem positiveren sozioökonomischen Hintergrund sowie Schuldner einer geschädigten Frau und eines geschädigten Mannes – verböte.

Es lässt sich damit festhalten, dass auch Art. 3 Abs. 1 GG aus Sicht der Schuldner eines auf den Ersatz des Fortkommensschadens gerichteten Schadensersatzanspruches weder die Berücksichtigung des familiären Hintergrundes noch des Geschlechtes der geschädigten Person bei der Schätzung der Schadenshöhe gebietet.

(d) Recht auf ein faires Verfahren

Auch könnte das „Recht auf ein faires Verfahren" dazu verpflichten, den sozioökonomischen Hintergrund der geschädigten Person oder ihr Geschlecht zur Bestimmung des Schadensumfanges heranzuziehen.

Das BVerfG hat ein solches Recht anerkannt und leitet es aus Art. 2 Abs. 1 GG in Verbindung mit dem Rechtsstaatsprinzip in Art. 20 Abs. 3 GG ab[588]. Die materielle Komponente dieses Rechtsstaatsprinzips zielt auf die „Erlangung und Erhaltung materieller Gerechtigkeit im staatlichen und staatlich beeinflussbaren Bereich"[589]:

Der erkennende Richter darf sich nicht widersprüchlich verhalten, er darf aus eigenen oder ihm zurechenbaren Fehlern oder Versäumnissen keine Verfahrensnachteile ableiten und ist allgemein zur Rücksichtnahme gegenüber Verfahrensbeteiligten in ihrer konkreten Situation verpflichtet[590]. Weiterhin hat er

586 Vgl. auch *Schmidt-Bleibtreu / Klein / Kannengießer*, Art. 3 Rn. 18: Verfassungsrechtliche Prinzipien rechtfertigten eine großzügigere Prüfung des Art. 3 Abs. 1 GG.

587 Vgl. *v. Mangoldt / Klein / Starck / Starck*, Art. 3 Abs. 3 Rn. 370.

588 BVerfG NJW 1979, 1925; 1988, 2787; 1996, 3202; 1998, 2044; BVerfGE 101, 397, 404; 110, 339, 342. Frühere Entscheidungen beschränkten sich auf die Nennung des Rechtsstaatsprinzips: BVerfGE 46, 325, 334 f.; 49, 212, 225.

589 Vgl. BVerfG NJW 1979, 1925.

590 Vgl. BVerfG NJW 1988, 2787; 1996, 3202; 1998, 2044; *Stein / Jonas / Leipold*, vor § 128 Rn. 129.

für ein gehöriges Verfahren Sorge zu tragen[591] und durch eine entsprechende Verfahrensgestaltung den Inhalten der Verfassung, besonders den Grundrechten Geltung zu verschaffen[592], wozu grundsätzlich auch eine faire Handhabung des Beweisrechts zählt[593]. Es dürfen keine unerfüllbaren Anforderungen der Beweisführung gestellt werden[594].

Lässt man den sozio-ökonomischen Hintergrund des Geschädigten bei der Schadensersatzberechnung außer Betracht, nimmt man diesem die Möglichkeit, einen womöglich deutlich höheren Schaden darzulegen. Ähnlich verhält es sich, wenn man einem männlichen Geschädigten die Möglichkeit der Darlegung eines – unter Berufung auf sein Geschlecht – im Vergleich zu Frauen höheren Schadens abschneidet.

Der geschädigten Person bleibt ausschließlich der Rückgriff auf seine bislang in der Ausbildung gezeigten Leistungen. Auch ist denkbar, dass sich Aussagen über die Intelligenz eines Kindes aufgrund entsprechender Tests treffen lassen. Im Falle jüngster Geschädigter bleibt eine solche Möglichkeit zumeist allerdings aus.

Die Versagung eines höheren Schadensersatzes trotz exzellenter Herkunft bzw. männlichen Geschlechtes mag man als „unfair" empfinden, da die Statistik für eine positive Entwicklung spräche[595]. Letzten Endes darf aber nicht vergessen bleiben, dass durch das Recht auf ein faires Verfahren insbesondere den Grundrechten Gewicht verliehen werden soll[596]. Art. 3 Abs. 3 S. 1 GG als Ausfluss der Menschenwürde[597] wird durch eine Nichtberücksichtigung des sozio-ökonomischen Hintergrundes und des Geschlechtes des Geschädigten in besonderer Weise Genüge getan.

Weiterhin ist zu unterscheiden: Beschneidet man die Beweisführung des Geschädigten dergestalt, dass ihm die Beweisführung hinsichtlich eines rechtlich in vollem Umfange zustehenden Anspruches unerfüllbar wird, entfaltet der Grundsatz des fairen Verfahrens Bedeutung.

Anders ist es hingegen zu bewerten, wenn dem Geschädigten durch das Recht gar kein Anspruch oder nur ein geringerer Anspruch zugestanden und

---

591 Vgl. BVerfGE 49, 220, 225.
592 Vgl. BVerfG 42, 64, 73; BVerfG NJW 1979, 1925.
593 Vgl. BVerfG NJW 1979, 1925.
594 Vgl. hierzu *Stürner*, NJW 1979, 2334, 2337.
595 Siehe oben unter: G. I. 5. und G. I. 1.
596 Vgl. BVerfG 42, 64, 73; BVerfG NJW 1979, 1925.
597 Vgl. *v. Mangoldt / Klein / Starck / Starck*, Art. 3 Abs. 3 Rn. 370.

ihm deshalb die Beweisführung nicht eröffnet ist. In diesem Fall kann das Recht als „unfair" empfunden werden. Das Verfahren ist es indes nicht[598]:

Wenn Art. 3 Abs. 3 S. 1 GG die Berücksichtigung eines (positiven) sozio-ökonomischen Hintergrundes oder des Geschlechtes verbietet, schränkt diese Vorschrift lediglich den Umfang des vom Geschädigten zu beanspruchenden Ersatzes ein. Die Verfahrensfairness selbst ist nicht betroffen.

Das Recht des Geschädigten auf ein faires Verfahren wird demgemäß nicht durch einen Verzicht auf die Berücksichtig des sozio-ökonomischen Hintergrundes des Geschädigten oder seines Geschlechts betroffen.

Es lässt sich damit im Ergebnis keinerlei kollidierendes Verfassungsrecht finden, welches es rechtfertigen würde, eine Unterscheidung nach den verbotenen Differenzierungskriterien des Art. 3 Abs. 3 S. 1 GG ohne eine den Gestaltungsspielraum des Gesetzgebers verwirklichende gesetzliche Grundlage vorzunehmen.

(e) Erforderlichkeit einer gesetzlichen Regelung

Darüber hinaus würde selbst kollidierendes Verfassungsrecht es nicht rechtfertigen, dass ein Gericht aus eigener Machtvollkommenheit Art. 3 Abs. 3 S. 1 GG einschränkte:

Nach der sogenannten Wesentlichkeitsrechtsprechung des BVerfG hat das Parlament alle „wesentlichen" Entscheidungen selbst zu treffen[599].

Als „wesentlich" werden die Entscheidungen bezeichnet, die „wesentlich für die Verwirklichung der Grundrechte" sind[600]. Diese Wesentlichkeitsrechtsprechung ist auch nicht lediglich auf den Bereich von Eingriffen beschränkt, sondern deckt alle „wesentlichen" grundrechtsrelevanten Maßnahmen ab[601].

Bei Art. 3 Abs. 3 S. 1 GG handelt es sich um ein schrankenlos gewährtes Grundrecht[602], die Möglichkeit eines Grundrechtseingriffs „durch" ein Gesetz oder „aufgrund" eines Gesetzes ergibt sich also nicht aus dem Grundgesetz. Daraus darf jedoch nicht geschlossen werden, dass eine grundsätzlich unzulässige Differenzierung im Sinne dieser Vorschrift nicht auf gesetzlicher Grundlage

---

598 Vgl. zu dieser Unterscheidung *Stürner*, NJW 1979, 2334, 2337.

599 Vgl. u.a. BVerfGE 33, 303, 346; 34, 185, 192; 40, 237, 248 ff.; 41, 251, 259; 45, 400, 417 f.; 47, 46, 78 ff.; 48, 210, 221; 53, 30, 56; 56, 1, 13; 58, 257, 268 ff.; 62, 169, 182 f.; 88, 103, 116; 95, 267, 307 f.; 98, 218, 251; 101, 1, 34; 108, 282, 312.

600 BVerfGE 47, 46, 78; vgl. auch BVerfGE 95, 267, 307 f.; vgl. kritisch zum Begriff der „Wesentlichkeit" aufgrund seiner mangelnden Präzision u.a. *Kisker*, NJW 1977, 1313, 1318; *Klöpfer*, JZ 1984, 685, 692 f.

601 Vgl. BVerfGE 49, 89, 126; *v. Mangoldt / Klein / Starck / Sommermann*, Art. 20 Rn. 278.

602 Vgl. *Sachs / Osterloh*, Art. 3 Rn. 254.

erfolgen müsste. Vielmehr gilt abgeleitet aus der Wesentlichkeitstheorie[603] das Gegenteil:

Vor allem dann, wenn Grundrechte nach der Verfassung vorbehaltlos gewährt werden, ist eine Regelung vonnöten, die die verfassungsimmanenten Schranken bestimmt und konkretisiert, um die widerstreitenden Verfassungswerte in Ausgleich zu bringen[604].

An einem solchen Gesetz fehlt es derzeit jedoch: § 286 Abs. 1 ZPO normiert den Grundsatz der freien Beweiswürdigung und damit einer freien Überzeugungsbildung unter Berücksichtigung des gesamten Prozessstoffes[605].

§ 287 Abs. 1 ZPO, der dem erkennenden Gericht die Möglichkeit der Schadensschätzung einräumt, ist erlassen worden, um dem Geschädigten den Beweis des Schadens zu erleichtern[606]. Eine Regelung verfassungsimmanenter Grundrechtsschranken verfolgte der Gesetzgeber keinesfalls. Auch sind keine anderen gesetzlichen Regelungen ersichtlich, die den Konflikt zwischen Art. 3 Abs. 3 S. 1 GG und anderen Verfassungswerten auflösen sollten.

Auch aufgrund der Wesentlichkeitsrechtsprechung des BVerfG ist es den Gerichten folglich verboten, den sozio-ökonomischen Hintergrund oder das Geschlecht der geschädigten Person zur Bestimmung der Schadenshöhe heranzuziehen und auf diese Weise eine verbotene Differenzierung nach Art. 3 Abs. 3 S. 1 GG zu treffen.

(2) Rechtfertigung aufgrund bei nur einer Personengruppe auftretender Probleme

Nicht nur kollidierendes Verfassungsrecht kann eine an sich durch Art. 3 Abs. 3 S. 1 GG verbotene Differenzierung rechtfertigen.

Eine solche wird auch dann als zulässig bewertet, wenn ihre Verwendung zur Lösung von Problemen notwendig ist, die sich ihrer Natur nach nur bei Personen der einen Gruppe von Merkmalsträgern ergeben, und wenn die Diskriminierung zwingend erforderlich ist[607]. Das der im Folgenden kurz beschriebenen Rechtsprechung des BVerfG zu Ungleichbehandlungen aufgrund Geschlechtes zu entnehmende Kriterium für eine Rechtfertigung wird – in leicht modifizierter Form – auf die übrigen verbotenen Differenzierungsmerkmale des Art. 3 Abs. 3 S. 1 GG bezogen:

---

603 Vgl. *Klöpfer*, Verfassungsrecht II, § 51 Rn. 68.

604 Vgl. BVerfGE 83, 130, 142.

605 *Zöller / Greger*, § 286 Rn. 1.

606 Siehe oben unter: Einleitung zu E. III.

607 Vgl. *Jarass / Pieroth / Jarass*, Art. 3 Rn. 135; *Sodan / Sodan*, Art. 3 Rn. 24.

In einer Entscheidung aus dem Jahre 1992 setzte sich das BVerfG mit einem Nachtarbeitsverbot für Arbeiterinnen auseinander. Das BVerfG stellte in dieser die „Rechtfertigungsformel" auf:

Eine Differenzierung kann zulässig sein, „soweit sie zur Lösung von Problemen, die ihrer Natur nach nur entweder bei Männern oder bei Frauen auftreten können, zwingend erforderlich" ist[608]. Das BVerfG sah aber weder gesundheitliche Konsequenzen noch Frauen auf dem Heimweg drohende Gefahren als zwingende Gründe in diesem Sinne an[609].

Eine weitere Entscheidung des BVerfG im Jahr 1995 betraf eine auf Männer beschränkte Feuerwehrdienstpflicht und eine hieran anknüpfende Abgabepflicht. Das BVerfG urteilte, die vermeintlich schwächere Konstitution von Frauen könne eine Differenzierung nach Art. 3 Abs. 3 S. 1 GG nicht rechtfertigen[610].

Schließlich sah das BVerfG im Jahr 2008 im Jahr eine Regelung, die weiblichen Gefangenen im Gegensatz zu männlichen Gefangenen erlaubte, mehr Kosmetika von ihrem eigenen Geld zu erwerben, als nicht mit Art. 3 Abs. 3 S. 1 GG vereinbar an. Ein zumeist bei Frauen auftretendes Bedürfnis nach Kosmetika stelle kein „Problem" dar, welches seiner Natur nach nur Frauen auftreten könne[611].

Diesen Entscheidungen lässt sich zumindest entnehmen, dass das BVerfG an die Rechtfertigung von Differenzierungen im Sinne des Art. 3 Abs. 3 S. 1 GG strenge Anforderungen stellt. Wann genau das BVerfG von einem eine solche Differenzierung rechtfertigenden „Problem, das seiner Natur nach nur bei Männern oder Frauen auftreten kann", ausgeht, ließ es offen. Es diskutierte allerdings – mit den gesundheitlichen Konsequenzen und den Gefahren auf dem Heimweg bei Nachtarbeiterinnen, der schwächeren Konstitution bei der Feuerwehrpflicht und dem erhöhten Bedürfnis nach Kosmetika – stets die Frage, ob Nachteile bei Frauen durch eine an sich verbotene Differenzierung, nämlich durch ein Verbot der Nachtarbeit, keine Feuerwehrdienstpflicht und die Erlaubnis, mehr Kosmetika zu erwerben, ausgeglichen werden müssten.

Die Tatsache, dass – statistisch gesehen – ein besserer sozio-ökonomischer Hintergrund oder die Tatsache, dass es sich bei der geschädigten Person um einen Mann handelt, eine finanziell erfolgreichere Erwerbslaufbahn bedeutet, bedeutet keinen Nachteil der Personen mit einem positiveren sozio-ökonomischen Hintergrund oder der männlichen Geschädigten. Dies als „Problem"

608 BVerfGE 85, 191, 207.

609 Vgl. BVerfGE 85, 191, 207 ff.

610 Vgl. BVerfGE 92, 91, 109 ff.

611 BVerfG NJW 2009, 661, 662 f.

dieser Personengruppe zu bezeichnen, verbietet bereits der Wortsinn. Es besteht kein Bedarf, Nachteile dieser Personengruppe auszugleichen.

Personen mit einem negativeren sozio-ökonomischen Hintergrund oder Frauen sind diejenigen, denen aufgrund der Statistiken eine – finanziell betrachtet – weniger erfolgreiche Erwerbslaufbahn versprochen ist. Die Berücksichtigung ihres familiären Hintergrundes oder Geschlechtes würde keinen Ausgleich dieses „Problems" bedeuten, vielmehr die dieser Personengruppe zukommenden schlechteren Erwerbsaussichten aufrechterhalten.

Dies spricht dagegen, in der sich aus der Statik ergebenden Wahrscheinlichkeit für oder gegen eine erfolgreiche Erwerbsbiographie ein solches Problem zu erkennen, welches eine Differenzierung zwingend erforderlich macht.

Des Weiteren gilt auch für diese Differenzierungskriterien die „Wesentlichkeitstheorie"[612]: „Wesentliche" Entscheidungen, also solche, die „wesentlich für die Verwirklichung der Grundrechte" sind[613], sind vom Gesetzgeber selbst zu besorgen.

So lange folglich kein auf die Einschränkung der Differenzierungsverbote in Art. 3 Abs. 3 S. 1 GG gerichtetes Gesetz existiert, dürfen weder der sozio-ökonomische Hintergrund der geschädigten Person noch deren Geschlecht durch die Gerichte bei der Feststellung der Schadenshöhe berücksichtigt werden.

d) Zwischenbetrachtung

Die Berücksichtigung des sozio-ökonomischen Hintergrundes des Geschädigten verstößt gegen Art. 3 Abs. 3 S. 1 GG. Weder kollidierendes Verfassungsrecht noch sonstige „Probleme", die eine Differenzierung erzwingen, sind erkennbar. Jedenfalls sind vor dem Hintergrund der Wesentlichkeitstheorie des BVerfG Differenzierungen nach Art. 3 Abs. 3 S. 1 GG nur auf Grundlage eines Gesetzes möglich.

Dabei macht es keinen Unterschied, ob man diesen Hintergrund nur zu Gunsten des Geschädigten oder auch zu seinen Lasten bei der Schadensbestimmung heranzieht.

Dieses Ergebnis lässt sich auch hinsichtlich einer – bislang weder in der Praxis noch in der Literatur erwogenen – Berücksichtigung der Geschlechtszugehörigkeit der geschädigten Person bei der Bestimmung der Schadenshöhe festhalten. Diese würde ebenfalls gegen Art. 3 Abs. 3 S. 1 GG verstoßen.

---

612 Siehe oben unter: G. II 1. c) (1) (e).

613 BVerfGE 47, 46, 78; vgl. auch BVerfGE 95, 267, 307 f.; vgl. kritisch zum Begriff der „wesentlichkeit" aufgrund seiner mangelnden Präzision u.a. *Kisker*, NJW 1977, 1313, 1318; *Klöpfer*, JZ 1984, 685, 692 f.

2. Verfassungskonforme Auslegung auf Grundlage des Sozialstaatsprinzips

Nach der Norm des Art. 20 Abs. 1 GG ist die Bundesrepublik Deutschland ein „demokratischer und sozialer Bundesstaat". In Art. 28 Abs. 1 GG findet sich die Formulierung „sozialer Rechtsstaat".

a) Sozialstaatsprinzip als alle Staatsgewalten bindende Staatszielbestimmung

Aus dem Wort „sozial" ist das Sozialstaatsgebot des Grundgesetzes abzuleiten. Es handelt sich dabei um eine Staatszielbestimmung, die ein Grundprinzip des Grundgesetzes darstellt[614] und über Art. 79 Abs. 3 GG zu den Unabänderlichkeitsgarantien des Grundgesetzes zu zählen ist.

Grundelemente des Sozialstaatsgebotes sind die Forderungen nach sozialem Ausgleich[615], sozialer Sicherheit[616] und sozialer Gerechtigkeit[617]. Es handelt sich hierbei um keine klar abgrenzbaren Teile, sondern „Elemente eines Gesamtprinzips", die sich gegenseitig ergänzen und konkretisieren[618]. *Zacher* umschreibt die wichtigsten Ziele des Sozialstaatsprinzips: „Hilfe und Not gegen Armut und ein menschenwürdiges Existenzminimum für jedermann; mehr Gleichheit und den Abbau von Wohlstandsdifferenzen; mehr Sicherheit gegenüber den Wechselfällen des Lebens; und schließlich wirtschaftliche Verhältnisse, die eine allgemeine Wohlstandsteilhabe ermöglichen"[619].

Das Sozialstaatsprinzip ist als Generalklausel gefasst. Daher ist es konkretisierungsfähig und konkretisierungsbedürftig. Dennoch ist ihm Rechtssatzcharakter zuzuschreiben[620].

Die Präzisierung des Sozialstaatsprinzips ist zuvörderst dem Gesetzgeber überlassen. Dieser ist als Hauptadressat des Sozialstaatsprinzips anzusehen[621]. Es ist

---

614 Vgl. u.a. *Maunz / Dürig / Herzog / Grzeszick*, Art. 20 VIII Rn. 1; *Jarass / Pieroth / Jarass*, Art. 20 Rn. 111; *Sodan / Leisner*, Art. 20 Rn. 20; *v. Mangoldt / Klein / Starck / Sommermann*, Art. 20 Abs. 1 Rn. 103; *Dreier / Gröschner*, Art. 20 (Sozialstaat) Rn. 31 f.

615 Vgl. BVerfGE 22, 180, 204; 76, 256, 301; 93, 121, 163 (abweichende Meinung von *Böckenförde*).

616 Vgl. *H. F. Zacher*, HStR II, § 28 Rn. 43 ff.; *Stern*, Staatsrecht I, S. 911 f.

617 Vgl. *v. Mangoldt / Klein / Starck / Sommermann*, Art. 20 Abs. 1 Rn. 104; *Dreier / Gröschner*, Art. 20 (Sozialstaat) Rn. 37; *Stern*, Staatsrecht I, S. 911.

618 Vgl. *Dreier / Gröschner*, Art. 20 (Sozialstaat) Rn. 37.

619 *H. F. Zacher*, HStR II, § 28 Rn. 25.

620 Vgl. *Stern*, Staatsrecht I, S. 911.

621 Vgl. *Stern*, Staatsrecht I, S. 915.

seine Aufgabe, für eine gerechte Sozialordnung zu sorgen, wobei ihm ein weiter Gestaltungsspielraum zukommt[622]. Er ist zu „sozialer Aktivität verpflichtet“[623].

Jedoch ist nicht allein der Gesetzgeber an das Sozialstaatsprinzip gebunden: Auch die Exekutive[624] und die Judikative[625] sind gehalten, dieses zu berücksichtigen. Für die Judikative bedeutet das Sozialstaatsprinzip, dass dieses die Auslegung und Anwendung bestehender Gesetze beeinflusst[626]. *Marcic* pointiert dies und erkennt im Gericht den „Ort, an dem soziale Gerechtigkeit zur Realität und Aktualität gerinnt“[627].

Allerdings zieht das BVerfG für Auslegungen im Lichte des Sozialstaatsprinzips eine Grenze: Die Auslegung ist dort unzulässig, wo diese in die unmittelbare Beschränkung eines Grundrechts umschlägt[628].

b) Chancengleichheit als Element des Sozialstaatsprinzips

Das Sozialstaatsprinzip ist darauf gerichtet, die in der Bevölkerung vorhandenen sozialen Gegensätze auszugleichen[629].

Als ein Element eines solchen sozialen Ausgleiches wird auch die Chancengleichheit verstanden[630]. Mit diesem Begriff ist das Ziel umschrieben, eine Startgleichheit für alle, also gleiche Ausgangsbedingungen, Startchancen bzw. Entwicklungschancen – auch unabhängig von dem Bildungs- und Vermögensniveau des

---

622 Vgl. u.a. BVerfGE 59, 231, 263; 103, 271, 288; *Stern*, Staatsrecht I, S. 915; *Sachs / Sachs*, Art. 20 Rn. 48.

623 BVerfGE 1, 97, 105; 43, 213, 226; 53, 164, 184.

624 Vgl. zum sozialstaatlichen Handeln im Verwaltungsrecht: *Felix*, DVBl 2004, 1070 ff.

625 Vgl. *Stern*, Staatsrecht I, S. 916; *Jarass / Pieroth / Jarass*, Art. 20 Rn. 126; *Dreier / Gröschner*, Art. 20 (Sozialstaat) Rn. 34; *Maunz / Dürig / Herzog / Grzeszick*, Art. 20 VIII Rn. 6; *Hömig / Antoni*, Artikel 20 Rn. 4.

626 Vgl. BVerfGE 1, 97, 105; 52, 283, 299; 59, 231, 262 f.; 89, 214, 232 f.; 113, 88, 108 f.; *Sachs / Sachs*, Art. 20 Rn. 49; *Maunz / Dürig / Herzog / Grzeszick*, Art. 20 VIII Rn. 27; *Dreier / Gröschner*, Art. 20 (Sozialstaat) Rn. 34; *Jarass / Pieroth / Jarass*, Art. 20 Rn. 126; *Stern*, Staatsrecht I, S. 916; *v. Mangoldt / Klein / Starck / Sommermann*, Art. 20 Abs. 1 Rn. 124.

627 *Marcic*, FS für H. Schmitz, S. 115.

628 Vgl. BVerfGE 52, 283, 299; 59, 231, 262 f.

629 Vgl. BVerfGE 22, 180, 204; 100, 271, 284.

630 Vgl. *Dreier / Gröschner*, Art. 20 (Sozialstaat) Rn. 40; *v. Mangoldt / Klein / Starck / Starck*, Art. 3 Abs. 1 Rn. 33; *Epping / Hillgruber / Huster / Rux*, Art. 20 Rn. 199; *Jarass / Pieroth / Jarass*, Art. 20 Rn. 118; Bonner Kommentar / *Robbers*, Art. 20 Abs. 1 Rn. 1412.

familiären Umfeldes – zu schaffen[631]. *Roellecke* begreift den Sozialstaat als „Formel, mit der störende soziale Ungleichheit zur nichtstörenden Chancengleichheit zurechtgeschliffen wird“[632].

Eine „Ergebnisgleichheit“ soll hingegen nicht erzielt werden[633]: Eine Herstellung vollständiger sozialer Gleichheit kann nicht das Ziel des Sozialstaatsprinzips sein, da dies die Freiheit der Menschen zerstörte[634]. Zum anderen sprechen als anthropologische Gründe die Individualität und die unterschiedliche Strebsamkeit der Menschen gegen eine vollkommene Gleichheit[635].

Daher formuliert das BVerfG, das Sozialstaatsprinzip solle „die Gleichheit fortschreitend bis zu dem vernünftigerweise zu fordernden Maß verwirklichen“[636].

Herzog zieht der „Chancen*gleichheit*“ daher den Begriff „Chancen*gerechtigkeit*“ vor[637].

Solche „gleichen Ausgangs- oder Startbedingungen“ sind nur erreichbar, wenn ohne Differenzierung gleiches Recht angewandt wird[638]. Zum anderen ist aber auch erforderlich, dass die sozialen Verhältnisse in der Bevölkerung angeglichen werden[639]. Dies kann erreicht werden, indem staatliche Vor- und Fürsorge für einzelne Personen oder Gruppen der Gesellschaft, die aufgrund persönlicher Lebensumstände oder gesellschaftlicher Benachteiligung an ihrer persönlichen oder sozialen Entfaltung gehindert sind, betrieben wird[640].

Der Grundsatz der Chancengleichheit kommt in mehreren Sachbereichen zum Tragen, von denen einige beispielhaft Erwähnung finden sollen:

Unter anderem ist das Prinzip der Chancengleichheit im Prüfungsrecht von großer Relevanz, da sie für das weitere Fortkommen des Einzelnen – sei es als Zugangsmöglichkeit zu weiterer Ausbildung, zu bestimmten Berufen oder als Zugewinn von Prestige oder Autorität – entscheidend ist[641].

---

631 Vgl. *v. Mangoldt / Klein / Starck / Starck*, Art. 3 Abs. 1 Rn. 33; *Maunz / Dürig / Herzog / Grzeszick*, Art. 20 VIII Rn. 40; *Schoch*, DVBl, 1988, 863, 880 f.

632 *Umbach / Clemens / Roellecke*, Art. 20 Rn. 207.

633 Vgl. *v. Mangoldt / Klein / Starck / Sommermann*, Art. 20 Abs. 1 Rn. 111.

634 Vgl. *v. Mangoldt / Klein / Starck / Starck*, Art. 3 Abs. 1 Rn. 35; *Dreier / Gröschner*, Art. 20 (Sozialstaat) Rn. 40.

635 Vgl. *Maunz / Dürig / Herzog / Grzeszick*, Art. 20 VIII Rn. 40.

636 BVerfG 5, 85, 206.

637 Vgl. *Maunz / Dürig / Herzog / Grzeszick*, Art. 20 VIII Rn. 40.

638 Vgl. *v. Mangoldt / Klein / Starck / Starck*, Art. 3 Abs. 1 Rn. 34.

639 Vgl. *v. Mangoldt / Klein / Starck / Starck*, Art. 3 Abs. 1 Rn. 35.

640 BVerfG 45, 376, 387 zu Leistungen aus der gesetzlichen Unfallversicherung für vor der Geburt geschädigte Menschen.

641 Vgl. *v. Mangoldt / Klein / Starck / Starck*, Art. 3 Abs. 1 Rn. 37.

Als Grundlage dieser Chancengleichheit wird aber nicht das Sozialstaatsprinzip, sondern der allgemeine Gleichheitssatz aus Art. 3 Abs. 1 GG herangezogen[642]. Das Prinzip der Chancengleichheit verlangt, dass die Prüflinge ihre Prüfung unter den gleichen Bedingungen ablegen[643]. Schließlich müssen natürlich auch die Kriterien der Leistungsbewertung für alle identisch sein[644].

Chancengleichheit als Ausfluss des Sozialstaatsprinzips ist aber auch dann von Bedeutung, wenn der Staat als Monopolverwalter von Studienplätzen solche zur Verfügung stellt. Hier hat jeder „hochschulreife" Bürger den Anspruch an der mit der Schaffung von Studienplätzen angebotenen Lebenschance prinzipiell gleichberechtigt beteiligt zu sein[645].

Im wirtschaftlichen Wettbewerb – namentlich im Bereich von Subventionen – kann ferner Chancengleichheit Relevanz entfalten: Das Sozialstaatsprinzip kann einen Ausgleich von Stärken oder Schwächen einzelner Marktteilnehmer erlauben und so im Ergebnis Ungleichbehandlungen rechtfertigen[646].

Einen weiteren Anwendungsbereich findet die Chancengleichheit im Privatrecht: Hier herrscht grundsätzlich das Prinzip der Privatautonomie, welches aus Art. 2 Abs. 1 GG abgeleitet wird. Die Privatautonomie erlaubt, Verträge nach freiem Belieben abzuschließen oder vom Vertragsschluss abzusehen. Ebenso ist der Inhalt der abzuschließenden Verträge frei bestimmbar[647].

Allerdings wird die Privatautonomie nicht grenzenlos gewährt. Kollidierende Grundrechte Dritter, aber auch das Sozialstaatsprinzip können zu einer Einschränkung der Privatautonomie führen[648]. So erfährt diese eine Begrenzung in den Fallgestaltungen, in denen ein Vertragsteil einen deutlich größeren Einfluss auf den Vertragsinhalt nimmt, wenn nämlich zwischen zwei Vertragspartnern im Rahmen einer „typisierbaren Fallgestaltung" eine „strukturelle Unterlegenheit" des einen Vertragspartners vorliegt und die Folgen für den schwächeren Vertragsteil ungewöhnlich belastend sind. Das Sozialstaatsprinzip macht einen Ausgleich dieses Missstandes erforderlich, den die Zivilrechtsordnung durch die Generalklauseln des BGB ermöglicht[649]. Diese „Waffengleichheit im Vertragsrecht" stellt

642 Vgl. BVerfGE 37, 342, 352 ff.; BVerwGE 85, 323, 325.

643 Vgl. BVerwGE 69, 46, 49; 85, 323, 325.

644 Vgl. BVerfGE 37, 342, 352 ff.

645 BVerfGE 33, 303, 332.

646 Vgl. *v. Mangoldt / Klein / Starck / Starck*, Art. 3 Abs. 1 Rn. 43.

647 Vgl. *Maunz / Dürig / Di Fabio*, Art. 2 Rn. 101 ff.

648 Vgl. *Maunz / Dürig / Di Fabio*, Art. 2 Rn. 104; *v. Münch / Kunig / Mager*, Art. 4 Rn. 60 zu Art. 4 GG.

649 BVerfGE 89, 214, 232 ff.

eine spezielle Ausgestaltung der vom Sozialstaatsprinzip geforderten Chancengleichheit dar[650].

Schließlich kann das Sozialstaatsprinzip in Form einer Chancengleichheit auch auf das Prozessrecht einwirken: Das Sozialstaatsprinzip gebietet eine Angleichung der Situation von bemittelten und unbemittelten Parteien im Prozess. Beide Gruppen sollen gleichermaßen Gelegenheit erhalten, die Tatsachen und Rechtsauffassungen vorzutragen, die für das Ergebnis des Rechtsstreits von Bedeutung sind[651]. Das Institut der Prozesskostenhilfe verwirklicht dieses aus dem Sozialstaatsprinzip folgende Gebot der Chancengleichheit[652].

Führt die strikte Anwendung von Vorschriften der ZPO zu einer Beeinträchtigung der Chancengleichheit, kann diese die Auslegung der Verfahrensnormen beeinflussen, ja sogar Analogien rechtfertigen[653].

c) Erstellung der Fortkommensschadensprognose im Lichte des Sozialstaatsprinzips

Das Sozialstaatsprinzip beeinflusst – wie eben beschrieben – die Auslegung von Gesetzen[654] und kann dabei sowohl auf das Privatrecht als auch auf das Prozessrecht einwirken.

Schließen weder das Privatrecht noch das Prozessrecht eine Auslegung im Lichte des Sozialstaatsprinzips aus, fragt sich weiter, ob es eher dem Sozialstaatsprinzip entspräche, den sozio-ökonomischen Hintergrund des Geschädigten bei der Erstellung der Prognose über den Fortkommensschaden außer Acht zu lassen.

---

650 *Umbach / Clemens / Roellecke*, Art. 20 Rn. 207. Ein weiteres Beispiel für Einwirkungen des Sozialstaatsprinzips auf die Privatautonomie stellen Kontrahierungszwänge im Privatrecht dar, vgl. Bonner Kommentar / *Robbers*, Art. 20 Abs. 1 Rn. 1602.

651 Vgl. BVerfGE 9, 124, 130 f. zur Erforderlichkeit eines „Armenrechts" und der Beiordnung eines „Armenanwalts" im Sozialgerichtsverfahren.

652 Vgl. BVerfG 35, 348, 355; 67, 245, 248. Da allerdings keine „vollständige Gleichstellung Unbemittelter mit Bemittelten, sondern nur eine weitgehende Angleichung" angestrebt wird, ist es zulässig, dass bei der Prozesskostenhilfe die Erfolgsaussichten der Prozessführung geprüft werden, BVerfGE 81, 347, 357.

653 Vgl. BVerfGE 22, 83, 86 ff.: Nach Auffassung des BVerfG verstieß es gegen Art. 3 Abs. 1 BGB in Verbindung mit dem Sozialstaatsprinzip, einem unbemittelten Rechtsmittelkläger, der nach Bewilligung des Armenrechts die Frist für einen Wiedereinsetzungsantrag versäumt hatte, keine Wiedereinsetzung in den vorigen Stand zu gewähren. Das BVerfG rechtfertigte folglich eine analoge Anwendung des § 233 Abs. 1 ZPO a.F., der das Erfordernis des Wiedereinsetzungsgrundes regelte, auf die Vorschrift des § 234 Abs. 1 ZPO a.F., die Einsetzungsfrist.

654 Vgl. BVerfGE 1, 97, 105; 52, 283, 299; 59, 231, 262 f.; 89, 214, 232 f.; 113, 88, 108 f.

Parallel hierzu ist die Frage aufzuwerfen, ob nicht das Sozialstaatsprinzip auch dazu drängt, auf eine Differenzierung nach dem Geschlecht der geschädigten Person[655] bei der Bemessung des Fortkommensschadens zu verzichten.

Wie bereits gezeigt, beeinflussen der sozio-ökonomische Hintergrund des Geschädigten und dessen Geschlechtszugehörigkeit statistisch gesehen seine Fortkommenschancen und damit letztendlich seinen Schaden[656].

Lässt man den sozio-ökonomischen Hintergrund eines Geschädigten oder dessen Geschlechtszugehörigkeit unbeachtet, kann dies letztendlich dazu führen, dass diesem ein größerer oder ein geringerer Schadensersatz zugesprochen werden müsste als ihm statistisch gesehen zustehen würde. Selbstredend wird auch der Schädiger oder der Haftpflichtversicherer ebenso – durch eine der Statistik widersprechende höhere oder geringere Schadensersatzhöhe – betroffen.

Es erscheint es andererseits auf den ersten Blick sonderbar, mittels des Sozialstaatsprinzips die statistischen und faktischen Gegebenheiten aushebeln zu wollen[657]. Es beschleicht einen der Gedanke, durch einen Verzicht auf den sozio-ökonomischen Hintergrund oder die das Geschlecht des Geschädigten als Prognosefaktoren würden die Ursachen fehlender Chancengleichheit mittels einer Korrektur ihrer Folgen überdeckt.

Hier darf nicht aus den Augen verloren werden, dass es bei der Erstellung der Fortkommensschadensprognose nur um die Abbildung des hypothetischen Vorganges geht, wie sich das Leben des Geschädigten ohne seine Schädigung entwickelt hätte[658]. Eine Angleichung der Startchancen würde einem aus dem Kinder- und Ausbildungsleben gerissenen Geschädigten ohnehin nichts nützen. Aus seiner Perspektive kann sich Chancengleichheit nur in Form der Schadensprognose verwirklichen.

Auch wird und würde durch die Berücksichtigung des sozio-ökonomischen Hintergrundes, der Geschlechtszugehörigkeit des Geschädigten und die hieraus folgende Verweigerung eines Schadensersatzanspruches in einer bestimmten Höhe die faktische Ungleichheit aufgegriffen und auf der Ebene des Schadensersatzprozesses perpetuiert. Wenn es auch noch viele Jahre dauern wird, bis sich

---

655 Vgl. zum Geschlecht als „Determinante“ sozialer Ungleichheit in Deutschland: *Hradil*, Soziale Ungleichheit in Deutschland, S. 34 ff.

656 Siehe oben unter: G. I. 5.

657 Solche Bedenken treten aufgrund der Bestrebung zur Gleichbehandlung von Mann und Frau nur in geringerem Maße auf, wenn man erwägt, – wie die bisherige Rechtsprechung und Literatur – von einer geschlechtsspezifischen Differenzierung bei der Bestimmung des Fortkommensschadens abzusehen.

658 *Küppersbusch*, Ersatzansprüche bei Personenschäden, II. 13. a).

die Startchancen der Bürger annährend angeglichen haben werden, so sollte dies nicht Anlass dazu geben, diese Last auch dem Geschädigten aufzubürden.

Vielmehr kann durch eine Nichtberücksichtigung des sozio-ökonomischen Hintergrundes und des Geschlechtes bereits auf der Ebene des Schadensersatzes zur Verwirklichung dessen angesetzt werden, was das Sozialstaatsprinzip als Staatszielbestimmung[659] gebietet: Annähernd gleiche Startchancen für alle Bürger.

Lässt man den sozio-ökonomischen Hintergrund und das Geschlecht des Geschädigten außer Acht, entspricht dies folglich eher dem aus dem – zur Auslegung des Privat- und Prozessrechts heranzuziehenden – Sozialstaatsprinzip folgenden Grundsatz der Chancengleichheit als ein Aufgreifen der unterschiedlichen Startchancen zur Bestimmung der Schadenshöhe.

Zuletzt darf eine Auslegung auf Grundlage des Sozialstaatsprinzips niemals zur Beschränkung von Grundrechten führen[660], doch werden diese – wie oben beschrieben[661] – weder tangiert oder noch beschränkt.

3. Verstoß gegen das Allgemeine Gleichbehandlungsgesetz

Im Folgenden wird untersucht, ob die Berücksichtigung des sozio-ökonomischen Hintergrundes oder des Geschlechts des Geschädigten bei der Bestimmung des Fortkommensschadens nicht auch mit dem Allgemeinen Gleichbehandlungsgesetz (AGG) kollidiert.

Durch das AGG hat der deutsche Gesetzgeber diverse europäische Richtlinien umgesetzt, und zwar die sogenannte „Antirassismus-Richtlinie"[662], die „Rahmenrichtlinie Beschäftigung"[663], die „Gender-Richtlinie"[664] und die Richtlinie „zur

---

659 Vgl. u.a. *Maunz / Dürig / Herzog / Grzeszick*, Art. 20 VIII Rn. 1; *Jarass / Pieroth / Jarass*, Art. 20 Rn. 111; *Sodan / Leisner*, Art. 20 Rn. 20; *v. Mangoldt / Klein / Starck / Sommermann*, Art. 20 Abs. 1 Rn. 103; *Dreier / Gröschner*, Art. 20 (Sozialstaat) Rn. 31 f.

660 Vgl. BVerfGE 52, 283, 299; 59, 231, 262 f.

661 Siehe oben unter: G. II. 1. c) (1) (a)-(c).

662 Richtlinie 2000/43/EG des Rates vom 29. Juni 2000 zur Anwendung des Gleichbehandlungsgrundsatzes ohne Unterschied der Rasse oder der ethnischen Herkunft (ABl. EG Nr. L 180 S. 22).

663 Richtlinie 2000/78/EG des Rates vom 27. November 2000 zur Festlegung eines allgemeinen Rahmens für die Verwirklichung der Gleichbehandlung in Beschäftigung und Beruf (ABl. EG Nr. L 303 S. 16).

664 Richtlinie 2002/73/EG des Europäischen Parlaments und des Rates vom 23. September 2002 zur Änderung der Richtlinie 76/207/EWG des Rates zur Verwirklichung des Grundsatzes der Gleichbehandlung von Männern und Frauen hinsichtlich des Zugangs zur Beschäftigung, zur Berufsbildung und zum beruflichen Aufstieg sowie in Bezug auf die Arbeitsbedingungen (ABl. EG Nr. L 269

Verwirklichung des Grundsatzes der Gleichbehandlung von Männern und Frauen beim Zugang zu und bei der Versorgung mit Gütern und Dienstleistungen“[665].

Der sachliche Anwendungsbereich des AGG ist in der Norm des § 2 AGG geregelt, welcher in § 2 Abs. 1 AGG unterschiedliche Benachteiligungssituationen nennt[666]. In § 2 Abs. 1 AGG wird auf § 1 AGG Bezug genommen: Der sachliche Anwendungsbereich erfasst „Benachteiligungen“ nur, soweit sie aus einem der in § 1 AGG genannten Gründe erfolgt. § 3 AGG definiert den Begriff der „Benachteiligung“ näher.

Spezielle auf den Zivilrechtsverkehr bezogene Diskriminierungsverbote nennt § 19 AGG[667].

a) Eröffnung des Sachlichen Anwendungsbereichs

Es stellt sich schon zu Beginn der Prüfung die Frage, ob überhaupt der sachliche Anwendungsbereich des AGG gemäß § 2 AGG eröffnet ist:

(1) Verbotene Differenzierungsmerkmale nach § 1 AGG

Die Vorschrift des § 2 Abs. 1 AGG erfasst „Benachteiligungen aus einem in § 1 genannten Grund.“ § 1 AGG wiederum, der als „ausgelagertes Tatbestandsmerkmal“ die Differenzierungsmerkmale aufzählt[668], vor denen das AGG schützen will, verbietet Benachteiligungen „aus Gründen der Rasse oder wegen der ethnischen Herkunft oder wegen des Geschlechts, der Religion oder Weltanschauung, einer Behinderung, des Alters oder der sexuellen Identität“.

Der „sozio-ökonomische Hintergrund“ ist allerdings kein verbotenes Differenzierungsmerkmal im Sinne des § 1 AGG und ist insbesondere nicht unter das Merkmal der „ethnischen Herkunft“ zu subsumieren:

Die „ethnische Herkunft“ wird durch diverse Faktoren bestimmt, nämlich vor allem die lange gemeinsame Geschichte einer Personengruppe, eine gemeinsame kulturelle Tradition, ein gemeinsames äußeres Erscheinungsbild, Sprache

---

S. 15). Diese Richtlinie wurde gemeinsam mit weiteren europäischen Richtlinien von der Richtlinie 2006/54/EG des Europäischen Parlaments und des Rates vom 05. Juli 2006 „zur Verwirklichung des Grundsatzes der Chancengleichheit und Gleichbehandlung von Männern und Frauen in Arbeits- und Beschäftigungsfragen“ ersetzt.

665 Richtlinie 2004/113/EG (ABl. Nr. L 373 vom 21/12/2004 S. 37–43).

666 *Adomeit / Mohr*, AGG, § 2 Rn. 1.

667 *Bauer / Göpfert / Krieger*, AGG, § 19 Rn. 4.

668 Vgl. *Bauer / Göpfert / Krieger*, AGG, § 1 Rn. 1.

und Religion[669]. Hätte der Gesetzgeber den sozio-ökonomischen Hintergrund in § 1 AGG einbeziehen wollen, hätte es nahegelegen, in diese Norm – entsprechend der Neufassung des § 75 Abs. 1 BetrVG[670] – neben der „ethnischen Herkunft" auch die „Abstammung oder sonstige Herkunft" aufzunehmen. Dies spricht dagegen, unter der „ethnischen Herkunft" auch den sozio-ökonomischen Hintergrund zu verstehen[671].

Darüber hinaus werden von § 1 AGG auch solche nicht genannten Differenzierungsmerkmale erfasst, die mit einem der in § 1 AGG ausdrücklich genannten Merkmale in *untrennbarem* Zusammenhang stehen[672]. Allerdings wird man wohl kaum davon ausgehen können, dass ein „positiver" oder „negativer" sozioökonomischer Hintergrund *untrennbar* mit einer gewissen „ethnischen Herkunft" eines Menschen zusammenhängt.

Schließlich kann auch nicht über eine „richtlinienkonforme Auslegung" eine Einbeziehung des „sozio-ökonomischen" Hintergrundes in den Anwendungsbereich des AGG erfolgen:

Nach dem EuGH sind die nationalen Gerichte gehalten, bei der Anwendung des nationalen Rechts, insbesondere bei der Anwendung desjenigen nationalen Rechts, welches eine europäische Richtlinie umsetzt, das nationale Recht im Lichte des Wortlauts und des Zwecks der Richtlinie, also „richtlinienkonform", auszulegen[673].

---

669 Vgl. *Adomeit / Mohr*, AGG, § 1 Rn. 51; BGB-MünchKomm / *Thüsing*, § 1 AGG Rn. 53 ff.

670 § 75 Abs. 1 BetrVG lautet: „Arbeitgeber und Betriebsrat haben darüber zu wachen, dass alle im Betrieb tätigen Personen nach den Grundsätzen von Recht und Billigkeit behandelt werden, insbesondere, dass jede Benachteiligung von Personen aus Gründen ihrer Rasse oder wegen ihrer ethnischen Herkunft, ihrer Abstammung oder sonstigen Herkunft, ihrer Nationalität, ihrer Religion oder Weltanschauung, ihrer Behinderung, ihres Alters, ihrer politischen oder gewerkschaftlichen Betätigung oder Einstellung oder wegen ihres Geschlechts oder ihrer sexuellen Identität unterbleibt"

671 Vgl. *Adomeit / Mohr*, AGG, § 1 Rn. 60; *Rust / Falke / Falke*, § 1 Rn. 22 AGG; a.A. *Bauer / Göpfert / Krieger*, AGG, § 1 Rn. 20.

672 *Bauer / Göpfert / Krieger*, AGG, § 1 Rn. 55: Dies wird aus § 3 Abs. 1 S. 2 AGG abgeleitet, der insoweit einen allgemeinen Rechtsgedanken enthält. § 3 Abs. 1 AGG lautet: „Eine unmittelbare Benachteiligung liegt vor, wenn eine Person wegen eines in § 1 genannten Grundes eine weniger günstige Behandlung erfährt, als eine andere Person in einer vergleichbaren Situation erfährt, erfahren hat oder erfahren würde. Eine unmittelbare Benachteiligung wegen Geschlechts liegt in Bezug auf § 2 Abs. 1 Nr. 1 bis 4 auch im Falle einer ungünstigeren Behandlung einer Frau wegen Schwangerschaft oder Mutterschaft vor."

673 Vgl. EuGH NJW 1984, 2021, 2022.

§ 1 AGG setzt allerdings mit seiner Nennung der „ethnischen Herkunft" die Richtlinie 2000/43/EG („Antirassismus-Richtlinie") um, die selbst diesen Begriff nur aufführt, nicht aber definiert[674]. Aus den Begründungserwägungen zu dieser Richtlinie wird deutlich, dass das Anliegen der Richtlinie vor allem die Bekämpfung rassistischer und fremdenfeindlicher Verhaltensweisen ist. Der sozio-ökonomische Hintergrund von Menschen wird nicht thematisiert[675]. Vorgaben europäischer Richtlinien führen daher nicht zu einer Auslegung des § 1 AGG, nach welcher diese Norm über ihren Wortlaut hinaus so verstanden werden müsste, dass auch der sozio-ökonomische Hintergrund eines Geschädigten ein verbotenes Differenzierungskriterium darstellen würde.

Die richterliche Bestimmung des Fortkommensschadens anhand des sozio-ökonomischen Hintergrundes kann bereits aus diesem Grund nicht gegen das AGG verstoßen.

Im Gegensatz zum „sozio-ökonomischen" Hintergrund wird allerdings die Zugehörigkeit zu einem bestimmten Geschlecht bereits vom Wortlaut des § 1 AGG erfasst.

(2) Sonstige Voraussetzungen des § 2 AGG

Es fragt sich jedoch darüber hinaus, ob die Heranziehung der Geschlechtszugehörigkeit des Geschädigten zur Bestimmung seines Fortkommensschadens in den sachlichen Anwendungsbereich des AGG in § 2 AGG fällt.

Eine Orientierung des Fortkommensschadens an der Geschlechtszugehörigkeit der geschädigten Person würde ohne Zweifel eine „Benachteiligung" im Sinne von § 2 Abs. 1 AGG bedeuten, wenn es sich bei der geschädigten Person um eine Frau handeln würde und man dieser wegen ihres Geschlechts einen geringeren Schadensersatz zusprechen würde als einem Mann. Es würde sich um eine „unmittelbare Benachteiligung" nach § 3 Abs. 1 S. 1 AGG handeln, da die Benachteiligung auf das verbotene Differenzierungsmerkmal „Geschlecht" gestützt wäre.

Allerdings regelt § 2 Abs. 1 AGG diejenigen Benachteiligungssituationen, in denen das AGG Anwendung finden soll[676]. Die hier zu untersuchende Konstellation, in welcher das erkennende Gericht einer geschädigten Person aufgrund ihres Geschlechtes einen geringeren Schadensersatz zuspricht, wird gerade nicht von § 2 Abs. 1 AGG erfasst:

---

674 *Adomeit / Mohr*, AGG, § 1 Rn. 40.

675 Vgl. insbesondere die Begründungserwägungen 5 ff. u. 9 ff. zur Richtlinie 2000/43/EG.

676 *Adomeit / Mohr*, AGG, § 2 Rn. 1.

Insbesondere handelt es sich bei der Ermittlung des Fortkommensschadens durch das erkennende Gericht nicht um „Bedingungen [...] für den Zugang zu selbständiger und unselbständiger Tätigkeit [...] sowie für den beruflichen Aufstieg" im Sinne des § 2 Abs. 1 Nr. 1 AGG. Unter „Zugang" ist die Erst- oder Wiedereinstellung bzw. die Fortsetzung einer Tätigkeit nach deren Beendigung zu verstehen. Erfasst wird die Phase der Vertragsanbahnung[677]. Die richterliche Schätzung des Fortkommensschadens ist aber nicht Teil dieser Phase.

§ 2 Abs. 1 Nr. 2 AGG erfasst „Beschäftigungs- und Arbeitsbedingungen einschließlich Arbeitsentgelt und Entlassungsbedingungen, insbesondere in individual- und kollektivrechtlichen Vereinbarungen und Maßnahmen bei der Durchführung und Beendigung eines Beschäftigungsverhältnisses sowie beim beruflichen Aufstieg." Mit den „Beschäftigungs- und Arbeitsbedingungen" sind solche Bedingungen gemeint, die im Arbeitsvertrag enthalten sind oder faktisch vom Arbeitgeber im Rahmen des Beschäftigungsverhältnisses angewandt werden[678]. Das erkennende Gericht kann im Rahmen eines Prozesses auf Ersatz eines Fortkommensschadens zwar schätzen, welchen „Beschäftigungs- und Arbeitsbedingungen" – insbesondere in Bezug auf das Arbeitsentgelt – eine geschädigte Person ausgesetzt gewesen wäre. Die Schadensschätzung betrifft einen hypothetischen Vorgang. Jedoch definiert der Richter nicht die tatsächlichen „Beschäftigungs- und Arbeitsbedingungen" der geschädigten Person. § 2 Abs. 1 Nr. 2 AGG passt also ebenfalls nicht auf den Bereich der richterlichen Schätzung des Fortkommensschadens.

Auch sind nach § 2 Abs. 1 Nr. 8 AGG Benachteiligungen in Bezug auf „den Zugang zu und die Versorgung mit Gütern und Dienstleistungen, die in der Öffentlichkeit zur Verfügung stehen, einschließlich von Wohnraum" unzulässig. Die Norm betrifft öffentlich-rechtliche Sachverhalte ebenso wie privatrechtliche Schuldverhältnisse[679]. Nach Begründungserwägung 11 der Richtlinie 2004/113/EG entspricht der Begriff „Güter" demjenigen der „Güter" im Sinne des freien Warenverkehrs gemäß Art. 28 AEUV, der Begriff der „Dienstleistungen" demjenigen der Dienstleistungen im Sinne der Dienstleistungsfreiheit nach Art. 57 AEUV[680]. Unter „Gütern" sind alle üblicherweise gegen Entgelt handelbaren Gegenstände

---

677 Vgl. *Erman / D. W. Belling*, § 2 AGG Rn. 5; *Adomeit / Mohr*, AGG, § 2 Rn. 19; BGB-MünchKomm / *Thüsing*, § 2 AGG Rn. 3 ff.

678 *Erman / D. W. Belling*, § 2 AGG Rn. 10; *Adomeit / Mohr*, AGG, § 2 Rn. 95; vgl. auch EuGH NZA-RR 1996, 121, 122.

679 *Bauer / Göpfert / Krieger*, AGG, § 2 Rn. 40.

680 Vgl. auch *Adomeit / Mohr*, AGG, § 2 Rn. 143.

zu verstehen[681]. „Dienstleistungen“ sind gewerbliche, kaufmännische und sonstige freiberufliche Tätigkeiten, die üblicherweise gegen ein Entgelt erbracht werden[682].

Eine richterliche Tätigkeit – und damit auch die Schätzung des Fortkommensschadens im Rahmen eines Prozesses – ist allerdings nicht von diesem Dienstleistungsbegriff erfasst. Der Staat wird nämlich bei der Gewährung von Rechtsschutz und der Durchführung von Prozessen trotz der anfallenden Gerichtsgebühren nicht unternehmerisch tätig und verfolgt keinen Erwerbszweck[683].

Schließlich ist festzustellen, dass auch nicht über den Weg einer „richtlinienkonformen Auslegung“ eine Ausweitung des sachlichen Anwendungsbereiches des AGG zu erreichen ist, bei welcher die Schätzung des Fortkommensschadens durch das erkennende Gericht in irgendeiner Weise vom AGG erfasst wäre:

Zwar haben die nationalen Gerichte nach der Rechtsprechung des EuGH nationales Recht, welches zur Durchführung einer europäischen Richtlinie erlassen worden ist, im Lichte des Wortlauts und des Zweckes dieser Richtlinie auszulegen[684], doch ist auch hier festzuhalten, dass das AGG mit der Definierung seines Anwendungsbereiches die aus europäischen Richtlinien folgenden Vorgaben vollständig umgesetzt hat.

So entspricht § 2 Abs. 1 Nr. 1 bis 4 AGG weitgehend Art. 3 Abs. 1 a) bis d) der Richtlinien 2003/43/EG, 2000/78/EG und 76/207/EWG (in ihrer durch die Richtlinie 2002/73/EG geänderten Fassung)[685], § 2 Abs. 1 Nr. 5 bis 7 AGG entspricht Art. 3 Abs. 1 e) bis g) der Richtlinie 2000/43/EG, und § 2 Abs. 1 Nr. 8 AGG entspricht dem Wortlaut von Art. 3 Abs. 1 h) der Richtlinie 2000/43/EG und von Art. 3 Abs. 1 der Richtlinie 2004/113/EG.

Für § 2 Abs. 2 bis 4 AGG finden sich keine Entsprechungen in den europäischen Richtlinien. Diese sorgen lediglich für die „Verzahnung“ des AGG mit nationalen Rechtsvorschriften[686].

---

681 *Adomeit / Mohr*, AGG, § 2 Rn. 144; *Erman / D. W. Belling / C. Armbrüster*, § 2 AGG Rn. 144.

682 *Adomeit / Mohr*, AGG, § 2 Rn. 144.

683 Vgl. *Calliess / Ruffert / Kluth*, Art. 56, 57 AEUV Rn. 14.

684 EuGH NJW 1984, 2021, 2022.

685 Diese Richtlinie wurde durch die Richtlinie 2006/54/EG ersetzt. Art. 3 Abs. 1 a) bis d) der Richtlinie 76/207/EWG (in ihrer durch die Richtlinie 2002/73/EG geänderten Fassung) entspricht Art. 14 Abs. 1 a) bis d) der Richtlinie 2006/54/EG, so dass sich keine Änderungen hinsichtlich des sachlichen Anwendungsbereiches des AGG aufgrund der Ersetzung ergeben.

686 BAG NZA 2009, 361.

Es ist damit festzuhalten, dass die richterliche Schätzung des Fortkommensschadens nicht, auch nicht unter Bezugnahme auf das „Geschlecht" als Differenzierungskriterium, dem Anwendungsbereich des AGG unterfällt.

b) *Zivilrechtliches Benachteiligungsverbot nach § 19 Abs. 1 und Abs. 2 AGG*

Vor diesem Hintergrund können auch die speziellen Benachteiligungsverbote im Zivilrechtsverkehr nach § 19 Abs. 1 und 2 AGG nicht eingreifen. § 2 AGG regelt nämlich „vor der Klammer" den Anwendungsbereich des AGG[687].

c) *Auswirkung der Benachteiligungsverbote des AGG bei der Schadensschätzung*

Ein Richter, der den Fortkommensschaden unter Bezugnahme auf den sozioökonomischen Hintergrund oder das Geschlecht einer geschädigten Person ermittelt, verstößt also nicht gegen das AGG.

Dennoch gebietet – neben Art. 3 Abs. 3 S. 1 und dem Sozialstaatsprinzip – auch das AGG, auf die Geschlechtszugehörigkeit bei der Bestimmung des Fortkommensschadens zu verzichten, soweit auch das Gericht von einem hypothetischen Erwerbsverlauf ausgeht, bei welchem das AGG eine Benachteiligung verbieten würde:

Würde ein Gericht beispielsweise eine geringere Schadensprognose auf die Tatsache stützen, dass es sich bei der geschädigten Person um eine Frau handelt, setzte sich auf der Ebene der Schadensschätzung die faktische Ungleichheit fort, gegen die das AGG vorgehen will. Das erkennende Gericht sollte daher auch aufgrund des AGG die Geschlechtszugehörigkeit bei der Schadensbestimmung außer Betracht lassen.

4. Berücksichtigung des sozio-ökonomischen Hintergrundes, der Geschlechtszugehörigkeit und Europarecht

Schließlich soll noch kurz darauf eingegangen werden, ob die Schadensbestimmung auf Grundlage des sozio-ökonomischen Hintergrundes oder der Geschlechtszugehörigkeit nicht einen Verstoß gegen Europarecht zur Folge hätte.

---

687 OLG Karlsruhe NJW 2010, 2668, 2669; BGB-MünchKomm / *Thüsing*, § 19 AGG Rn. 4 ff.; *Adomeit / Mohr*, AGG, § 19 Rn. 16.; *Erman / C. Armbrüster*, § 19 AGG Rn. 10.

a) *Berücksichtigung des sozio-ökonomischen Hintergrundes und europäisches Völkerrecht*

Möglich erscheinen bei Heranziehung des sozio-ökonomischen Hintergrundes Verstöße gegen die Charta der Grundrechte der Europäischen Union, den „allgemeinen Gleichheitssatz" als Grundsatz des Gemeinschaftsrechts, die Europäische Menschenrechtskonvention oder auch das 12. Zusatzprotokoll zur Europäischen Menschenrechtskonvention, das ein allgemeines Diskriminierungsverbot aufweist.

Die Charta der Grundrechte der Europäischen Union steht seit dem Inkrafttreten des Vertrages von Lissabon am 1. Dezember 2009 gemäß Art. 6 Abs. 1 AEUV gleichrangig neben dem primären Gemeinschaftsrecht[688].

Nach Art. 21 Abs. 1 GR-Charta EU sind Diskriminierungen unter anderem aufgrund der „sozialen Herkunft" verboten. Mit dem Begriff der sozialen Herkunft ist die soziale Stellung der Vorfahren gemeint[689]. Insofern wäre ein Verstoß zumindest denkbar.

Allerdings ist zu beachten, dass gemäß Art. 51 Abs. 1 GR-Charta EU die Grundrechte nur auf die Mitgliedsstaaten der Union anwendbar sind, soweit sie „Recht der Union" „durchführen". Unter dem Unionsrecht ist das gesamte Primär- und Sekundärrecht der Europäischen Union zu verstehen[690].

Die Einschränkung der Grundrechte der Charta der Grundrechte der Europäischen Union als solche fällt jedoch nicht hierunter[691]. Der Begriff der „Durchführung" umschreibt zum einen die Umsetzung und den Vollzug von Unionsrecht, aber auch die Anwendung von Europarecht durch die Gerichte[692].

Bei der Berechnung der Höhe des Fortkommensschadens führt allerdings das erkennende Gericht kein Europarecht durch. Es beruft sich lediglich auf nationales Schadensrecht des BGB.

Weiterhin erkennt der EuGH als „fundamentales Prinzip"[693] bzw. „wesentlichen Grundsatz"[694] des Gemeinschaftsrechts einen „allgemeinen Gleichheitssatz"

---

688 Vgl. *Jarass*, Charta der Grundrechte der EU, Einl. Rn. 6.

689 *Meyer / Hölscheidt*, Artikel 21 Rn. 35a; *Jarass*, Charta der Grundrechte der EU, Art. 21 Rn. 18.

690 *Meyer / Borowsky*, Artikel 51 Rn. 26.

691 Vgl. *Frenz*, Handbuch Europarecht IV, Rn. 231; *Jarass*, Charta der Grundrechte der EU, Art. 51 Rn. 15.

692 Vgl. *Jarass*, Charta der Grundrechte der EU, Art. 51 Rn. 16 ff.

693 EuGH Slg. 2005, I-8911, Rn. 23 f.

694 EuGH Slg. 2002, I-2569, Rn. 79.

als Grundrecht an[695], der über Art. 6 Abs. 3 AEUV neben den in der Charta der Grundrechte der Europäischen Union genannten Diskriminierungsverboten Anwendung findet[696]. Dieser „allgemeine Gleichheitssatz“ verbietet es, vergleichbare Sachverhalte unterschiedlich und unterschiedliche Sachverhalte gleich zu behandeln, sofern eine solche Behandlung nicht objektiv gerechtfertigt ist[697].

Bei der Prüfung des allgemeinen Gleichheitssatzes stellt sich aber erneut das Problem, dass – neben den Gemeinschaftsorganen[698] – die Mitgliedsstaaten nur dann an diesen gebunden sind, wenn sie Gemeinschaftsrecht durchführen[699]. Folglich scheidet auch eine Verletzung dieses allgemeinen Gleichheitssatzes aus.

Ein weiteres Diskriminierungsverbot findet sich in Art. 14 EMRK. Die Europäische Menschenrechtskonvention hat aufgrund ihrer Ratifizierung den Rang eines innerstaatlichen formellen Gesetzes inne[700] und ist über Art. 6 Abs. 3 AEUV ebenfalls Teil des Unionsrechts.

Nach Art. 14 EMRK ist der Genuss der in der EMRK festgelegten Rechte und Freiheiten ohne Diskriminierung wegen „sozialer Herkunft“ zu gewährleisten. Unter der „sozialen Herkunft“ ist die „ständisch soziale Abstammung und Verwurzelung“ gemeint[701].

Allerdings verfügt Art. 14 EMRK über einen eingeschränkten Anwendungsbereich: Art. 14 EMRK besitzt nämlich keine eigenständige Bedeutung, sondern ist „akzessorisch“ zu den in der EMRK anerkannten Rechten und Freiheiten. Das heißt, dass die gerügte Maßnahme den Schutzbereich eines weiteren in der EMRK oder ihren Zusatzprotokollen genannten Rechtes zumindest berühren muss[702].

Es ist aber kein Recht der EMRK oder eines Zusatzprotokolls erkennbar, welches durch die Berücksichtigung des sozio-ökonomischen Hintergrundes berührt sein könnte. Auch die Ausprägungen des Rechtes auf ein faires Verfahren

---

695 Vgl. u.a. EuGH Slg. 1977, 1753, Rn. 7; Slg. 2000, I-2737, Rn. 37 f.; Slg. 2002, I 11915, Rn. 31 f.; Slg. 2006, I-7569 Rn. 37.

696 Vgl. *Jarass*, Charta der Grundrechte der EU, Einl. Rn. 32; *Grabitz / Hilf / Nettesheim / Schorkopf*, Art. 6 EUV Rn. 50.

697 Vgl. EuGH Slg. 2005, I-6451, Rn. 115; Slg. 2005, I-10423, Rn. 63.

698 Vgl. *Stern / Becker / Englisch*, Art. 3 Rn. 179.

699 Vgl. EuGH Slg. 2002, I 11915, Rn. 31; Slg. 2006, I-7569 Rn. 35; *Jarass*, Charta der Grundrechte der EU, Art. 51 Rn. 10; vgl. ferner *Wallrab*, Die Verpflichteten der Gemeinschaftsgrundrechte, S. 51 ff.

700 Vgl. BVerfGE 111, 307, 315 ff.

701 *Grote / Marauhn / König / Peters*, Kap. 21 Rn. 138 f.

702 Vgl. *Meyer-Ladewig*, EMRK, Abschnitt I Artikel 14 Rn. 5 ff.; *Frowein / Peukert / Peukert*, EMRK, Artikel 14 Rn. 3; *Stern / Becker / Englisch*, Art. 3 Rn. 196.

(„fair trial") in Art. 6 Abs. 1 S. 1 EMRK[703] – darunter insbesondere der Grundsatz der „Waffengleichheit" – sind nicht betroffen:

Unter „Waffengleichheit" versteht man, die Pflicht zur Gleichbehandlung aller Beteiligten in demselben Verfahren[704]. Zieht man bei der Bestimmung des Fortkommensschadens den sozio-ökonomischen Hintergrund heran, stellt man den Geschädigten zwar besser oder schlechter als Geschädigte mit einem anderen Hintergrund. Jedoch handelt es sich bei den jeweiligen Geschädigten nicht um Beteiligte desselben Rechtsstreites.

Mangels eines einschlägigen sonstigen in der EMRK oder ihren Zusatzprotokollen verankerten Rechtes kann auch der „akzessorische" Art. 14 EMRK nicht verletzt sein.

Weiterhin könnte möglicherweise das „Allgemeine Diskriminierungsverbot" aus Art. 1 Abs. 1 des 12. ZP zur EMRK verletzt sein. Nach diesem ist „der Genuss eines jeden gesetzlich niedergelegten Rechtes [...] ohne Diskriminierung insbesondere wegen [...] der sozialen Herkunft" zu gewährleisten. Im Gegensatz zu Art. 14 EMRK weist Art. 1 des 12. ZP zur EMRK „Akzessorietät" zu anderen Rechten der Menschenrechtskonvention nicht auf[705].

Das Merkmal „gesetzlich niedergelegtes Recht" ist weit zu verstehen[706]. Hierunter fallen alle in der nationalen Rechtsordnung gewährten subjektiven Rechte[707], also auch zivilrechtliche Schadensersatzansprüche. Allerdings hat Deutschland das 12. ZP zur EMRK nicht ratifiziert[708]. Ein Verstoß durch Berücksichtigung des sozio-ökonomischen Hintergrundes scheidet daher aus.

Es lässt sich mithin feststellen, dass die Berücksichtigung des sozio-ökonomischen Hintergrundes zwar mit dem Grundgesetz, nicht aber mit Europarecht kollidiert.

---

703 Vgl. im Einzelnen *Meyer-Ladewig*, EMRK, Abschnitt I Artikel 6 Rn. 90 ff.

704 *Meyer-Ladewig*, EMRK, Abschnitt I Artikel 6 Rn. 112 ff.

705 Vgl. *Meyer / Hölscheidt*, Artikel 21 Rn. 3; *Frowein / Peukert / Frowein*, EMRK, Artikel 1 des 12. ZP Rn. 2.

706 *Frowein / Peukert / Frowein*, EMRK, Artikel 1 des 12. ZP Rn. 2.

707 Vgl. Explanatory Report zum 12. ZP zur EMRK, abrufbar unter: http://conventions.coe.int/Treaty/en/Reports/Html/177.htm.

708 Vgl. BT-Drucksache 16/6314, S. 9 (Stellungnahme der Bundesregierung auf eine Große Anfrage der Fraktion Bündnis 90 / Die Grünen): „Die geltende deutsche Rechtsordnung verbietet Diskriminierungen bereits umfassend, insbesondere durch Artikel 3 des Grundgesetzes, an den Gesetzgebung, Verwaltung und Rechtsprechung als unmittelbar geltendes Recht gebunden sind. [...] Die Bundesregierung ist daher der Auffassung, dass eine Ratifizierung keine unmittelbaren Folgen für die deutsche Rechtsordnung auslösen würde."

b) *Berücksichtigung der Geschlechtszugehörigkeit und Europarecht*

Die richterliche Feststellung des Fortkommensschadens auf Grundlage der Geschlechtszugehörigkeit einer geschädigten Person kann zunächst gegen Art. 21 Abs. 1 GR-Charta EU, den „allgemeinen Gleichheitssatz" als Grundsatz des Gemeinschaftsrechts im Sinne des Art. 6 Abs. 3 AEUV, Art. 14 EMRK, Art. 1 Abs. 1 des 12. Zusatzprotokolls zur EMRK verstoßen. Darüber hinaus erscheint ein Verstoß gegen die „Rahmenrichtlinie Beschäftigung"[709], die Richtlinie „zur Verwirklichung des Grundsatzes der Gleichbehandlung von Männern und Frauen beim Zugang zu und bei der Versorgung mit Gütern und Dienstleistungen"[710] sowie die Richtlinie „zur Verwirklichung des Grundsatzes der Chancengleichheit und Gleichbehandlung von Männern und Frauen in Arbeits- und Beschäftigungsfragen"[711] möglich.

Art. 21 Abs. 1 GR-Charta EU, Art. 14 EMRK und Art. 1 Abs. 1 des 12. Zusatzprotokolls zur EMRK verbieten explizit Diskriminierungen aufgrund des Geschlechtes.

Allerdings scheidet ein Verstoß gegen diese Regelungen aus den gleichen Erwägungen aus, mit welchen ein Verstoß durch die Berücksichtigung des sozioökonomischen Hintergrundes abgelehnt worden ist. Dies gilt auch für einen möglichen Verstoß aufgrund gegen den „allgemeinen Gleichheitssatz". Insofern wird auf obige Ausführungen verwiesen[712].

Ein Verstoß gegen die Richtlinie 2000/78/EG, die Richtlinie 2002/73/EG – mit welcher die Richtlinie 76/207/EWG geändert wurde –, die Richtlinie 2004/113/EG sowie die Richtlinie 2006/54/EG scheidet im Falle der Berücksichtigung des Geschlechtszugehörigkeit des Geschädigten bei der Schätzung des Fortkommensschadens aus:

Der Geltungsbereich der Richtlinie 2000/78/EG ist in Art. 3 Abs. 1 a) bis d) geregelt.

Art. 3 Abs. 1 der Richtlinie 2000/78/EG entspricht weitgehend § 2 Abs. 1 Nr. 1 bis 4 AGG[713]. Eine unmittelbare Geltung der Richtlinie[714] 2000/78/EG scheidet damit nicht nur deshalb aus, weil die Richtlinie hinsichtlich ihres Anwendungs-

---

709 Richtlinie 2000/78/EG.

710 Richtlinie 2004/113/EG.

711 Richtlinie 2006/54/EG, durch welche die „Gender-Richtlinie" 76/207/EWG (in ihrer Neufassung durch die Richtlinie 2002/73/EG) ersetzt wurde.

712 Siehe oben unter: G. II. 4. a).

713 Siehe dazu oben unter: G. II. 3. a) (2).

714 Vgl. grundsätzlich zur unmittelbaren Geltung von europäischen Richtlinien: *Schulze / Zuleeg / Dadelbach / König*, § 2 Rn. 57 ff.

bereichs vollständig umgesetzt wurde[715], sondern auch weil der Geltungsbereich dieser Richtlinie – wie auch § 2 Abs. 1 Nr. 4 AGG[716] – nicht die richterliche Ermittlung des Fortkommensschadens unter Berücksichtigung der Geschlechtszugehörigkeit erfasst.

Art. 3 Abs. 1 der Richtlinie 2004/113/EG, der den Geltungsbereich dieser Richtlinie regelt, wurde in § 2 Abs. 1 Nr. 8 AGG vollständig in nationales Recht umgesetzt. Zudem erfasst Art. 3 Abs. 1 der Richtlinie 2004/113/EG – wie auch § 2 Abs. 1 Nr. 8 AGG – nicht die richterliche Schadensschätzung. Insoweit gelten die obigen Ausführungen zum AGG entsprechend[717].

Art. 14 der Richtlinie 2006/54/EG, durch welche die „Gender-Richtlinie" 76/207/EWG ersetzt worden ist, betrifft die Gleichbehandlung von Männern und Frauen hinsichtlich des Zugangs zur Beschäftigung, zur Berufsbildung und zum beruflichen Aufstieg sowie in Bezug auf die Arbeitsbedingungen und entspricht Art. 3 Abs. 1 a) bis d) der Richtlinie 76/207/EWG, der von der Vorschrift des § 2 Abs. 1 Nr. 1 bis 4 AGG vollständig umgesetzt worden ist, welcher die richterliche Schätzung des Fortkommensschadens nicht erfasst[718]. Damit ist auch hier keine Grundlage für eine unmittelbare Geltung der Richtlinie 2006/54/EG und einen Verstoß gegen diese Richtlinie gegeben.

Die Berücksichtigung des Geschlechtes der geschädigten Person verstößt mithin nicht gegen Europarecht.

5. Zwischenbetrachtung

Entspricht die Berücksichtigung des sozio-ökonomischen Hintergrundes des Geschädigten bei der Bestimmung der Höhe des Fortkommensschadens zwar der durch Statistiken ausgedrückten Realität in Deutschland, so ergeben sich bei näherer Betrachtung juristische Komplikationen:

Art. 3 Abs. 3 S. 1 GG verbietet die Bevorzugung oder Benachteiligung von Personen aufgrund ihrer Herkunft. Die Gerichte sind über Art. 1 Abs. 3 GG ebenfalls an diese Grundrechtsnorm gebunden. Knüpfen sie die Schätzung des Fortkommensschadens an den sozio-ökonomischen Hintergrund an, so differenzieren sie gerade aufgrund der „Herkunft" des Geschädigten. Ob dabei der sozio-ökonomische Hintergrund des Geschädigten nur zu dessen Gunsten oder auch zu dessen Lasten herangezogen wird, ist irrelevant.

---

715 Vgl. zu dieser Voraussetzung: *Schulze / Zuleeg / Dadelbach / König*, § 2 Rn. 59.

716 Siehe dazu oben unter: G. II. 3. a) (2).

717 Siehe oben unter: G. II. 3. a) (2).

718 Siehe oben unter: G. II. 3. a) (2).

Zwar wird Art. 3 Abs. 3 S. 1 GG nicht schrankenlos gewährt, doch können weder kollidierendes Verfassungsrecht noch sonstige Gründe eine solche an sich verbotene Differenzierung rechtfertigen. Darüber hinaus gebietet die „Wesentlichkeitsrechtsprechung" des BVerfG – wollte man überhaupt noch an den sozio-ökonomischen Hintergrund des Geschädigten anknüpfen –, dass der Gesetzgeber eine Regelung schafft, die die verfassungsimmanenten Schranken bestimmt und konkretisiert und so die widerstreitenden Verfassungswerte in Ausgleich bringt.

Schließlich streitet auch das aus dem Sozialstaatsprinzip in Art. 20 Abs. 1 GG ableitbare Gebot der Chancengleichheit dafür, den sozio-ökonomischen Hintergrund des Geschädigten bei der Schadensberechnung unberücksichtigt zu lassen.

Ein Verstoß gegen das AGG oder Europarecht lässt sich hingegen nicht feststellen.

Zu dem gleichen Ergebnis gelangt man, wenn man die Zulässigkeit der Berücksichtigung der Geschlechtszugehörigkeit der verletzten Person im Rahmen der Schätzung des Fortkommensschadens untersucht:

Die Bemessung des Fortkommensschadens auf Grundlage des Geschlechtes der verletzen Person verstößt gegen Art. 3 Abs. 3 S. 1 GG, der auch die Bevorzugung oder Benachteiligung von Personen aufgrund ihres Geschlechts verbietet, und widerspricht dem Gebot der Chancengleichheit, welches Teil des Sozialstaatsprinzips ist.

Jedoch verstößt die Ermittlung des Fortkommensschadens auf Grundlage der Geschlechtszugehörigkeit der geschädigten Person ebenso wenig gegen das AGG oder Europarecht wie die Einbeziehung des sozio-ökonomischen Hintergrundes in die Schadensprognose.

Insgesamt lässt sich zusammenfassen, dass die auf den sozio-ökonomischen Hintergrund des Geschädigten abstellende Rechtsprechung sowie die entsprechenden Ansichten in der Literatur mit Art. 3 Abs. 3 S. 1 GG und dem aus dem Sozialstaatsprinzip gewonnenen Gebot der Chancengleichheit unvereinbar sind.

Die hier aufgeworfene Fragestellung, ob auch die Einbeziehung der Geschlechtszugehörigkeit in die Schadensprognose rechtlich zulässig wäre, muss aus denselben Gründen verneint werden.

III. Alternative Orientierungspunkte für die Feststellung der Höhe des Fortkommensschadens

Spricht man sich gegen die Berücksichtigung des sozio-ökonomischen Hintergrundes des Verletzten bei der Feststellung der Schadenshöhe aus, ist die Frage aufzuwerfen, in welcher Höhe dem Geschädigten letztendlich Schadensersatz zuzusprechen ist.

Bei einer Verletzung im frühen Kindesalter wird es dem Geschädigten oftmals nicht möglich sein, durch bis zum Zeitpunkt der Verletzung gezeigte Leistungen auf seine Fähigkeiten hinzuweisen, die für ein gewisses hypothetisches Einkommen gesprochen hätten. Es wird also regelmäßig an Anknüpfungstatsachen zur Berechnung des Fortkommensschadens fehlen. Jedoch ist davon auszugehen, dass der Geschädigte nicht arbeitslos geblieben wäre, sondern die ihm sich bietenden Erwerbschancen genutzt und so ein Einkommen erzielt hätte, das ihm aufgrund seiner Schädigung nun verwehrt bleibt[719].

Für die Bestimmung der Höhe des Schadens lassen sich mehrere sich – teilweise nur gering – unterscheidende Strömungen in der Literatur finden:

Lange / Schiemann sprechen sich zur Bestimmung der Schadenshöhe pauschal und ohne irgendeine Differenzierung für die Berücksichtigung des statistischen Durchschnittseinkommens aus, wenn keine weiteren Indizien für einen höheren oder geringeren Erwerbsschaden sprächen[720].

Auch *Scheffen*[721] und *Greger*[722] ziehen das statistische Durchschnittseinkommen zur Schadensbestimmung heran. Dabei sei allerdings anhand des sozialen Umfeldes zu differenzieren und zu prognostizieren, ob der Geschädigte ohne die Schädigung selbständig oder als Angestellter tätig gewesen wäre. Entsprechend sei die Schadenshöhe anhand des Durchschnittseinkommens der Selbständigen oder Unselbständigen zu bestimmen.

Felsinger wählt als Bezugsgröße das durchschnittliche Einkommen aller sozialversicherungspflichtig beschäftigten Erwerbspersonen, da diese den überwiegenden Teil der Erwerbsbevölkerung stellten[723].

Eckelmann / Nehls / Schäfer nehmen nicht auf diese Personengruppe Bezug, sondern orientieren das Durchschnittseinkommen an den Besoldungsgruppen für Beamte[724].

Pardey schlägt eine darüber hinausgehende Kombination vor: Das Durchschnittseinkommen sei entweder anhand der vorgenannten Besoldungsgruppen

---

719 Vgl. BGH NJW 2000, 3287, 3288.

720 *Lange / Schiemann*, Schadensersatz, § 6 IX 4 a).

721 *Scheffen*, VersR 1990, 926, 928.

722 *Greger*, Haftungsrecht des Straßenverkehrs, § 29 Rn. 165.

723 *Felsinger*, Der Erwerbsschadensersatz bei Verletzungen im Kindesalter, Teil 4 C. VI. 2.

724 *Eckelmann / Nehls / Schäfer*, DAR 1983, 337, 352.

für Beamte oder anhand von Tarifverträgen einzelner Berufsgruppen zu bestimmen[725].

Im Ergebnis vermag es allerdings nur zu überzeugen, das statistische Durchschnittseinkommen zur Grundlage der Höhe des Fortkommensschadens zu machen:

Gegen den Ansatz von *Scheffen* und *Greger*, die Zuordnung zu einer hypothetischen selbständigen oder unselbständigen Erwerbslaufbahn anhand des sozialen Status vorzunehmen, spricht bereits, dass durch diese Auffassung Geschädigte erneut entgegen Art. 3 Abs. 3 S. 1 GG nach der „Herkunft" bevorzugt oder benachteiligt würden[726]. Ob man den Geschädigten nämlich aufgrund des familiären Hintergrundes einer bestimmte Erwerbslaufbahn zuordnet oder sich auf die Aussage beschränkt, der Geschädigte wäre aufgrund seines Hintergrundes selbständig oder unselbständig tätig geworden, bedeutet keinen qualitativen Unterschied in Bezug auf die Verletzung von Art. 3 Abs. 3 S. 1 GG. Beide Ansätze sind gleichsam abzulehnen.

Gegen den Ansatz von *Eckelmann / Nehls / Schäfer*, die Bestimmung des Fortkommensschadens anhand von Besoldungsgruppen für Beamte durchzuführen, ist anzuführen, dass die Beamtenlaufbahn für die Bevölkerung nicht mehr repräsentativ erscheint. In den letzten Jahren hat der Anteil der Beamten an der gesamten arbeitenden Bevölkerung in Deutschland kontinuierlich abgenommen. Er sank von 6,3 % im Jahre 2000 auf 6,0 % im Jahre 2005, auf 5,44 % im Jahre 2008, bis schließlich auf 5,40 % im Jahre 2009[727]. Es ist daher schwer nachzuvollziehen, wieso man den hypothetischen Erwerb eines jungen Verletzten gerade an Besoldungsgruppen für Beamte orientieren sollte[728].

Der Vorschlag von *Pardey*, neben den Besoldungsgruppe für Beamte auch auf Tarifverträge einzelner Berufsgruppen abzustellen, begegnet ebenfalls Bedenken: Zu den Besoldungsgruppen für Beamte gilt das bereits Gesagte. Aber auch ein Heranziehen von Tarifverträgen unterschiedlicher Berufsgruppen ist abzulehnen. Denn die Zuordnung eines Tarifvertrages eines bestimmten Berufes setzt voraus, dass festgestellt werden kann, welcher Beruf von dem Geschädigten

725 Vgl. *Pardey*, 2. Tagung Verkehrsopferschutz, S. 33.

726 Siehe oben unter: G. II. 1. b).

727 Statistisches Bundesamt (Stand: 26.07.2011) Erwerbstätige: Deutschland, Jahre, Stellung im Beruf, Geschlecht, abrufbar unter: https://www-genesis.destatis.de/genesis/online;jsessionid=5ED1234ED424CB8E335EABA9981B7E42.tomcat_GO_1_2?operation=previous&levelindex=3&levelid=1311686462424&step=3.

728 Vgl. *Felsinger*, Der Erwerbsschadensersatz bei Verletzungen im Kindesalter, Teil 4 C. VI. 2., der dies als „anachronistisch" und „willkürlich" bezeichnet.

ohne die Schädigung ergriffen worden wäre[729]. Dies ist allerdings bei der hier zu beleuchtenden Gruppe junger Geschädigter in der Regel mangels ausreichender Indizien gerade nicht der Fall.

Schließlich ist auch dem Ansatz von *Felsinger*, den Schaden des Verletzten anhand des durchschnittlichen Einkommens aller sozialversicherungspflichtigen Erwerbspersonen[730] zu bestimmen, zu widersprechen. Würde man den Schaden mit Hilfe dieses Durchschnittswertes bestimmen, blieben gewichtige Teile der Bevölkerung unberücksichtigt: Im April 2011 betrug die Zahl der sozialversicherungspflichtig Beschäftigten 28,2 Mio, die Zahl der Erwerbstätigen insgesamt 40,8 Mio[731]. Es ergäbe sich ein nur unvollständiges Abbild der Einnahmen erzielenden Bevölkerung. Insofern erscheint es vorzugswürdig, dem Ansatz von *Lange / Schiemann*[732] zu folgen und das statistische Durchschnittseinkommen pauschal zur Bestimmung der Höhe des Fortkommensschadens heranzuziehen. Im Durchschnittseinkommen aller Erwerbstätigen spiegeln sich sowohl die Einkommen aller Beschäftigten – also auch der geringfügig beschäftigten –, aber auch die der Selbständigen wieder.

Letztendlich vermeidet dieser Ansatz, bei fehlenden weiteren Schätzungsgrundlagen den Schaden anhand des statistischen Durchschnittseinkommens zu bestimmen, nicht nur eine Diskriminierung von Geschädigten mit unterschiedlichem sozio-ökonomischen Hintergrund. Auch wird das erkennende Gericht nicht zu einer auf tönernen Füßen stehenden Schadensschätzung gezwungen.

Die hier vertretene Auffassung birgt noch einen weiteren Vorteil: Berechnet das Gericht einen Fortkommensschaden, muss es grundsätzlich schätzen, wie sich der Geschädigte ohne seine Schädigung hypothetisch entwickelt hätte. Dieser „Soll-Verlauf“[733] kann oftmals mehrere Jahre oder Jahrzehnte umfassen. Um den mit dieser Schätzung einhergehenden Risiken Rechnung zu tragen, ist in der

---

729 So auch *Felsinger*, Der Erwerbsschadensersatz bei Verletzungen im Kindesalter, Teil 4 C. III. 3.

730 Die Versicherungspflicht erstreckt sich in der Regel auf nicht geringfügig beschäftigte Arbeitnehmer und einen nur kleinen Teil selbständig Tätiger, deren wirtschaftliche Lage bei Eintritt eines Versicherungsfalls oder Leistungsfalls keine wesentlich andere als die eines Arbeitnehmers ist. Vgl. zu den Details: *Bley / Kreikenbohm / Marschner*, Sozialrecht, Rn. 340 ff.; *Igl / Welti*, Sozialrecht, § 30 Rn. 3 ff.

731 Arbeitsagentur: Der Arbeits- und Ausbildungsmarkt in Deutschland, Juni 2011, S. 7 f., abrufbar unter: http://statistik.arbeitsagentur.de/Statischer-Content/Arbeitsmarktberichte/Monatsbericht-Arbeits-Ausbildungsmarkt-Deutschland/Monatsberichte/Generische-Publikationen/Monatsbericht-201106.pdf.

732 *Lange / Schiemann*, Schadensersatz, § 6 IX 4 a).

733 Vgl. *Steffen* in DAR 1984, 1, 2.

Rechtsprechung anerkannt, Risiken im Arbeitsleben durch prozentuale, im richterlichen Ermessen liegende Abschläge von dem durch das Gericht geschätzten Fortkommensschaden Rechnung zu tragen[734].

Bemisst man den Fortkommensschaden allerdings nach dem statistischen Durchschnittseinkommen, kann auf solche prozentuale Abschläge verzichtet werden. Denn dieser statistische Wert erfasst die gesamten Schichten der Erwerbstätigen und damit sowohl die Chancen als auch die sich im Erwerbsleben auftuenden Risiken. Letztere sollen aber gerade durch den prozentualen Abschlag Ausdruck erfahren. Würde man von dem statistischen Durchschnittseinkommen einen weiteren Abschlag vornehmen, würden diese Risiken doppelt berücksichtigt.

Der Verzicht auf die Durchführung eines pauschalen Abzuges verhindert auch, dass sich der Streit zwischen den Parteien auf die Höhe dieser Abzüge verlagert und dem Prozess neue Unsicherheiten anhaften, die gerade durch das Abstellen auf das Durchschnittseinkommen vermieden werden: Ein durchschnittliches Arbeitsplatzrisiko lässt sich nämlich nur schwerlich feststellen[735].

---

734 Vgl. u.a. BGH NJW 1995, 1023, 1024; DAR 2001, 266, 267; BGH r + s 2010, 528, 529 ff.; OLG Frankfurt Schaden-Praxis 2007, 275.

735 Vgl. *Felsinger*, Der Erwerbsschadensersatz bei Verletzungen im Kindesalter, Teil 4 C. VI. 3.

H. Prozessuale Besonderheiten in Bezug auf Fortkommensschäden

Nachdem zuvor ein Schwerpunkt auf die Erstellung von Fortkommensschadensprognosen gelegt wurde, wird nun auf weitere Besonderheiten eingegangen, die im Rahmen von Prozessen über Fortkommensschäden zu beachten sind:

Das Außergewöhnliche an Ansprüchen auf Ersatz von Fortkommensschäden ist zunächst, dass sie einen Ausgleich für eine ausgebliebene mitunter jahrzehntelange hypothetische Erwerbslaufbahn bieten sollen. Ferner entstehen die wirtschaftlichen Schäden oftmals nicht sofort im Moment der Schädigung, sondern erst dann, wenn der Geschädigte, den Beruf oder die nächste Karrierestufe erklommen hätte. Führt man sich einen besonders jungen Geschädigten vor Augen, kann zwischen dem Zeitpunkt der Schädigung und dem hypothetischen Eintritt in das Erwerbsleben ein Zeitraum von über zehn Jahren liegen. Diese Unsicherheit birgt besondere Schwierigkeit, den Fortkommensschaden und damit auch den Klageantrag exakt zu beziffern[736].

Dem Geschädigten soll nach § 843 Abs. 1 BGB grundsätzlich Schadensersatz in Form einer Geldrente gewährt werden, da diese als die geeignetste Form des Schadensausgleichs bei Dauerschäden angesehen wird. Die Kapitalabfindung nach § 843 Abs. 3 BGB kommt entsprechend nur bei Vorliegen eines wichtigen Grundes in Betracht[737].

Decken Fortkommensschäden einen langen Zeitraum ab, können sich nachprozessual Veränderungen der der richterlichen Prognose zugrunde liegenden Tatsachen – wie beispielsweise Begabungsdefizite, körperliche Gebrechen als Reserveursachen[738] – zeigen, die hypothetisch die Entstehung eines Schadens in einer bestimmten Höhe verhindert hätten[739]. Andererseits kann sich herausstellen, dass aufgrund der eingetretenen Tatsachen die richterliche Prognose zu bescheiden ausgefallen ist und ein höherer Schadensersatz gerechtfertigt wäre. Die Behandlung solcher nachträglicher Änderungen soll ebenfalls Gegenstand der folgenden Untersuchung sein.

---

736 Vgl. *Halfpap*, Der entgangene Gewinn, S. 224 f.
737 Vgl. *Staudinger / Vieweg*, § 843 Rn. 1 u. 3.
738 Vgl. *Steffen* in DAR 1984, 1, 4.
739 Siehe oben unter: D. IV. 1.

I. Prozessuale Durchsetzung von Fortkommensschäden

Für die prozessuale Durchsetzung eines Anspruchs auf Ersatz des Fortkommensschadens, also eines Geldanspruchs, ist die Leistungsklage der „normale" Rechtsbehelf. Das Urteil enthält zum einen eine Feststellung des Rechtes des Klägers gegen den Beklagten, zum anderen einen Leistungstitel, mit dem er seinen Anspruch vollstrecken kann, vgl. § 704 ZPO[740].

Weiterhin bietet sich ebenfalls eine Feststellungsklage nach § 256 Abs. 1 ZPO an. Eine solche Klage führt zu einer verbindlichen richterlichen Feststellung des Bestehens oder Nichtbestehens eines Rechtsverhältnisses, die dann die zwischen den Parteien bestehenden Ungewissheiten über die Rechtslage beseitigt[741]. Allerdings erreicht der Kläger mittels der Feststellungsklage keinen vollstreckbaren Titel. Das Feststellungsurteil bewirkt nach Eintritt formeller Rechtskraft ausschließlich, dass die im Tenor ausgesprochene Feststellung materiell rechtskräftig, also zwischen den Parteien verbindlich, wird[742].

Schließlich gewährt die ZPO auch im vorläufigen Rechtsschutz die Möglichkeit einer auf vorläufige Zahlung einer Schadensersatzrente gerichteten einstweiligen Verfügung nach § 940 ZPO. Es handelt sich um den Fall einer sogenannten „Leistungsverfügung", bei der eine zumindest teilweise Befriedigung des Verfügungsklägers eintritt und damit insoweit – grundsätzlich unzulässig – die Hauptsache vorweggenommen wird[743]. Wegen des Ausnahmecharakters sind an den Verfügungsanspruch strenge Anforderungen zu stellen. Der Verfügungskläger muss glaubhaft machen, dass er sich in einer seine wirtschaftliche Existenz gefährdenden Notlage befindet, die durch die Leistungsverfügung abgewendet würde[744]. Ferner ist der in der Verfügung ausgesprochene Leistungsbefehl auf den Betrag zu begrenzen, der notwendig ist, um die Existenzgefährdung abzuwenden[745].

Im Zusammenhang mit Fortkommensschäden treten prozessrechtliche Schwierigkeiten oftmals im Bereich der Leistungsklage und bei der außerordentlich relevanten Abgrenzung zur Feststellungsklage auf.

---

740 *Geigel* – Der Haftpflichtprozess / *Bacher*, 39. Kapitel Rn. 1; *Jauernig / Hess*, ZPO, S. 139 f.

741 ZPO-MünchKomm / *Becker-Eberhard*, § 256 Rn. 1.

742 Vgl. u.a. *Stein / Jonas / Roth*, § 256 Rn. 5; *Musielak / Foerste*, § 256 Rn. 1; *Jauernig / Hess*, ZPO, S. 140.

743 U.a. *Prütting / Gehrlein / Fischer*, § 940 Rn. 4; *Baumbach / Lauterbach / Albers / Hartmann*, Grundz § 916 Rn. 6.

744 Vgl. u.a. OLG Düsseldorf VersR 1970, 331, 332; VersR 1988, 803; *Staudinger / Vieweg*, § 843 Rn. 167.

745 *Wussow / Dressler*, Unfallhaftpflichtrecht, Kapitel 39 Rn. 6.

1. Leistungsklage auf Ersatz von Fortkommensschäden

Wie zuvor beschrieben, kann der Geschädigte seinen Fortkommensschaden im Wege einer Leistungsklage prozessual geltend machen.

a) Leistungsklage auf Ersatz von Fortkommensschäden in der Regel ein Fall des § 258 ZPO

Schadensersatz in Form einer Kapitalabfindung kann der Geschädigte gemäß § 843 Abs. 3 BGB nur ausnahmsweise bei Vorliegen eines wichtigen Grundes einklagen[746].

Begehrt der Geschädigte allerdings, dem Regelfall des § 843 Abs. 1 BGB entsprechend, den Ersatz eines Fortkommensschadens in Form einer Geldrente, ist die Vorschrift des § 843 Abs. 2 S. 1 BGB zu beachten, welche auf § 760 BGB verweist. Nach § 760 Abs. 2 1. Halbsatz BGB ist die Geldrente (nur) für drei Monate vorauszuzahlen. Soweit ein Geschädigter eine Rentenzahlung für einen Zeitraum, der weiter als drei Monate in der Zukunft liegt, einklagen würde, wäre daher insoweit keine Fälligkeit des Anspruchs gegeben[747]. Eine entsprechende Klage wäre insoweit abzuweisen. Allerdings ist anerkannt, dass es sich bei der Geldrente nach § 843 Abs. 1 BGB um einen Fall einer Klage auf wiederkehrende Leistungen nach § 258 ZPO handelt[748], so dass eine bislang nicht eingetretene Fälligkeit der Rentenzahlungen einer Verurteilung zu Rentenzahlungen nicht hindern kann[749].

b) Anforderungen an die Bestimmtheit des Antrages nach § 253 Abs. 2 Nr. 2 ZPO

Nach § 253 Abs. 2 Nr. 2 ZPO muss die durch den Kläger einzureichende Klageschrift den Grund und den Gegenstand des erhobenen Anspruchs sowie einen bestimmten Antrag enthalten. Durch diese Anforderungen werden der

---

746 Siehe oben unter: D. II. Ob ein solcher „wichtiger Grund“ vorliegt, bestimmt sich nach den jeweiligen Umständen des Einzelfalls, wobei sowohl die Verhältnisse des Geschädigten als auch die Verhältnisse des Ersatzpflichtigen zu berücksichtigen sind, vgl. zu unterschiedlichen Beispielen *Staudinger / Vieweg*, § 843 Rn. 35.

747 Vgl. *Staudinger / Vieweg*, § 843 Rn. 27.

748 Vgl. nur *Wieczorek / Schütze / Assmann*, § 258 Rn. 8; *Stein / Jonas / Roth*, § 253 Rn. 5; *Musielak / Foerste*, § 258 Rn. 2; *Hofmann*, MDR 2004, 1391 f.

749 Zu dem Problem der im Rahmen des § 258 ZPO notwendigen Bestimmbarkeit des geltend gemachten Anspruchs vgl. unten unter: H. I. 1. b).

Streitgegenstand begrenzt und zugleich die Voraussetzungen für eine spätere Zwangsvollstreckung geschaffen[750].

Unter dem „Grund" ist der Lebenssachverhalt zu verstehen, aus dem der Kläger die begehrte Rechtsfolge hergeleitet wissen will[751].

Der „Gegenstand" ist der Sachverhalt, der den Inhalt des geltend gemachten Anspruchs konkretisiert[752], und ist neben dem Grund und einem bestimmten Antrag praktisch bedeutungslos[753]. Die Bestimmtheit des Antrages im Sinne des § 253 Abs. 2 Nr. 2 ZPO setzt voraus, dass der Kläger angibt, was genau er im Urteil ausgesprochen wissen möchte[754].

Für auf eine Geldzahlung gerichtete Leistungsklagen hat dies insbesondere zur Folge, dass sie grundsätzlich exakt zu beziffern sind[755]. Voraussetzung für eine Bestimmtheit des Antrages ist bei Klagen, die auf Ersatz von Fortkommensschäden gerichtet sind, darüber hinaus eine Klarstellung, ob der Kläger eine Rente oder eine Kapitalabfindung nach § 843 Abs. 3 BGB verlangt[756]. Entscheidet sich der Kläger für eine Ersatzleistung in Form einer Rente, gehört zur Bestimmtheit auch die Angabe der ersten und letzten Rentenzahlung[757].

Die exakte Bezifferung von Fortkommensschäden wird dem Kläger aber in der Regel erhebliche Schwierigkeiten bereiten. Die vielen mit der Skizzierung eines hypothetischen Erwerbsverlaufes einhergehenden Unsicherheiten machen eine solche Bezifferung fast unmöglich, was ein hohes Kostenrisiko nach sich zieht.

---

750 BGH NJW 1999, 954; NJW 2003, 668, 669.

751 BGH NJW-RR 2004, 275, 276; NJW 2003, 2748, 2749; *Stein / Jonas / Roth*, § 253 Rn. 52; *Zöller / Greger*, § 253 Rn. 12.

752 *Zöller / Greger*, § 253 Rn. 11.

753 *Musielak / Foerste*, § 253 Rn. 24.

754 Vgl. u.a. *Stein / Jonas / Roth*, § 253 Rn. 24; *Schellhammer*, ZPO, Rn. 36. Nach dem BGH, NJW 1999, 954, 954 ist der Klageantrag hinreichend bestimmt, wenn er „den erhobenen Anspruch konkret bezeichnet, dadurch den Rahmen der gerichtlichen Entscheidungsbefugnis (§ 308 ZPO) absteckt, Inhalt und Umfang der materiellen Rechtskraft der begehrten Entscheidung (§ 322 ZPO) erkennen lässt, das Risiko eines Unterliegens des Kl. nicht durch vermeidbare Ungenauigkeit auf den Bekl. abwälzt und schließlich eine Zwangsvollstreckung aus dem Urteil ohne eine Fortsetzung des Streits im Vollstreckungsverfahren erwarten lässt."

755 U.a. BGH NJW 1970, 281; NJW 1981, 2462; NJW 1994, 3102 f.; OLG Frankfurt FamRZ 1982, 1223; ZPO-MünchKomm / *Becker-Eberhard*, § 253 Rn. 95; *Zöller / Greger*, § 253 Rn. 13a.

756 Vgl. BGHZ 4, 138, 142; RGZ 141, 304, 305.

757 ZPO-MünchKomm / *Becker-Eberhard*, § 253 Rn. 96; *Schellhammer*, ZPO, Rn. 37.

Dazu kommt, dass eine nach § 287 Abs. 1 S. 1 ZPO zu treffende Entscheidung durch Unwägbarkeiten – wie beispielsweise die Persönlichkeitsstruktur des entscheidenden Richters – erheblich beeinflusst werden kann[758]. Insgesamt würde für den Kläger damit ein beträchtliches, kaum kalkulierbares Prozessrisiko bestehen[759].

Wegen solcher auftretender Schwierigkeiten bei der Bezifferung von Klagen haben sich in der Rechtspraxis in gewissen Bereichen Ausnahmen von den oben dargestellten Grundsätzen entwickelt, die inzwischen teilweise sogar als Gewohnheitsrecht betrachtet werden[760]:

So ist in der Rechtsprechung beispielsweise anerkannt, dass eine exakte Bezifferung des Antrages im Falle einer Schmerzensgeldforderung nicht erforderlich sei[761]. Gleiches gilt auch für Klagen auf entgangenen Gewinn. Ein unbezifferter Klageantrag wird hier ebenfalls zugelassen[762].

Um dem Beklagten andererseits aber die Möglichkeit einzuräumen, sein Prozessrisiko abzuschätzen[763], war nach früherer Rechtsprechung die Schilderung der tatsächlichen Angaben nötig, durch die die Höhe des Schmerzensgeldes bzw. Schadensersatzes bestimmt werden konnte[764]. Inzwischen verlangt der BGH darüber hinaus die Angabe einer ungefähren Größenordnung des verlangten Betrages[765], die Bezifferung des Streitwertes[766] oder jedenfalls die Hinnahme eines seitens des Gerichtes bestimmten Streitwertbeschlusses[767]. Hierdurch wird nach dem BGH dem richterlichen Ermessen aber keine Grenze gesetzt. § 308

758 *Steffen*, DAR 1984, 1, 1, 3 f.

759 Vgl. *Halfpap*, Der entgangene Gewinn, S. 225.

760 Vgl. OLG Frankfurt NJW 1960, 390; *Schneider*, MDR 1985, 992 f.

761 Vgl. BGH NJW 1969, 1427, 1428; NJW 1974, 1551; NJW 1984, 1809; NJW 1996, 2425, 2427; NJW 2002, 3769 f.; zustimmend: *Mertins*, VersR 2006, 47, 49 f.; *Allgaier*, VersR 1987, 31 f.; *Stein / Jonas / Roth*, § 253 Rn. 46. Nach einer teilweise in der Literatur vertretenen Gegenauffassung lässt sich den mit der Unsicherheit der richterlichen Schätzung einhergehenden Risiken durch eine konsequente Anwendung des § 92 Abs. 2 Nr. 2 ZPO entgegenwirken und eine gerechte Kostenverteilung erreichen: *Gerstenberg*, NJW 1988, 1352, 1356 f.; *Bull*, JR 1958, 95; *Bernhardt*, JR 1968, 212, 213; *Röhl*, ZZP 85 (1972), 52, 75 ff.; *Zöller / Greger*, § 253 Rn. 14a; ZPO-MünchKomm / *Becker-Eberhard*, § 253 Rn. 128.

762 Vgl. BGHZ 4, 138, 142; NJW 1970, 281 f.

763 Vgl. BGH NJW 1966, 780.

764 Vgl. BGH NJW 1969, 1427, 1428; NJW 1974, 1551.

765 Vgl. BGH NJW 1992, 311, 312; 1996, 2425, 2427; 2002, 3769.

766 Vgl. BGH NJW 1982, 340, 341.

767 Vgl. BGH NJW 1984, 1807, 1809 f.

Abs. 1 ZPO hindert das erkennende Gericht nicht, die vom Kläger angegebene Größenordnung weit zu überschreiten[768].

Neben der Unsicherheit des Klägers und dem damit einhergehenden Kostenrisiko wird der Wortlaut des § 253 Abs. 2 Nr. 2 ZPO zur Begründung der oben beschriebenen Erleichterungen angeführt, welcher nur einen „bestimmten", nicht aber einen „bezifferten" Antrag fordere[769]. Ferner sei durch die Formulierung des § 253 Abs. 2 BGB, nach der eine „billige Entschädigung" gewährt werden müsse, die Möglichkeit unbestimmter Klageanträge im materiellen Recht bereits angelegt[770]. Dem berechtigten Interesse des Beklagten, zu erfahren, was der Kläger begehre, werde bereits genügt, wenn der Kläger alle tatsächlichen für das richterliche Ermessen relevanten Schätzungsgrundlagen vortrage[771]. Dem Prozesskostenrisiko des Klägers wirke auch § 92 Abs. 2 ZPO nicht ausreichend entgegen, da die Rechtsprechung diese „Kann"-Vorschrift nur sporadisch berücksichtige[772]. Schließlich sprächen auch historische Gründe für die Zulassung unbezifferter Klageanträge[773].

Mit der Zulassung unbezifferter Klageanträge nimmt die Rechtsprechung viel des Risikos, welches der Kläger einer Schmerzensgeld- oder Erwerbsschadensklage sonst zu tragen hätte. Eine Kostenbeteiligung nach § 92 Abs. 1 ZPO wird ihn nicht schon dann treffen, wenn die zugesprochene Summe aufgrund der richterlichen Schätzung unter der angegebenen ungefähren Größenordnung bleibt. An den Kosten wird der Kläger nur dann beteiligt, wenn er mit einem wesentlichen Bemessungsgesichtspunkt beweisfällig geblieben ist, Einwendungen des Beklagten durchgreifen oder ein seitens des Klägers angegebener Mindestbetrag enterschritten wird[774].

Es erscheint angebracht, diese Grundsätze wegen der oben beschriebenen, mit der Schätzung von Fortkommensschäden verbundenen Unsicherheiten grundsätzlich auch auf Klagen auf Ersatz von Fortkommensschäden zu erstrecken:

---

768 BGH NJW 1996, 2425, 2427; 2002, 3769 f.; für eine Überschreitung von höchstens 20 % der ungefähren seitens des Klägers angegebenen Größenordnung: *Dunz*, NJW 1984, 1734, 1736 f.; *Steinle*, VersR 1992, 425 f.; *Wurm*, JA 1989, 65, 69 ff.; *Butzer*, MDR 1992, 539, 541; ZPO-MünchKomm / *Becker-Eberhard*, § 253 Rn. 130; ähnlich *Röhl*, ZZP 85 (1972), 52, 75 f.

769 Vgl. RGZ 112, 117, 119; so auch *Husmann*, VersR 1985, 715.

770 *Stein / Jonas / Roth*, § 253 Rn. 46.

771 Vgl. *Husmann*, VersR 1985, 715, 716.

772 *Husmann*, NJW 1989, 3126, 3129; *Koebel*, NJW 1957, 1009.

773 Vgl. *Stein / Jonas / Roth*, § 253 Rn. 46.

774 Vgl. *Zöller / Greger*, § 253 Rn. 14; *Stein / Jonas / Bork*, § 92 Rn. 13.

Hier genügt also die Angabe der Schätzgrundlagen und einer ungefähren Größenordnung des verlangten Betrages oder die Bezifferung des Streitwertes.

Dies muss auch dann gelten, wenn die Fortkommensschadensprognose einen kürzeren Zeitraum erfasst und nicht Jahrzehnte eines hypothetischen Erwerbsverlaufs miteinbezieht. Denn auch in einem solchen Fall ist die Schätzung mit Unsicherheiten behaftet. Auch ließe sich kaum festlegen, ab welcher Länge des Prognosezeitraums eine Prognose als diffizil einzustufen wäre und die zuvor beschriebenen Erleichterungen bei der Bezifferung des Klageantrags rechtfertigen würde.

Anders ist dies aber – unabhängig von den nachfolgend beschriebenen Einschränkungen[775] – zu bewerten, wenn es sich bei der geschädigten Person um ein Kind handelt, welches keinerlei Grundlagen für eine Schadensschätzung bietet und für welches in der Folge der Fortkommensschaden nach dem statistischen Durchschnittseinkommen beziffert werden kann. In diesen Fällen ist dem Geschädigten – bzw. dessen Vertreter – eine genaue Bezifferung seines Fortkommensschadens durch Statistiken möglich, so dass ein Rückgriff auf die Erleichterungen bei der Bezifferung des Klageantrages nicht notwendig ist.

c) *Einschränkungen bei der Geltendmachung von Fortkommensschäden von Kindern*

Begehrt ein geschädigtes Kind den Ersatz seines Fortkommensschadens, treten neue Hürden auf:

Es ist nämlich anerkannt, dass der Fortkommensschaden eines im Kindesalter Geschädigten erst dann im Wege der Leistungsklage durchgesetzt werden kann, wenn dieser in ein potentiell „erwerbsfähiges Alter" gelangt[776]. Die Begründungsansätze für dieses Ergebnis sind jedoch unterschiedlich:

Teilweise wird angeführt, dem verletzten Kind entstehe bis zum Eintritt in das „erwerbsfähige Alter" kein Schaden. Erst ab diesem Zeitpunkt könne folglich eine begründete Klage auf Ersatz des Fortkommensschadens erhoben werden[777]. Jedoch ist an der Richtigkeit dieser Begründung zu zweifeln. § 843 BGB ist auf

---

775 Siehe unten unter: H. I. 1. c).

776 Vgl. OLG Köln VersR 1988, 1185 f.; RG JW 1906, 236; 1906, 359, 360; 1906, 472, 473; 1906, 718, 719; *Halfpap*, Der entgangene Gewinn, S. 227 f.; *Staudinger / Vieweg*, § 842 Rn. 144 u. 157; *Steffen*, DAR 1984, 1; *Bamberger / Roth / Spindler*, § 843 Rn. 40; BGB-MünchKomm³ / *Stein*, § 843 Rn. 23.

777 Vgl. RG JW 1906, 359, 360; *Staudinger / Vieweg*, § 842 Rn. 144; *Halfpap*, Der entgangene Gewinn, S. 227 f. Vgl. auch *Delank*, NZV 2002, 392 f.; *Stürner*, JZ 1984, 412, 415; BGB-RGRK / *Boujong*, § 842 Rn. 10.

den Ersatz auch noch künftig entstehender Erwerbsschäden gerichtet und kann dabei Schäden über den Zeitpunkt der Verrentung hinaus erfassen[778]. Wenn aber auch solche künftigen Schäden, die viel weiter in der Zukunft liegen als der hypothetische Erwerbseintritt des minderjährigen Kindes, im Wege einer Leistungsklage begründet geltend gemacht werden können, überzeugt es kaum, dem Kind die Möglichkeit zu verweigern, den ihm künftig im Zeitpunkt der Erwerbsfähigkeit entstehenden Schaden im Wege einer Leistungsklage durchzusetzen.

Ein anderer hingegen überzeugenderer pragmatischer Begründungsansatz baut darauf auf, dass es sich regelmäßig bei einer Klage auf Ersatz des Fortkommensschadens um eine Klage nach § 258 ZPO handelt[779], und zieht die Voraussetzungen der §§ 258, 259 ZPO, die nach herrschender Auffassung die Zulässigkeit von Klagen auf künftige Leistung betreffen[780], heran: Die §§ 258, 259 ZPO setzen voraus, dass ein Anspruch dem Grund und der Höhe nach bestimmbar ist[781]. Aber gerade an dieser Bestimmbarkeit, die den Schuldner davor schützen soll, zu einer Leistung verurteilt zu werden, von der nicht angenommen werden kann, dass sie tatsächlich geschuldet sein würde[782], fehlt es, wenn ein Kind bzw. sein Vertreter vor dem potentiell erwerbsfähigen Alter seinen Fortkommensschaden einzuklagen gedenkt. Für die Höhe des künftigen Schadens sind nämlich neben dem Grad der Verletzung des geschädigten Kindes noch diverse andere Faktoren verantwortlich, die bei einer derart frühen Klageerhebung regelmäßig nicht erkennbar sind bzw. nur unzureichend bewertet werden könnten[783].

---

778 Vgl. beispielsweise BGH NJW-RR 1995, 1272; NJW 1994, 131, 132; NJW-RR 1988, 470, 471; NJW 1981, 818, 819: Den Verletzten wurden Jahrzehnte im Voraus Erwerbsrenten zugesprochen; NJW 1981, 818, 819: Eine Kapitalabfindung erfasste den künftigen Erwerbsausfall des Geschädigten für einen Zeitraum von mehr als 40 Jahren.

779 Siehe oben unter: H. I. 1. a).

780 Vgl. BGH NJW 2001, 2178, 2180; *Baumbach / Lauterbach / Albers / Hartmann*, Einf §§ 257–259 Rn. 6; *Henssler*, NJW 1989, 138, 139; *Bittmann*, FamRZ 1986, 420 f.; *Schreiber*, Jura 2009, 754, 755; *Rosenberg / Schwab / Gottwald*, Zivilprozessrecht, § 89 Rn. 15; aA *Roth*, ZZP 98 (1985), 287, 309; *Schilken*, Zivilprozessrecht, Rn. 180.

781 Vgl. BGH NJW 2007, 294; RGZ 145, 196, 198 f; 168, 321, 325; *Zöller / Greger*, § 258 Rn. 1b, 2 und § 259 Rn. 1; *Baumbach / Lauterbach / Albers / Hartmann*, § 258 Rn. 1 und § 259 Rn. 12; ZPO-MünchKomm / *Becker-Eberhard*, § 258 Rn. 10 ff. und § 259 Rn. 4.

782 BGH NJW 2007, 294; *Stein / Jonas / Roth*, § 258 Rn. 6.

783 Vgl. OLG Köln VersR 1988, 1185 f.; RG JW 1906, 236; 1906, 359, 360; 1906, 472, 473; RG 1906, 718, 719; *Halfpap*, Der entgangene Gewinn, S. 227 f.; *Steffen*, DAR 1984, 1; *Staudinger*[12] / *Schäfer*, § 843 Rn. 23.

Das Bestimmtheitskriterium zum Schutz des Schuldners muss erst recht gelten, wenn der Geschädigte keine Schadensersatzrente nach § 843 Abs. 1 BGB, sondern eine seinen Fortkommensschaden ausgleichende Kapitalabfindung geltend macht und damit kein Fall des § 258 ZPO gegeben ist. Denn in diesem Fall steht dem Schuldner nicht einmal die Möglichkeit einer Abänderungsklage zur Verfügung[784].

Es lässt sich damit zunächst festhalten, dass ein im Kindesalter Geschädigter aufgrund dieser Unsicherheiten grundsätzlich seinen Fortkommensschaden im Klagewege erst dann durchsetzen kann, wenn er ein potentiell „erwerbsfähiges Alter" erreicht.

Einschränkend wurde die Bestimmbarkeit des Anspruchs aber bejaht, wenn ein junger Kläger nur einen gewöhnlichen Durchschnittslohn eines gering Qualifizierten geltend machte. In diesem Falle sei die Geltendmachung des Fortkommensschadens auch im Kindesalter möglich[785].

Der dahinter stehende Gedanke, dass dem erkennenden Gericht eine Schätzung des Fortkommensschaden bei Geltendmachung des durchschnittlichen Lohnes eines gering Qualifizierten leichter möglich ist, als wenn ein höherer – von der „Norm" abweichender – Fortkommensschaden begehrt wird, lässt sich auch auf den Fall übertragen, in welchem ein im frühen Kindesalter Geschädigter, der keinerlei Anhaltspunkte für eine Schadensprognose bietet, und in welchem die Schwere seiner Verletzung es unwahrscheinlich macht, dass aus seiner künftigen Entwicklung weitere Anzeichen für einen hypothetischen Erwerbsverlauf zu entnehmen wären, einen Fortkommensschaden auf Grundlage des statistischen Durchschnittseinkommens einklagt.

In diesem Fall ist der Fortkommensschaden hinreichend durch die Höhe des statistischen Durchschnittseinkommens bestimmbar. Hier wird man dem Geschädigten zubilligen müssen, seinen Fortkommensschaden auch vor Eintritt in das „erwerbsfähige Alter" im Klagewege geltend zu machen.

---

784 Siehe unten unter: H. II. 2.

785 RG JW 1906, 236: „Handelt es sich um den gewöhnlichen Durchschnittslohn gewöhnlicher Hand-, Haus- und Fabrikarbeit, nicht um lohnendere, aber auch eine besondere Vorbildung erfordernde Berufszweige höherer Art, so werden sich die Gerichte eine Schätzung der künftigen Nachteile viel leichter zutrauen dürfen, als für diese schwierigeren Verhältnisse und es wird dann nicht zu beanstanden sein, wenn der Leistungsklage entsprochen wird."; *Staudinger*[12] / *Schäfer*, § 843 Rn. 23.

d) Teilklagen und Fortkommensschäden

Der Kläger kann seinen Anspruch im Wege einer Leistungsklage vollständig oder – beispielsweise aus Kostengründen – teilweise einklagen, also eine sogenannte „Teilklage"[786] erheben.

Obsiegt der Kläger mit seiner offenen[787] Teilklage, steht die Rechtskraft des obsiegenden Urteils nach § 322 Abs. 1 ZPO nicht entgegen, da der neuen Klage jedenfalls ein neuer Antrag zugrunde liegt, der nicht Gegenstand des früheren Prozesses gewesen ist[788].

Erhebt der Kläger allerdings eine verdeckte Teilklage, stellt also nicht klar, dass er nur einen Teil eines ihm vermeintlich zustehenden Anspruchs einklagt, so wird teilweise vertreten, dass es zu einer Rechtskrafterstreckung auf den Bislang nicht eingeklagten Teil komme und einer neuen Klage die Rechtskraft des ersten Prozesses entgegenstehe. Dies wird damit begründet, dass dem Beklagten die Möglichkeit einer der weiteren Klage zuvorkommenden negativen Feststellungswiderklage nach § 256 Abs. 2 ZPO durch eine verdeckte Teilklage genommen und der Grundsatz prozessualer Waffengleichheit verletzt werde[789].

---

786 Vgl. zum Begriff *Rosenberg / Schwab / Gottwald*, Zivilprozessrecht, § 154 Rn. 14; *Zeiss / Schreiber*, ZPO, Rn. 578 ff.; *Jauernig / Hess*, ZPO, S. 250.

787 In einer offenen Teilklage macht der Kläger deutlich, nur einen Teil des Anspruchs einklagen zu wollen. Eine verdeckte Teilklage liegt vor, wenn weder für das Gericht noch für den Gegner erkennbar ist, dass nur eine Teilforderung geltend gemacht wird, vgl. *Elzer*, JuS 2001, 224, 225.

788 BGH NJW 1985, 1340, 1341; NJW-RR 1987, 525, 526; NJW 1994, 3165 f.; *Musielak*, FS für Schumann, S. 295 ff.; *Batsch*, ZZP 86 (1973), 254, 260 ff.; *Zöller / Vollkommer*, Vor § 322 Rn. 47; *Rosenberg / Schwab / Gottwald*, Zivilprozessrecht, § 154 Rn. 14; *Jauernig / Hess*, ZPO, S. 250; ZPO-MünchKomm / *Gottwald*, § 322 Rn. 125. Nach Auffassung von *Leipold*, FS für Zeuner, S. 431, 445 ff., wird bei einer erfolgreichen offenen Teilklage der „Grund" des Anspruchs rechtskräftig festgestellt. Gegen diese spricht allerdings, dass eine derartige Erstreckung der Rechtskraft auf den Anspruchsgrund im Nachforderungsprozess entgegen § 308 Abs. 1 ZPO dem Kläger mehr gewährte als er beantragt hat: Ohne großes Kostenrisiko könnte der Kläger einen Kleinstbetrag einklagen und würde so ein „Grundurteil" über den Forderungsgrund erhalten, vgl. ZPO-MünchKomm / *Gottwald*, § 322 Rn. 125; *Jauernig / Hess*, ZPO, S. 250 f.

789 Vgl. OLG Celle WM 1988, 353, 354 f.; *Lent*, NJW 1955, 1865, 1866 f.; *Bötticher*, MDR 1962, 724 f.; *Bruns*, Zivilprozessrecht, § 44 Rn. 235 c; *Pagenstecher*, JW 1925, 712 f.; *Marburger*, GS für Knobbe-Keuk, S. 187, 193 ff., verneint zwar eine Rechtskrafterstreckung, wendet aber § 767 Abs. 3 ZPO analog an: Habe der Kläger es schuldhaft versäumt, sich im ersten Prozess eine Nachforderung vorzubehalten, sei

Allerdings ist mit der Gegenauffassung einzuwenden, dass das erkennende Gericht wegen § 308 ZPO nur über den zuerst eingeklagten Teil des Anspruchs entscheiden darf und auch der Wortlaut des § 322 Abs. 1 ZPO, nach welchem die materielle Rechtskraft *lediglich* soweit reicht, wie in der Klage beantragt und beschieden wurde, gegen eine Rechtskrafterstreckung spricht[790].

Zudem bestünde, wenn man vom Kläger den Vorbehalt einer Nachforderung verlangte, um sich die Möglichkeit einer solchen Nachforderung zu sichern, die Gefahr, dass dieser bei einer auch noch so geringen Chance auf einen Mehrbetrag eine entsprechende Erklärung abgäbe. Der Beklagte sähe sich seinerseits zu einer negativen Feststellungsklage herausgefordert, so dass der Rechtsstreit künstlich aufgebläht und angeheizt würde[791].

Schließlich kann auch nicht davon die Rede sein, dass Grundsätze der Fairness und Waffengleichheit durch die Verneinung einer Rechtskrafterstreckung verletzt würden: Erhebt der Kläger eine verdeckte Teilklage, birgt dies für ihn das Risiko widersprechender Entscheidungen im Folgeprozess. Dem Nachteil des Beklagten, dass eine Nachforderungsklage drohen könnte, steht andererseits die Möglichkeit gegenüber, dass das Gericht im Prozess über die Restforderung zu einer viel günstigeren Entscheidung kommt[792].

Ist die Klage (zum Teil) abgewiesen worden, wird nach einer Auffassung zugleich die gesamte über die Teilklage hinausgehende Forderung rechtskräftig aberkannt. Mit der Abweisung eines Teils eines Anspruchs werde notwendigerweise über den gesamten Restanspruch entschieden[793].

---

er mit einer solchen ausgeschlossen. *Schwab*, Zivilprozessrecht, Rn. 428 ff., sieht durch den Kläger prozessuale Fairnesspflichten verletzt und bejaht einen Schadensersatzanspruch nach § 280 Abs. 1 BGB: Über § 249 Abs. 1 BGB sei der Beklagte so zu stellen, als hätte der Kläger eine offene Teilklage und der Beklagte infolgedessen eine negative Feststellungsklage erhoben.

790 BGH NJW 1997, 1990 f.; 1997, 3019, 3020 f.; 2002, 3769; 2008, 373, 375; *Habscheid*, FamRZ 1962, 352, 353 ff.; *Börtel*, JuS 2003, 429, 432 f.; *Brox*, NJW 1962, 1203 f.; *Zeuner*, 50 Jahre Bundesgerichtshof, S. 337, 348 f.; *Zeuner*, MDR 1972, 84, 85 ff.; *Kuschmann*, FS für Schiedermair, S. 351, 367 ff.; *Elzer*, JuS 2001, 224, 226; *Schilken*, Zivilprozessrecht, Rn. 1029; *Zeiss / Schreiber*, ZPO, Rn. 581.

791 Vgl. *Pohle*, ZZP 77 (1964), 98, 111; *Windel*, ZZP 110 (1997), 501, 504.

792 So auch *Elzer*, JuS 2001, 224, 226; *Tischner*, JR 1998, 154, 155; vgl. ferner *Lüke / Kerwer*, NJW 1996, 2121, 2124 f.

793 Vgl. *Leipold*, FS für Zeuner, S. 431, 439 ff.; siehe auch *Stein / Jonas / Leipold*, § 322 Rn. 142; *Schwab*, Zivilprozessrecht, G 436 ff., der zudem bei einer verdeckten Teilklage prozessuale Fairnesspflichten durch den Kläger verletzt sieht, weil dem Beklagten die Möglichkeit genommen werde, eine negative Feststellungsklage zu erheben; für

Die überzeugende Gegenauffassung spricht sich gegen eine solche Wirkung des (teil-) abweisenden Urteils aus. Auch hier gilt, dass der weitergehende Anspruch nie Teil des Rechtsstreites und der Entscheidung war, so dass insoweit auch keine Rechtskrafterstreckung Folge einer (Teil-)Abweisung sein kann[794].

Jedoch existieren Besonderheiten, die sich auf die prozessuale Geltendmachung von Fortkommensschäden auswirken:

Einerseits ist anerkannt, dass eine Nachforderung in einem Folgeprozess dann ausgeschlossen ist, wenn der Kläger – wie ja in Prozessen auf Ersatz des Fortkommensschadens möglich – die Höhe des Anspruchs in das Ermessen des Gerichts gestellt hat[795]. Die Ursache hierfür ist darin begründet, dass der Streitgegenstand nicht durch den Antrag, sondern durch den vorgetragenen Sachverhalt geprägt wird und der Kläger es dem Gericht überlässt, einen Anspruch in angemessener Höhe festzusetzen[796]. Dem Kläger steht nach der richterlichen Festsetzung ein Anspruch *nur* in der zugesprochenen Höhe zu[797].

Ferner ist eine Rechtskrafterstreckung auch dann anerkannt, wenn der Kläger eine wiederkehrende Leistung im Sinne des § 323 Abs. 1 ZPO[798] beantragt und es versäumt hat, sich eine Nachforderung vorzubehalten[799], also eine verdeckte

---

die verdeckte Teilklage *Jauernig*, JZ 1997, 1127, 1128; *Jauernig*, 50 Jahre Bundesgerichtshof, S. 311, 333 ff.; *Schulte*, Zur Rechtskrafterstreckung bei Teilklagen, S. 86 f.

794 Vgl. BGH NJW 1985, 1340, 1341; WM 1986, 146; *Schilken*, Zivilprozessrecht, Rn. 1029; *Lindacher*, ZZP 76 (1963), 451, 456; *Rosenberg / Schwab / Gottwald*, Zivilprozessrecht, § 154 Rn. 17; ZPO-MünchKomm / *Gottwald*, § 322 Rn. 126; *Kuschmann*, FS für Schiedermair, S. 351, 368 ff.; *Elzer*, JuS 2001, 224, 227.

795 Vgl. BGH NJW 1988, 2300, 2301; 1997, 3019, 3021; OLG Köln BB 1994, 1814, 1815; *Elzer*, JuS 2001, 224, 227 f.; *Windel*, ZZP 110 (1997), 501, 505 f.; *Rosenberg / Schwab / Gottwald*, Zivilprozessrecht, § 154 Rn. 19; *Zöller / Vollkommer*, § Vor § 322 Rn. 49; *Stein / Jonas / Leipold*, § 322 Rn. 150; a.A. ZPO-MünchKomm / *Gottwald*, § 322 Rn. 133, der der Auffassung ist, der Kläger begrenze mit der Angabe der Größenordnung den Streitgegenstand. Hiergegen ist jedoch einzuwenden, dass das Gericht von dieser Angabe ja nach oben hin abweichen kann, vgl. BGH NJW 1996, 2425, 2427; 2002, 3769 f., und es insofern eben nicht zu einer Begrenzung des Streitgegenstandes nach oben kommt, vgl. *Elzer*, JuS 2001, 224, 227 f.

796 Vgl. BGH NJW 1988, 2300, 2301; 1997, 3019, 3021; *Zeiss / Schreiber*, ZPO, Rn. 584; *Elzer*, JuS 2001, 224, 227 f.

797 *Rosenberg / Schwab / Gottwald*, Zivilprozessrecht, § 154 Rn. 19.

798 Hierzu sind auch Schadensersatzrenten nach § 843 Abs. 1 u. 2 BGB zu zählen, vgl. ZPO-MünchKomm / *Gottwald*, § 323 Rn. 15.

799 Vgl. BGH NJW 1984, 1458, 1459; NJW-RR 1987, 642 f.; OLG Hamm NZV 1998, 288 f.; *Wussow / Dressler*, Unfallhaftpflichtrecht, Kapitel 39 Rn. 5; *Elzer*, JuS 2001, 224, 228; *Schwab*, Zivilprozessrecht, 435; ZPO-MünchKomm / *Gottwald*, § 323 Rn. 22 f.

Teilklage vorliegt. Hierdurch wird gewährleistet, dass nicht durch die Rechtsfigur einer verdeckten Teilklage die Voraussetzungen der Abänderungsklage nach § 323 ZPO umgangen werden können, die eine spezielle Klage zur Durchbrechung der Rechtskraft von Urteilen über wiederkehrende Leistungen darstellt[800].

Sollte der Kläger also nur den Teilbetrag seines Fortkommensschadens einklagen wollen, ist ihm anzuraten, diesen Vorbehalt möglichst deutlich zu erklären.

2. Auf Feststellung der Ersatzpflicht gerichtete Feststellungsklage

Eine weitere Rechtsschutzmöglichkeit bietet die Feststellungsklage nach § 256 Abs. 1 ZPO. Diese Klageart beseitigt eine zwischen den Parteien bestehende unsichere Lage, indem nach Eintritt formeller Rechtskraft zwischen den Parteien des Rechtsstreits verbindlich als festgestellt gilt, ob ein Rechtsverhältnis besteht oder nicht[801,802]. Gegenüber einer Leistungsklage bietet dem Kläger die positive, also auf die Feststellung eines bestehenden Rechtsverhältnisses gerichtete, Feststellungsklage damit aber zugleich nur geringeren Schutz. Denn der Feststellungstenor ist – anders als der Hauptsachetenor einer Leistungsklage – nicht vollstreckbar[803]. Aus diesem Grunde ist die positive Feststellungsklage grundsätzlich dann mangels Feststellungsinteresses unzulässig, wenn der Kläger eine zulässige und begründete Leistungsklage erheben kann[804].

---

800 Vgl. BGH NJW-RR 1987, 642 f.; *Elzer*, JuS 2001, 224, 228; ZPO-MünchKomm / *Gottwald*, § 323 Rn. 22; *Stein / Jonas / Leipold*, § 323 Rn. 5 f.; eingehend hierzu *Braun*, Grundfragen der Abänderungsklage, S. 43 ff.

801 Vgl. *Stein / Jonas / Roth*, § 256 Rn. 5; *Musielak / Foerste*, § 256 Rn. 1; *Jauernig / Hess*, ZPO, S. 140.

802 Der Geschädigte wird allerdings in Bezug auf den Ersatz seines Fortkommensschadens nicht immer den Vorteil einer dreißigjährigen Verjährungsfrist nach § 197 Abs. 1 Nr. 3 ZPO aus einer solchen Feststellung ziehen können. Fließen nämlich aus einem bereits rechtskräftig festgestellten Anspruch Rentenansprüche – wie dies beispielsweise bei § 843 Abs. 1 u. 2 BGB und § 13 Abs. 1 u. 2 StVG der Fall ist –, handelt es sich um künftig fällig werdende regelmäßig wiederkehrende Leistungen im Sinne des § 197 Abs. 2 BGB, vgl. BGH VersR 1980, 88; BGB-MünchKomm / *Grothe*, § 197 Rn. 32. Für diese gilt dann die regelmäßige Verjährungsfrist der §§ 195, 199 BGB.

803 Vgl. *Rosenberg / Schwab / Gottwald*, Zivilprozessrecht, § 90 Rn. 1; ZPO-MünchKomm / *Becker-Eberhard*, § 256 Rn. 49; *Stein / Jonas / Roth*, § 256 Rn. 5 u. 12.

804 Vgl. u.a. BGH NJW 1952, 740; 1984, 1118, 1119; 2000, 1256, 1257; 2001, 445, 447 f.; *Stein / Jonas / Roth*, § 256 Rn. 12; ZPO-MünchKomm / *Becker-Eberhard*, § 256 Rn. 49; *Geigel* – Der Haftpflichtprozess / *Bacher*, 39. Kapitel Rn. 22; *Rosenberg / Schwab / Gottwald*, Zivilprozessrecht, § 90 Rn. 24; a.A. *Jacobs*, Der Gegenstand des Feststellungsverfahrens, S. 441, der sich für ein Wahlrecht des Klägers ausspricht.

Die Feststellungsklage ist im Falle der Geltendmachung von Fortkommensschäden insbesondere dann zu erheben, wenn dem Geschädigten für die Bestimmung des künftigen Schadens noch nicht genügend Anknüpfungstatsachen zur Verfügung stehen und aus diesem Grunde eine Schätzung nicht möglich ist. Für das rechtliche Interesse an alsbaldiger Feststellung genügt es dann, wenn ein Eintritt eines künftigen Schadens zumindest möglich erscheint und aus verständiger Klägersicht mit einem solchen wenigstens gerechnet werden kann[805].

In einigen Entscheidungen forderte der BGH darüber hinaus (uneinheitlich) zur Zulässigkeit oder Begründetheit einer solchen Feststellungsklage, dass eine „gewisse" Wahrscheinlichkeit des Schadenseintritts vorliege[806]. Inzwischen hat der BGH an der Erforderlichkeit dieses Wahrscheinlichkeitskriteriums gezweifelt, wenn ein Folgeschaden aufgrund der Beeinträchtigung eines *deliktisch geschützten Rechtsgutes* möglich erscheint[807]. In einer weiteren Entscheidung enthielt sich der BGH ausdrücklich einer Stellungnahme[808].

Gegen ein solches ungeschriebenes Wahrscheinlichkeitserfordernis spricht allerdings, dass die Feststellungsklage den Schadenseintritt selbst ja nicht betrifft und Interessen des Beklagten ja nur insoweit tangiert sind, als dieser überhaupt mit einer Feststellungsklage konfrontiert wird. Willkürlichen Feststellungsklagen kann allerdings bereits durch die Notwendigkeit des Feststellungsinteresses im Rahmen der Zulässigkeit ausreichend entgegengewirkt werden[809].

Ist es hingegen möglich, den Schaden unter Anwendung des § 287 Abs. 1 S. 1 ZPO zu schätzen, bietet eine Leistungsklage die intensivere Rechtsschutzform. Eine Feststellungsklage wäre damit unzulässig[810].

---

805 Vgl. u.a. BGH NJW 2001, 1431, 1432; NJW-RR 2006, 712, 714 f.; OLG Saarbrücken VersR 1992, 1359, 1360; OLG Karlsruhe NZV 2007, 299, 301; *Stein / Jonas / Roth*, § 256 Rn. 64 u. 66; *Staudinger / Vieweg*, § 843 Rn. 169.

806 Vgl. u.a. NJW 1993, 648, 653 f.; 1996, 1062, 1063; 1998, 160 f.; NJW 2006, 830, 832.

807 Vgl. BGH NJW 2001, 1431, 1432.

808 Vgl. BGH NJW-RR 2007, 601, 602.

809 Vgl. ZPO-MünchKomm / *Becker-Eberhard*, § 256 Rn. 30; vgl. auch *Gerlach*, VersR 2000, 525, 531 f.; *Zöller / Greger*, 256 Rn. 9; *Staudinger / Vieweg*, § 843 Rn. 169.

810 Dies gilt allerdings dann nicht, wenn zwar ein Teil des Schadens bezifferbar ist, die Schadensentwicklung sich aber noch im Fortgang befindet. In diesem Fall ist es zulässig, neben einer eventuellen Teilklage auch eine Feststellungsklage wegen des gesamten Anspruchs zu erheben. Eine Beschränkung der Feststellungsklage auf die „weiteren Schäden" ist nicht erforderlich: BGH NJW 1984, 1552, 1554; 1988, 3268 f.; VersR 1991, 788 f.; NJW 1996, 2097, 2098 f.; NJW 2003, 2827; OLG Koblenz NJW-RR 2007, 21, 22; *Grunsky*, Zivilprozessrecht, Rn. 103; *Heß / Burmann*,

Durch die mit der Schätzung des Fortkommensschadens verbundene Unsicherheit fällt auch eine genaue Abgrenzung zwischen Feststellungs- und Leistungsklage schwer[811]. Deshalb wird vorgeschlagen, den Anwendungsbereich der Feststellungsklage weit zu fassen und das Feststellungsinteresse bereits dann zu bejahen, wenn ein Leistungsurteil auf einer unsicheren Entscheidungsgrundlage fußen würde, so dass mit einer späteren Abänderungsklage zu rechnen wäre[812]. Außerdem kann eine Leistungsklage in einen Feststellungsantrag umgedeutet werden, wenn ein Anspruch dem Grunde nach besteht und ein künftiger Schaden derzeit noch nicht bezifferbar, aber zu erwarten ist[813].

Da das geschädigte Kind seinen Fortkommensschaden zumeist nicht im Wege der Leistungsklage verfolgen können wird, bis es in das Alter seiner potentiellen Erwerbsfähigkeit eintritt[814], bleibt diesem in solchen Fällen die Möglichkeit, durch seinen Vertreter eine solche Feststellungsklage zu erheben[815]. Mit dieser Klage wird nach Eintritt der formellen Rechtskraft die Ersatzpflicht des Beklagten zwischen den Parteien verbindlich festgestellt[816], dem Kläger alle aus der Verletzung des Klägers erwachsenden Schäden zu ersetzen.

II. Geltendmachung nachträglicher Änderungen im Wege der Abänderungsklage nach § 323 ZPO

Naturgemäß ist die richterliche Prognose über den Fortkommensschaden mit gewissen Unsicherheiten behaftet. Vorstellbar ist, dass der künftige Erwerb des Geschädigten an einem nicht vom Schädiger zu verantwortenden Hindernis

NJW-Spezial 2005, 255; *Stein / Jonas / Roth*, § 256 Rn. 67; *Prütting / Gehrlein / Geisler*, § 256 Rn. 12; *Zöller / Greger*, § 256 Rn. 7a.

811 *Staudinger / Vieweg*, § 843 Rn. 168.

812 *Staudinger / Vieweg*, § 843 Rn. 168; *Bamberger / Roth / Spindler*, § 843 Rn. 40; BGB-MünchKomm³ / *Stein*, § 843 Rn. 58.

813 Vgl. BGH NJW 1984, 2295, 2296; NVwZ 1988, 760, 761; NJW-RR 1992, 771 f.; ZPO-MünchKomm / *Becker-Eberhard*, § 256 Rn. 65; *Bamberger / Roth / Spindler*, § 843 Rn. 40; *Stein / Jonas / Roth*, § 256 Rn. 79; *Zöller / Greger*, § 256 Rn. 15c.

814 Siehe oben unter: H. I. 1. b).

815 Vgl. OLG Köln VersR 1988, 1195 f.; RG JW 1906, 236; 1906, 359, 360; 1906, 472, 473; 1906, 718, 719; *Halfpap*, Der entgangene Gewinn, S. 228; *Staudinger / Vieweg*, § 842 Rn. 144 u. 157; *Steffen*, DAR 1984, 1; *Wussow / Dressler*, Unfallhaftpflichtrecht, Kapitel 39 Rn. 2.

816 Vgl. *Stein / Jonas / Roth*, § 256 Rn. 5; *Musielak / Foerste*, § 256 Rn. 1; *Jauernig / Hess*, ZPO, S. 140.

gescheitert wäre[817]. Andererseits ist auch an Veränderungen zugunsten des Geschädigten zu denken, die die richterlich getroffene Prognoseentscheidung als deutlich zu gering ausfallen lassen.

Bei derartigen Abweichungen der Realität von der richterlichen Prognose gebieten Gründe der Gerechtigkeit, der benachteiligten Partei eine Möglichkeit einzuräumen, das Urteil korrigieren zu lassen.

Für eine Anpassung eines Urteils, das – so ja der Regelfall bei einem dem Geschädigten Fortkommensschadensersatz zusprechenden Urteil[818] – „eine Verpflichtung zu künftig fällig werdenden wiederkehrenden Leistungen" enthält, bietet die Abänderungsklage nach § 323 ZPO die rechtliche Grundlage[819] und verkörpert einen prozessualen Anwendungsfall der „clausula rebus sic stantibus"[820]. Sie ist daher – in Abgrenzung zur Vollstreckungsabwehrklage nach § 767 ZPO – die einschlägige Klage, wenn Tatsachen auftreten, die die richterliche Zukunftsprognose über die künftige Leistungspflicht beeinflussen und die getroffene Prognoseentscheidung unrichtig erscheinen lassen[821].

Der Anwendungsbereich der Abänderungsklage ist nicht lediglich auf Leistungsurteile beschränkt. Beispielsweise können auch bei auf einer Zukunftsprognose beruhenden Feststellungsurteilen Gründe materieller Gerechtigkeit die Notwendigkeit einer Klage nach § 323 ZPO gebieten[822].

Auch auf klageabweisende Urteile, die darauf beruhen, dass das Gericht keinen in Zukunft entstehenden Fortkommensschaden zu erkennen vermochte, ist entgegen der herrschenden Auffassung, die hier eine erneute Leistungsklage

817 Vgl. *Steffen*, DAR 1984, 1, 4 f.; *Medicus*, DAR 1994, 442, 448.

818 Siehe oben unter: H. I. 1. a).

819 Vgl. u.a. BGH NJW 1985, 1345 f.; *Rosenberg / Schwab / Gottwald*, Zivilprozessrecht, § 158 Rn. 4; *Musielak / Borth*, § 323 Rn. 2; *Stein / Jonas / Leipold*, § 323 Rn. 1 ff.; *Zöller / Vollkommer*, §323 Rn. 1; ZPO-MünchKomm / *Gottwald*, § 323 Rn. 1.

820 BGH NJW-RR 2001, 937; NJW 1980, 2811, 2812; NJW 1961, 871, 872; *Stein / Jonas / Leipold*, § 323 Rn. 2.

821 Vgl. zur Abgrenzung von der Vollstreckungsgegenklage nach § 767 ZPO: OLG Bamberg FamRZ 1980, 617 f.; OLG Bremen, NJWE-FER 2000, 161 f.; eingehend *Jakoby*, Verhältnis der Abänderungsklage zur Vollstreckungsgegenklage, S. 240 ff.; *Rosenberg / Schwab / Gottwald*, Zivilprozessrecht, § 158 Rn. 16; ZPO-MünchKomm / *Gottwald*, § 323 Rn. 33; *Stein / Jonas / Leipold*, § 323 Rn. 76 ff.

822 Vgl. OLG Köln NJW-RR 1987, 834; OLG Hamm FamRZ 1994, 387; 2000, 544; *Rosenberg / Schwab / Gottwald*, Zivilprozessrecht, § 158 Rn. 9; *Prütting / Gehrlein / Völzmann-Stickelbrock*, § 323 Rn. 9.

zulassen will[823], die Abänderungsklage anzuwenden[824]. Die herrschende Auffassung stützt sich vornehmlich darauf, dass im Falle einer Klagabweisung durch das Gericht keine von einer über die letzte mündliche Tatsachenverhandlung hinausgehenden Rechtskraft erfasste Prognoseentscheidung getroffen werde, deren nachträglicher Korrektur es bedürfe[825]. Allerdings ist diese Argumentation nicht nachzuvollziehen: Weist das Gericht eine Klage ab, weil es nicht überzeugt ist vom hypothetischen künftigen Erwerbsverlauf des Geschädigten, so liegt diesem Urteil selbstverständlich eine – wenn auch negative – Prognose zu Grunde. Die Rechtskraft des Urteils schließt damit die künftige Entwicklung mit ein, so dass dieses folglich mit der Klage nach § 323 ZPO abgeändert werden müsste[826]. Würde man der herrschenden Auffassung folgen, so müsste ferner der Kläger bei einer Teilabweisung der Klage im Falle nachträglicher Änderung der Umstände hinsichtlich des abgewiesenen Teiles eine neue Leistungsklage, der Beklagte eine unter den Voraussetzungen des § 323 ZPO stehende Abänderungsklage erheben[827]. Stattdessen hält aber der BGH – in seiner Auffassung inkonsequent[828] – im Falle einer teilweisen Abweisung lediglich die Abänderungsklage für Kläger und Beklagte des Erstprozesses für statthaft[829].

1. Abänderungsklage zur Anpassung einer Geldrente

Soll eine dem Schuldner nach § 843 Abs. 1 und 2 BGB durch ein Urteil gewährte Geldrente angepasst werden, stellt dies einen Grundfall der Abänderungsklage dar[830].

---

823 Vgl. BGH NJW 1982, 578 ff.; 2006, 142 ff.; OLG München NJW 2009, 3246 f.; *Prütting / Gehrlein / Völzmann-Stickelbrock*, § 323 Rn. 7; ZPO-MünchKomm / *Gottwald*, § 323 Rn. 28 f.; *Stein / Jonas / Leipold*, § 323 Rn. 15 ff.; *Rosenberg / Schwab / Gottwald*, Zivilprozessrecht, § 158 Rn. 16; *Koch / Margraf*, Rn. 7267; *Roth*, NJW 1988, 1233, 1238.

824 So auch KG FamRZ 1980, 892, 893; RGZ 162, 279, 282; *Zöller / Vollkommer*, § 323 Rn. 23; *Göppinger / Wax / Vogel*, Rn. 2409; *Wax*, LMK 2005, 27 f.; *Klauser*, MDR 1981, 711, 712; *Hahne*, FamRZ 1982, 1189 f.

825 Vgl. BGH NJW 2005, 142 f.; *Prütting / Gehrlein / Völzmann-Stickelbrock*, § 323 Rn. 7; ZPO-MünchKomm / *Gottwald*, § 323 Rn. 28 f.; *Stein / Jonas / Leipold*, § 323 Rn. 15 ff.; *Schellhammer*, ZPO, Rn. 209.

826 Vgl. *Wax*, LMK 2005, 27, 28.

827 Vgl. *Göppinger / Wax / Vogel*, Rn. 2409; *Hahne*, FamRZ 1982, 1189, 1190.

828 Vgl. KG FamRZ 1980, 892, 893; *Wax*, LMK 2005, 27 f.

829 BGH NJW 2005, 142 f.

830 Vgl. *Stein / Jonas / Leipold*, § 323 Rn. 11; *Musielak / Borth*, § 323 Rn. 2; *Zöller / Vollkommer*, § 323 Rn. 22; *Schellhammer*, ZPO, Rn. 208.

Das Urteil, dessen Abänderung der Kläger begehrt, muss bislang nicht in Rechtskraft erwachsen sein[831].

Für die Zulässigkeit der Abänderungsklage ist als besondere Prozessvoraussetzung lediglich erforderlich, dass der Kläger eine wesentliche Veränderung der tatsächlichen oder rechtlichen Verhältnisse nach Schluss der Tatsachenverhandlung des ersten Verfahrens schlüssig behauptet[832]. Dem stehen solche wesentliche Veränderungen gleich, die im Falle eines Versäumnisurteils nicht mehr mit einem Einspruch geltend gemacht werden können, § 323 Abs. 2 ZPO.

Erst im Rahmen der Begründetheit prüft das Gericht, ob eine wesentliche Änderung der tatsächlichen[833] oder rechtlichen[834] Verhältnisse wirklich vorliegt[835], wofür der Kläger der Abänderungsklage die Darlegungs- und Beweislast trägt[836]. Für eine solche Änderung genügt es nicht bereits, wenn sich lediglich die Prognose des Erstprozesses – ohne Veränderung der Tatsachen – aus nachträglicher Sicht als unrichtig erweist. Erforderlich ist, dass die dem Ersturteil zugrunde liegenden Verhältnisse anders eingetreten oder ausgeblieben sind als angenommen[837].

---

831 BGH NJW 1961, 871, 872; 1985, 1701; *Prütting / Gehrlein / Völzmann-Stickelbrock*, § 323 Rn. 1.

832 *Zöller / Vollkommer*, § 323 Rn. 27; *Musielak / Borth*, § 323 Rn. 18.

833 Hier kommen beispielsweise nicht mit der Schädigung zusammenhängende Reserveursachen, vgl. *Medicus*, DAR 1994, 442, 448, oder Änderungen im Umfang und Dauer der Erwerbsbeeinträchtigung in Betracht, vgl. die Beispiele in *Staudinger / Vieweg*, § 843 Rn. 179.

834 Vom durch Art. 29 Nr. 12 FGG-ReformG neugefassten § 323 Abs. 1 S. 2 ZPO ist nicht nur die Änderung der Gesetzeslage, sondern auch eine Änderung der höchstrichterlichen Rechtsprechung erfasst, vgl. *Musielak / Borth*, § 323 Rn. 21. Dies entsprach vor Neufassung des § 323 ZPO bereits der höchstrichterlichen Rechtsprechung, BGH NJW 2007, 1961, 1964; BGHZ 153, 372, 383 f.

835 OLG Bamberg NJW-RR 1992, 1413, 1414; *Musielak / Borth*, § 323 Rn. 18.

836 BGH NJW 1987, 1201; 1990, 2752, 2753; 1995, 1891, 1892; *Zöller / Vollkommer*, § 323 Rn. 30; *Musielak / Borth*, § 323 Rn. 37. Der Beklagte hat seinerseits die Tatsachen darzulegen und zu beweisen, die bei Feststehender Änderung der im Ersturteil zugrunde gelegten Verhältnisse eine Aufrechterhaltung dieses Urteils rechtfertigen, vgl. BGH NJW 1990, 2752, 2753; *Zöller / Vollkommer*, § 323 Rn. 30.

837 Vgl. BGHZ 80, 389, 397 f.; NJW-RR 1986, 938, 939; 1992, 1091, 1092; 2001, 937 f.; *Musielak / Borth*, § 323 Rn. 19; *Zöller / Vollkommer*, § 323 Rn. 30; ZPO-MünchKomm / *Gottwald*, § 323 Rn. 54; *Staudinger / Vieweg*, § 843 Rn. 179; vgl. auch *Steffen*, DAR 1984, 1, 5; *Medicus*, DAR 1994, 442, 449; weiter *Würthwein*, ZZP 112 (1999), 447, 468 ff., die § 323 ZPO analog auch dann anwenden will, wenn neue wissenschaftliche Erkenntnisse eine andere Prognoseentscheidung rechtfertigten.

Von einer „wesentlichen“ Änderung der Verhältnisse ist dann auszugehen, wenn diese nach Maßgabe des materiellen Rechts in nicht unerheblicher Weise zu einer anderen Beurteilung des Bestehens, der Höhe oder der Dauer des Anspruchs führt[838].

Wenn sich auch die Rechtsprechung teilweise an einer 10 %-Grenze orientiert[839], so handelt es sich hierbei um keinen absoluten Wert, von dem nicht abgewichen werden könnte. Vielmehr ist die konkrete Situation der Parteien zu beurteilen, so dass bei beengten wirtschaftlichen Verhältnissen ein deutlich geringerer Prozentsatz ausreichen kann[840].

Erachtet das Gericht die Klage als begründet, ändert es den bisherigen Titel ab und bestimmt die künftige Zahlungspflicht neu für den Zeitpunkt ab Rechtshängigkeit, § 323 Abs. 3 ZPO[841].

2. Keine Abänderungsklage zur Anpassung einer Kapitalabfindung

Wurde dem Verletzten statt einer Geldrente hingegen im Urteil eine Kapitalabfindung zugesprochen, stellt sich die Frage, ob auch hier die Möglichkeit einer Abänderungsklage nach § 323 ZPO offensteht.

Obgleich der Wortlaut des § 323 ZPO von „wiederkehrenden Leistungen“ spricht und damit auf Kapitalabfindungen gerichtete Urteile aus dem Anwendungsbereich der Abänderungsklage ausscheiden müssten, wird teilweise eine analoge Anwendung von § 323 ZPO in Betracht gezogen[842].

§ 323 ZPO stelle einen allgemeinen Rechtsgedanken dar, nach welchem zukünftige wiederkehrende Leistungen unter dem Vorbehalt gleichbleibender Verhältnisse stünden, so dass bei einer Veränderung dieser Verhältnisse eine Anpassung notwendig werde. Da die Kapitalabfindung nur eine Form des Rentenanspruchs darstelle, müsse die Abänderungsmöglichkeit auch für sie gelten[843].

---

838 BGH NJW 1987, 1551, 1552.

839 KG FamRZ 1983, 291, 293; OLG Hamburg FamRZ 1983, 932, 933.

840 Vgl. OLG Hamm NJW 2007, 1217; *Musielak / Borth*, § 323 Rn. 24.

841 Vgl. *Musielak / Barth*, § 323 Rn. 27 u. 34; *Rosenberg / Schwab / Gottwald*, Zivilprozessrecht, § 158 Rn. 29 u. 41.

842 *Zöller / Vollkommer*, § 323 Rn. 25; *Staudinger / Vieweg*, § 843 Rn. 37; *Erman / Schiemann*, § 843 Rn. 19; BGB-MünchKomm³ / *Stein*, § 843 Rn. 62; *Schilken*, Zivilprozessrecht, Rn. 1069; *Stürner*, JZ 1984, 461, 468; *Grunsky*, AcP 181 (1981), 343, 346; *Moritz*, Probleme der Abänderungsklage, S. 101 ff.; ähnlich *Baumbach / Lauterbach / Albers / Hartmann*, § 323 Rn. 16 unter Hinweis auf § 323a Rn. 15, wo auf den Rechtsgedanken des § 323a ZPO Bezug genommen wird.

843 BGB-MünchKomm³ / *Stein*, § 843 Rn. 62.

Nur so werde für den Gläubiger und den Schuldner der Kapitalabfindung ausreichend rechtliches Gehör gewährt[844].

Zudem führe es infolge der langen durch das erkennende Gericht zu prognostizierenden Entwicklungen zu Überforderungen und förderte spekulative Entscheidungen, wenn die Abänderungsklage für eine Kapitalabfindung ausscheiden würde[845].

Jedenfalls dem Schädiger, dem eine Kapitalabfindung aufgedrängt werden könne, dürfe es auch nicht zugemutet werden, an einer einmal ausgesprochenen Kapitalabfindung festzuhalten, wenn sich im Nachhinein die richterliche Prognose als fehlerhaft herausstelle[846].

Einschränkend wird vertreten, eine Abänderungsklage aber nur dann zuzulassen, wenn die tatsächliche Entwicklung so weit von der Prognose abweiche, dass sie aus dem Prognosespektrum gänzlich herausfalle[847] bzw. wenn es sich nicht um „generell vorhersehbaren Mehrbedarf" handle[848].

Nach der Gegenauffassung, die auch der BGH vertritt, kann § 323 ZPO nicht auf eine im Urteil gewährte Kapitalabfindung angewandt werden[849].

Begründet wird dies zum einen damit, dass eine Kapitalabfindung stets auch einem Vergleich ähnle, bei dem beide Parteien das Risiko fehlerhafter Prognosen eingingen[850]. Mit einer Entscheidung für eine Kapitalabfindung verzichte der Geschädigte darüber hinaus bewusst auf die Berücksichtigung künftiger Entwicklungen. Der Schädiger seinerseits bzw. dessen Haftpflichtversicherung vertraue

---

844 *Moritz*, Probleme der Abänderungsklage, S. 101 ff.

845 Vgl. *Zöller / Vollkommer*, § 323 Rn. 25; *Staudinger / Vieweg*, § 843 Rn. 37; *Erman / Schiemann*, § 843 Rn. 19.

846 *Stürner*, JZ 1984, 461, 468.

847 BGB-MünchKomm³ / *Stein*, § 843 Rn. 62.

848 *Staudinger / Vieweg*, § 843 Rn. 37.

849 BGH NJW 1981, 818, 819 f.; RG Seuffert's Archiv Bd. 76, S. 299, 302; RGZ 73, 418, 420; *Wussow / Kürschner*, Unfallhaftpflichtrecht, Kapitel 65 Rn. 1; *Wieczorek / Schütze / Büscher*, § 323 Rn. 52; *Rosenberg / Schwab / Gottwald*, Zivilprozessrecht, § 158 Rn. 10; *Musielak / Borth*, § 323 Rn. 7; *Prütting / Gehrlein / Völzmann-Stickelbrock*, § 323 Rn. 14; *Stein / Jonas / Leipold*, § 323 Rn. 12; ZPO-MünchKomm / *Gottwald*, § 323 Rn. 18; *Johannsen / Henrich / Brudermüller*, § 328 FamFG Rn. 47; *Blomeyer*, Zivilprozessrecht, S. 463; *Schlund*, BB 1993, 2025, 2030; *Schlund*, VersR 1981, 401, 402; *Schmid*, DAR 1981, 129; *Nehls*, VersR 1981, 286; vgl. auch *Soyka*, Das Abänderungsverfahren im Unterhaltsrecht, Rn. 36.

850 Vgl. BGH NJW 1981, 818, 820; *Rosenberg / Schwab / Gottwald*, Zivilprozessrecht, § 158 Rn. 10; *Prütting / Gehrlein / Völzmann-Stickelbrock*, § 323 Rn. 14; vgl. auch *Soyka*, Die Abänderungsklage im Unterhaltsrecht, Rn. 36.

darauf, dass mit der Kapitalabfindung der Schaden endgültig ersetzt sei[851]. Der Richter müsse die Parteien auf diese Konsequenzen jedoch hinweisen[852].

Allerdings ist an der der Ähnlichkeit einer Kapitalabfindung zu einem Vergleich aufgrund zweier entscheidender Unterschiede zu zweifeln: Ein Vergleich setzt gemäß § 779 Abs. 1 BGB ein „gegenseitiges Nachgeben" voraus. Voraussetzung eines solchen gegenseitigen Nachgebens sind Zugeständnisse der jeweiligen Vertragsparteien, die darauf beruhen, dass die jeweils andere Partei der anderen Partei mit einem Zugeständnis entgegenkommt[853]. Die Kapitalabfindung indes entspricht – und dies erkennt auch der BGH – dem Barwert der geschuldeten den Schaden ausgleichenden Rente[854]: Die Kapitalabfindung hat dem Betrag zu entsprechen, der nach seinen individuellen Verhältnissen während der voraussichtlichen Laufzeit der Rente zusammen mit dem Zinsertrag dieses Kapitals ausreicht, die an sich geschuldeten Renten zu zahlen[855]. Soll aber die Kapitalabfindung der Summe der Rentenzahlungen entsprechen, fällt es schwer, in jener das von § 779 Abs. 1 BGB vorausgesetzte gegenseitige Nachgeben zu erblicken. Hinzu kommt, dass das erkennende Gericht den Parteien die Höhe der Kapitalabfindung einseitig „aufdrängt" und diese nicht – wie für einen Vergleich notwendig – von sich aus einen Vertrag schließen. Dem kann auch nicht entgegengehalten werden, dass der Geschädigte sich aus eigenem Antrieb gemäß § 843 Abs. 3 BGB für eine Kapitalabfindung entscheiden kann und es damit zu keiner Auferlegung der Kapitalabfindung durch das Gericht kommt. Der Schädiger bzw. dessen Haftpflichtversicherung hat kein Wahlrecht hinsichtlich der Frage, ob eine Rente oder eine Kapitalabfindung zu gewähren ist[856].

Das Argument, der Geschädigte habe aufgrund seiner Entscheidung für eine Kapitalabfindung auf eine nachträgliche Anpassung verzichtet und daher die Risiken einer fehlerhaften Prognose zu tragen, wohingegen der Schädiger auf die Nichtberücksichtigung künftiger Entwicklungen vertraue, vermag allein nicht

---

851 Vgl. BGH NJW 1981, 818, 820; *Prütting / Gehrlein / Völzmann-Stickelbrock*, § 323 Rn. 14; *Schlund*, VersR 1981, 401, 402.

852 *Musielak / Borth*, § 323 Rn. 7.

853 Vgl. *Palandt / Sprau*, § 779 Rn. 9 f.; *Staudinger / Marburger*, § 779 Rn. 27.

854 BGH NJW 1981, 818, 820.

855 *Wussow / Dressler*, Unfallhaftpflichtrecht, Kapitel 36 Rn. 2; *Palandt / Sprau*, § 843 Rn. 19; *Staudinger / Vieweg*, § 843 Rn. 37.

856 Vgl. *Wussow / Dressler*, Unfallhaftpflichtrecht, Kapitel 36 Rn. 2; *Staudinger / Vieweg*, § 843 Rn. 24; BGB-MünchKomm / *Wagner*, § 843 Rn. 75; a.A. *Schlund*, BB 1993, 2025, 2027, der entgegen der herrschenden Meinung dem Schädiger in Ausnahmesituationen nach § 254 und § 242 BGB ein Wahlrecht gewähren will.

zu überzeugen. Es setzt ja selbst die Unabänderlichkeit der Kapitalabfindung voraus: Das zu Beweisende wird auf Grundlage des zu Beweisenden bewiesen.

Dennoch ist der letztgenannten Auffassung im Ergebnis zu folgen. Bejahte man nämlich eine Abänderbarkeit der Kapitalabfindung zu Lasten des Geschädigten, wäre dieser in seiner „Dispositionsfreiheit" über die Kapitalabfindung, also in der Freiheit, mit dieser nach Belieben zu verfahren[857], empfindlich eingeschränkt. Dem Geschädigten würde zwar nicht vorgegeben, wie er die Abfindung zu verwenden hätte, er könnte den Betrag jedoch überhaupt nicht nutzen, ohne eine – möglicher Weise viele Jahre nach Verwendung der Summe auftretende – Veränderung und eine hieraus resultierende Rückzahlungspflicht zu fürchten. Um das Risiko ruinöser Rückzahlungen auszuschließen, wäre der Geschädigte gezwungen, die Kapitalabfindung in möglichst kleine Raten aufzuteilen und die entsprechenden Teilbeträge monatsweise zu verwenden. Auch wenn die Kapitalabfindung auf einem Antrag des Geschädigten beruht und sich dieser bewusst für eine Kapitalabfindung entschieden haben mag, wäre diese Art der Restitution oftmals sinnentleert, weil sich der Geschädigte der Summe nur so bedienen könnte, als wäre ihm Schadensersatz in Rentenform gewährt worden.

Noch gewichtiger ist allerdings die Sicht des Schädigers. Der Schädiger leistet eine Kapitalabfindung durch Zahlung einer regelmäßig hohen Geldsumme, die zumeist einen großen wirtschaftlichen Aufwand bedeuten wird. Könnte der Geschädigte aufgrund nachträglich eingetretener Veränderungen eine Anpassung der Kapitalabfindung verlangen, bestünde die nicht von der Hand zu weisende Möglichkeit einer unerwarteten und ruinösen Nachforderung. Hier ist auch dem BGH[858] und *Schlund*[859] zuzustimmen, die ein höchst legitimes Interesse des Schädigers daran bejahen, sich darauf verlassen zu können, dass mit der Zahlung der Kapitalabfindung „die Sache ein für allemal erledigt ist".

Dem kann nicht entgegengehalten werden, dass auch im Falle von Rentenzahlungen immer mit einer nachträglichen Anpassung der Rente nach oben zu rechnen sei: Für Rentenzahlungen sieht explizit § 323 ZPO eine Abänderung des Ersturteils vor, so dass der Schädiger aufgrund gesetzlicher Vorschriften die Möglichkeit einer solchen vor Augen haben muss. Zudem würde wohl eine nachträgliche Erhöhung einer Schadensrente, die der Schädiger Monat für Monat an den Geschädigten überweist, jenen nicht derart überraschend treffen wie

---

857 Vgl. zur Dispositionsfreiheit *Lange / Schiemann*, Schadensersatz, § 5 IV 6; BGB-MünchKomm / *Oetker*, § 249 Rn. 376 ff.; *Palandt / Grüneberg*, § 249 Rn. 6; vgl. ferner BGH NJW 1997, 520; 2003, 2085; 2010, 1357, 1359.

858 BGH NJW 1981, 818, 820.

859 *Schlund*, BB 1993, 2025, 2030.

die – möglicherweise Jahre nach Zahlung der Kapitalabfindung auftretende – Verpflichtung eine hohe Summe nachzuzahlen.

Diese Gründe sprechen entscheidend gegen eine entsprechende Anwendung des § 323 ZPO auf Kapitalabfindungen.

III. Zwischenbetrachtung

In dem letzten Teilabschnitt der Arbeit wurden einige Besonderheiten aufgezeigt, die bei der prozessualen Geltendmachung von Fortkommensschäden auftreten können und kurz zusammengefasst werden.

Zur Durchsetzung von Fortkommensschäden kann der Geschädigte eine Leistungsklage oder eine weniger rechtsschutzintensive Feststellungsklage nach § 256 Abs. 1 ZPO erheben. An eine auf Ersatz von Erwerbsschäden gerichtete Leistungsverfügung nach § 940 ZPO werden hohe Anforderungen gestellt.

Die für die Leistungsklage, bei der es sich im Regelfall um eine Klage auf künftige wiederkehrende Leistungen nach § 258 ZPO handeln wird, an sich notwendige exakte Bezifferung des Antrages nach § 253 Abs. 2 Nr. 2 ZPO ist aufgrund der mit der richterlichen Prognose zusammenhängenden Unsicherheiten für den Ersatz von Fortkommensschäden nicht erforderlich. Es genügt die ungefähre Größenangabe der angestrebten Höhe des Schadensersatzes sowie die Nennung derjenigen Angaben, auf deren Grundlage das Gericht die Schadensschätzung vornehmen kann. Allerdings besteht kein Bedarf für eine solche Erleichterung, wenn ein Kind seinen Fortkommensschaden geltend macht, welches keinerlei Grundlagen für eine Schadensschätzung bietet und für welches der Fortkommensschaden auf Grundlage des statistischen Durchschnittseinkommens bestimmt werden kann und muss: In diesem Fall ist eine exakte Bezifferung zu verlangen.

Für verletzte Kinder ist allerdings zu beachten, dass die Zulässigkeit einer auf Ersatz des Fortkommensschadens gerichteten Leistungsklage erst ab dem hypothetisch erwerbsfähigen Alter bejaht wird. Bis zu diesem Zeitpunkt besteht jedoch die Möglichkeit der Erhebung einer Feststellungsklage nach § 256 Abs. 1 ZPO. Für diese Einschränkung, die mit der von § 258 ZPO vorausgesetzten Bestimmbarkeit des geltend gemachten Anspruchs begründbar ist, besteht hingegen kein sachlicher Grund, wenn ein Kind mangels weiterer Anknüpfungstatsachen Schadensersatz in Höhe des statistischen Durchschnittseinkommens begehrt.

Der Geschädigte ist grundsätzlich nicht genötigt, seinen gesamten Schaden in einer Klage geltend zu machen; es besteht die Möglichkeit einer offenen Teilklage.

Für verdeckte Teilklagen, bei welcher der Geschädigte nicht offenlegt, nur einen Teil seiner Gesamtforderung einzuklagen, ist im Zusammenhang mit der

Geltendmachung von Fortkommensschäden allerdings Folgendes zu beachten: Klagt der Geschädigte eine Rentenzahlung ein, ohne offenzulegen, dass es sich nur um einen Teil der Gesamtforderung handelt, steht einem Folgeprozess die Rechtskraft des Ersturteils entgegen. Auch wenn der Geschädigte die Konkretisierung der geforderten Summe dem Gericht überlässt, scheidet die Möglichkeit einer nachträglichen Teilklage aus.

Wesentliche Änderungen der tatsächlichen oder rechtlichen Verhältnisse nach einem zunächst durchgeführten Prozess können der Kläger und der Beklagte dieses Erstprozesses im Wege einer Abänderungsklage nach § 323 ZPO geltend machen. Dies gilt sowohl im Fall einer Verurteilung zu einer Rentenzahlung im Vorprozess als auch in den Fällen, in denen eine entsprechende Klage abgewiesen worden ist. Für Urteile, die dem Geschädigten eine Kapitalabfindung gewähren, ist die Möglichkeit einer entsprechenden Anwendung des § 323 ZPO zu verneinen.

I. Abschließende Zusammenfassung

Im Rahmen dieser Arbeit wurden die sogenannten „Fortkommensschäden", ihre materiellrechtlichen Grundlagen, ihre Schätzung im Zivilprozess und ihre prozessuale Durchsetzbarkeit beleuchtet. Abschließend sollen die Ergebnisse kurz zusammengefasst werden:

Eingegangen wurde auf den Begriff der „Fortkommensschäden", und es wurde dargestellt, dass dieser nicht immer klar von den übrigen „Erwerbsschäden" abgegrenzt wird. Der Sache nach handelt es sich bei den Fortkommensschäden um solche Vermögensschäden, die wegen der Beeinträchtigung der beruflichen und gewerblichen Entwicklung des Geschädigten in Zukunft entstehen[860]. Die genannten Beispiele[861] zeigen die Vielgestaltigkeit der Fortkommensschäden. Grob kann zwischen Fortkommensschäden wegen schädigungsbedingter Verzögerungen der Ausbildung und zwischen solchen unterschieden werden, die auf einer geänderten oder unterbliebenen Berufslaufbahn beruhen.

Die Notwendigkeit des Ersatzes von Fortkommensschäden lässt sich letzten Endes aus dem in § 249 Abs. 1 BGB verwirklichten Grundsatz der Totalreparation ableiten. Die §§ 252 S. 1; 842 BGB stellen lediglich Klarstellungen dieses allgemeinen Grundsatzes dar. Aufgrund dieses Grundsatzes erfassen auch spezialgesetzliche Normen der Gefährdungshaftung stets auch Fortkommensschäden, selbst wenn diese nicht ausdrücklich „Fortkommensschäden" nennen oder auf § 842 BGB verweisen[862].

Fortkommensschäden sind mitunter nur äußerst schwer zu bestimmen: Es ist nicht nur abzuschätzen, wie sich das Einkommen oder der Gewinn des Geschädigten ohne die Verletzung entwickelt hätte, sondern auch zu fragen, ob nicht auch Reserveursachen das Entstehen des Schadens – jedenfalls in der konkreten Höhe – verhindert hätten. Auch kommen im Laufe der Zeit auftretende Verstöße gegen die Obliegenheit der Schadensminderung nach § 254 Abs. 2 S. 1 BGB in Betracht. Die Auswirkungen dieser Reserveursachen und der Verstöße gegen § 254 Abs. 2 S. 1 BGB werden so auch Teil dieser Schätzung[863].

Diesen Schwierigkeiten wirken die § 252 S. 2 BGB und § 287 Abs. 1 S. 1 ZPO entgegen:

---

860 Siehe oben unter: B.

861 Siehe oben unter: C. I.–II.

862 Siehe oben unter: D. I.–III.

863 Siehe oben unter: D. IV.

§ 252 S. 2 BGB stellt die Vermutung für den Eintritt eines Schadens auf, wenn dieser im Moment der letzten mündlichen Tatsachenverhandlung überwiegend wahrscheinlich ist. Wegen der Individualität von Fortkommensschäden ist auf die 2. Variante des § 252 S. 2 BGB abzustellen[864]. § 287 Abs. 1 S. 1 ZPO senkt das Regelbeweismaß des § 286 Abs. 1 ZPO auf eine ebenfalls überwiegende Wahrscheinlichkeit[865].

Wegen der sich überschneidenden Anwendungsbereiche gestaltet sich eine Abgrenzung zwischen den beiden Vorschriften diffizil: Keine der beiden Normen ist obsolet, vielmehr ergänzen diese sich gegenseitig. § 252 S. 2 BGB stellt zum einen Leitlinien für den Richter auf, weder zu strenge noch zu geringe Darlegungs-Anforderungen bei der Schadensschätzung zu stellen. Stehen besondere „Anstalten und Vorkehrungen" zur Überzeugung des Gerichts fest, vermutet § 252 S. 2 BGB zudem, dass irgendein überwiegend wahrscheinlicher Gewinn gemacht worden wäre. Für den Beweis dieser Anknüpfungstatsachen, des hypothetischen Erwerbsverlaufes sowie die Schätzung der konkreten Schadenshöhe ist wiederum § 287 Abs. 1 S. 1 ZPO heranzuziehen[866].

Weiterhin wurde auf die Rechtsprechung zur Durchführung von Fortkommensschadensprognosen eingegangen: Die Rechtsprechung vertritt einen „Schätzungsbonus" zu Gunsten des Geschädigten. Diesbezüglich wurde festgestellt, dass über § 252 S. 2 BGB und § 287 Abs. 1 S. 1 ZPO hinaus kein Bedarf für einen solchen „Schätzungsbonus" besteht. Eine konsequente Anwendung der gesetzlichen Beweiserleichterungen ist vorzuziehen und genügend[867].

Ein weiterer Schwerpunkt dieser Arbeit liegt auf der Darstellung der Rechtsprechung zur Bestimmung von Fortkommensschäden solcher Geschädigter, die in besonders jungen Jahren verletzt wurden. Hier zieht die Rechtsprechung in die anzustellende Prognose den sozio-ökonomischen Hintergrund des Geschädigten, also den Beruf, die Vor- und Weiterbildung der Eltern, ihre Qualifikation in der Berufstätigkeit, die beruflichen Pläne für das Kind sowie schulische und berufliche Entwicklungen von Geschwistern, heran[868]. Mit unterschiedlichen Nuancen teilt die überwiegende Literatur diese Auffassung[869].

Die Einbeziehung des sozio-ökonomischen Hintergrundes erscheint vor dem Hintergrund statistischer Erhebungen gerechtfertigt. Deutschland ist im europäi-

864 Siehe oben unter: E. II.
865 Siehe oben unter: E. III. 2.
866 Siehe oben unter: E. IV.
867 Siehe oben unter: F. I. 3.
868 Siehe oben unter: F. II. 1.
869 Siehe oben unter: F. II. 2.

schen Vergleich – trotz inzwischen vereinzelt beobachtbarer größerer werdender Durchlässigkeit zwischen den Bildungsschichten – immer noch ein Land, in dem sich das elterliche Bildungsniveau besonders häufig auf die Kinder überträgt[870].

Jedoch verstößt die Heranziehung des sozio-ökonomischen Hintergrundes zur Bestimmung des Fortkommensschadens gegen Art. 3 Abs. 3 S. 1 GG: Ein Abstellen auf den sozio-ökonomischen Hintergrund bedeutet eine Bevorzugung bzw. Benachteiligung aufgrund der „Herkunft" des Geschädigten. Eine Rechtfertigung aufgrund kollidierenden Verfassungsrechts oder aufgrund sonstiger nur bei einer bestimmten Personengruppe auftretender Probleme scheidet aus[871]. Zudem spricht die Chancengleichheit als Element des in Art. 20 Abs. 1 GG und Art. 28 Abs. 1 GG verankerten Sozialstaatsprinzips gegen eine Differenzierung nach dem sozio-ökonomischen Hintergrund[872].

Wenngleich die Rechtsprechung bei der Bestimmung des Fortkommensschadens bislang nicht auf das Geschlecht als Grundlage der Schadensermittlung abstellte, sprächen statistische Erhebungen aber für ein solches Vorgehen[873]. Allerdings würde dieses ebenfalls gegen Art. 3 Abs. 3 S. 1 GG und gegen die Chancengleichheit als Element des Sozialstaatsprinzips verstoßen[874].

Verbleiben nach Ausscheiden des von der Rechtsprechung als Grundlage der Bestimmung des Fortkommensschadens herangezogenen sozio-ökonomischen Hintergrundes keine weiteren Indizien zur Schadensschätzung, ist ein Schadensersatzanspruch nach dem statistischen Durchschnittseinkommen aller Erwerbstätigen zu bemessen[875].

Zur prozessualen Durchsetzung eines Anspruchs auf Ersatz von Fortkommensschäden kann der Geschädigte auf die Leistungsklage, die Feststellungsklage nach § 256 Abs. 1 ZPO und im Eilverfahren die Leistungsverfügung nach § 940 ZPO, die allerdings nur bei Glaubhaftmachung einer Existenzgefährdung erlassen werden kann, zurückgreifen[876].

Wegen der mit der Prognoseerstellung einhergehenden Schwierigkeiten ist die für die Bestimmtheit an sich erforderliche exakte Bezifferung des Antrages grundsätzlich nicht notwendig. Ausreichend ist eine ungefähre Größenangabe des angestrebten Schadensersatzbetrages und eine Nennung der Angaben, derer

870 Siehe oben unter: G. I.
871 Siehe oben unter: G. II. 1.
872 Siehe oben unter: G. II. 2.
873 Siehe oben unter: G. I. 1.
874 Siehe oben unter: G. II. 1. und 2.
875 Siehe oben unter: G. III.
876 Siehe oben unter: H. I.

sich das Gericht zur Schätzung der Schadenshöhe bedienen kann. Eine exakte Bezifferung ist ausnahmsweise dann zu verlangen, wenn ein im Kindesalter Geschädigter seinen auf Grundlage des statistischen Durchschnittseinkommens errechneten Fortkommensschaden geltend macht und keinerlei andere Grundlagen für eine Schadensschätzung bietet.[877]

Obwohl grundsätzlich zur Geltendmachung eines Schadensersatzanspruchs im Wege einer Leistungsklage die Möglichkeit einer offenen oder verdeckten Teilklage besteht, sind für Fortkommensschäden bedeutende Ausnahmen zu beachten: Bei einer Klage auf Leistung einer Schadensersatzrente ist nur eine offene Teilklage zulässig. Anderenfalls steht die Rechtskraft des Vorprozesses einem Folgeprozess über die vermeintliche Restforderung im Wege. Gleiches gilt, wenn der Geschädigte die Konkretisierung der geforderten Schadenssumme dem Gericht überlässt[878].

Stehen dem Geschädigten für eine Bestimmung des künftigen Schadens noch nicht genügend Anknüpfungstatsachen zur Verfügung und wäre aus diesem Grunde eine Schätzung nicht möglich, so kann der Geschädigte die Feststellungsklage nach § 256 Abs. 1 ZPO erheben. Ein rechtliches Interesse an alsbaldiger Feststellung ist bereits dann gegeben, wenn ein Eintritt eines künftigen Schadens zumindest möglich erscheint und aus verständiger Klägersicht mit einem solchen wenigstens gerechnet werden kann[879].

Für die Geltendmachung von Fortkommensschäden verletzter Kinder ist zusätzlich zu beachten, dass sie grundsätzlich auf die Erhebung einer solchen Feststellungsklage beschränkt sind bis sie in ein hypothetisch erwerbsfähiges Alter eintreten: Eine Leistungsklage wäre zuvor unzulässig. Eine Ausnahme von dieser Einschränkung ist allerdings anzuerkennen, wenn ein Kind mangels weiterer Anknüpfungstatsachen Schadensersatz in Höhe des statistischen Durchschnittseinkommens begehrt.[880]

Treten nachprozessual wesentliche Änderungen der tatsächlichen oder rechtlichen Verhältnisse ein, können der vormalige Kläger und der Beklagte diese im Wege einer Abänderungsklage nach § 323 ZPO geltend machen, was auch für klagabweisende Urteile gilt[881].

Allerdings scheidet eine Abänderungsklage nach § 323 ZPO dann aus, wenn dem Kläger im Vorprozess eine Kapitalabfindung zuerkannt wurde[882].

---

877 Siehe oben unter: H. I. 1. b).
878 Siehe oben unter: H. I. 1. d).
879 Siehe oben unter: H. I. 2.
880 Siehe oben unter: H. I. 1. c).
881 Siehe oben unter: H. II. 1.
882 Siehe oben unter: H. II. 2.

J. Literaturverzeichnis

Adomeit, Klaus / Mohr, Jochen: Allgemeines Gleichbehandlungsgesetz (AGG) Kommentar zum AGG und zu anderen Diskriminierungsverboten 2. Auflage, Stuttgart 2011.

Allgaier, Edwin: Nochmals: „Zum unbezifferten Klagantrag bei Billigkeitsansprüchen VersR 1987, 31 f.

Arens, Peter: Dogmatik und Praxis der Schadensschätzung Ein Diskussionsbeitrag zur Auslegung des § 287 ZPO ZZP 88 (1975), 1 ff.

Armbrüster, Christian: Zivilrechtliche Folgen des Gesetzes zur Regelung der Rechtsverhältnisse der Prostituierten NJW 2002, 2763.

Autorengruppe Bildungsberichterstattung: Bildung in Deutschland 2010 Ein indikatorengestützter Bericht mit einer Analyse zu Perspektiven des Bildungswesens im demografischen Wandel Bielefeld 2010.

Bamberger, Heinz Georg / Roth, Herbert: Kommentar zum Bürgerlichen Gesetzbuch Band 1: §§ 1–610, CISG Band 2: §§ 611–1296, AGG, ErbbauRG, WEG 3. Auflage, München 2012 (zitiert als: *Bamberger / Roth / Bearbeiter*).

Batsch, Karlludwig: Zur materiellen Rechtskraft bei „Teilklagen“ und zur Repräsentationswirkung des Klageantrags ZZP 86 (1973), 254 ff.

Bauer, Jobst-Hubertus / Göpfert, Burkhard / Krieger, Steffen: Allgemeines Gleichbehandlungsgesetz Kommentar 3. Auflage, München 2011.

Baumbach, Adolf / Lauterbach, Wolfgang / Albers, Jan / Hartmann, Peter: Zivilprozessordnung mit Gerichtsverfassungsgesetz und anderen Nebengesetzen – Band 1 71. Auflage, München 2013 (zitiert als: *Baumbach / Lauterbach / Albers / Hartmann*).

Baumgärtel, Gottfried: Festschrift der Rechtswissenschaftlichen Fakultät zur 600-Jahr-Feier der Universität zu Köln: Beweisrechtliche Studien Beweiswürdigung – Abgrenzung zur Beweislast – Beweismaß S. 165 ff. Köln Berlin Bonn München 1988.

Baumgärtel Gottfried / Laumen, Hans-Willi / Prütting, Hanns: Handbuch der Beweislast Bürgerliches Gesetzbuch Schuldrecht Allgemeiner Teil 3. Auflage, Köln München 2008 (zitiert als: *Baumgärtel / Laumen / Prütting / Bearbeiter*).

Baur, Fritz: Entwicklung und Reform des Schadensersatzrechts Berlin 1935.

Becker, Claus: Zum eigenen Schadensersatzanspruch der verletzten Ehefrau MDR 1976, 620 ff.

Belke, Rolf: Abstrakte Schadensberechnung und Anscheinsbeweis am Beispiel des Zinsschadens JZ 1969, 586 ff.

Benda, Ernst / Maihofer, Werner / Vogel, Hans-Joachim: Handbuch des Verfassungsrechts der Bundesrepublik Deutschland 2. Auflage, Berlin New York 1994 (zitiert als: *Verfasser*, Handbuch des Verfassungsrechts).

Bender, Rolf: Festschrift für Fritz Baur: Das Beweismaß S. 247 ff. Tübingen 1981.

Bernhardt, Wolfgang Bittmann, Folker: Der unbezifferte Klageantrag JR 1968, 212 f. Keine Titulierung zukünftiger Unterhaltsansprüche, wenn der Schuldner bisher freiwillig und vollständig gezahlt hat FamRZ 1986, 420 ff.

Bleckmann, Albert: Staatsrecht II – Die Grundrechte 4. Auflage, Köln Bonn Berlin München 1997.

Bley, Helmar / Kreikenbohm, Ralf / Marschner, Andreas: Sozialrecht 9. Auflage, Neuwied 2007.

Blomeyer, Arwed: Zivilprozessrecht – Erkenntnisverfahren 2. Auflage, Berlin 1985.

Blomeyer, Wolfgang: Anmerkung zu BAG, Urteil v. 26. 02. 1976 – 3 AZR 215/75 SAE 1977, 254 ff.

Bötticher, Eduard: Anmerkung zu BGH, Urteil v. 14.02.1962 – IV ZR 156/61 MDR 1962, 724 f.

Börtel, Achim: Rechtskraft gegen den siegreichen Kläger – BGHZ 135, 178; BGH NJW 1997, 3019 JuS 2003, 429, 432 f.

Braun, Johann: Grundfragen der Abänderungsklage Tübingen 1994.

Brox, Hans: Anmerkung zu BGH, Urteil v. 14.02.1962 – IV ZR 156/61 NJW 1962, 1203 ff.

Brück, Tilman / Peters, Heiko: Persönliches Einkommen in Ostdeutschland um ein Fünftel niedriger als im Westen Wochenbericht des DIW Nr. 14/2010 vom 4. November 2010, S. 14 ff.

Brüggemeier, Gert: Haftungsrecht Struktur, Prinzipien, Schutzbereich Ein Beitrag zur Europäisierung des Privatrechts Berlin Heidelberg 2006.

Bruns, Rudolf: Zivilprozessrecht Eine systematische Darstellung 2. Auflage, München 1979.

Bull, Hans Joachim: Der unbezifferte Klageantrag JR 1958, 95 f.

Bundesagentur für Arbeit: Der Arbeits- und Ausbildungsmarkt in Deutschland Monatsbericht Nürnberg Juni 2011.

Burmann, Michael / Heß, Rainer / Jahnke, Jürgen / Janker, Helmut: Straßenverkehrsrecht mit StVO und StVG, den wichtigsten Vorschriften der StVZO und der FeV, dem Verkehrsstraf- und Ordnungswidrigkeitenrecht, dem Schadensersatzrecht des BGB und Versicherungsrecht, der Bußgeldkatalog-Verordnung und Verwaltungsvorschriften sowie einer systematischen Einführung 22. Auflage, München 2012 (zitiert als: *Burmann / Heß / Jahnke / Janker / Bearbeiter*).

Butzer, Hermann: Prozessuale und kostenrechtliche Probleme beim unbezifferten Klageantrag MDR 1992, 539 ff.

Calliess, Christian / Ruffert, Matthias: EUV, AEUV Das Verfassungsrecht der Europäischen Union mit Europäischer Grundrechtecharta Kommentar 4. Auflage, München 2011 (zitiert als: *Calliess / Ruffert / Bearbeiter*).

Canaris, Claus-Wilhelm: Grundrechte und Privatrecht AcP 184 (1984), 201 ff.

Chomse, Hans: Verteidigerkosten aus Verkehrsunfall ersatzfähig? NJW 1958, 533 f.

Das Bürgerliche Gesetzbuch: mit besonderer Berücksichtigung der Rechtsprechung des Reichsgerichts und des Bundesgerichtshofs – Kommentar Band II, 1. Teil §§ 241–413 Band II, 5. Teil §§ 812–831 Band II, 6. Teil §§ 832–853 12. Auflage, Berlin New York 1989 (zitiert als: BGB-RGRK / *Bearbeiter*).

Dauner-Lieb, Barbara / Heidel, Thomas / Ring, Gerhard: Anwaltkommentar BGB Band 2: Schuldrecht Teilband 1: §§ 241 bis 610 2. Auflage, Bonn 2012 Teilband 2: §§ 611 bis 853 2. Auflage, Bonn 2012 (zitiert als: AnwK-BGB / *Bearbeiter*).

De Groot, Olaf / Sager, Lutz: Migranten in Deutschland: Soziale Unterschiede hemmen die Integration Wochenbericht des DIW Nr. 49/2010 vom 8. Dezember 2010, S. 2 ff.

Delank, Martin: Haushaltsführungsschaden bei Verletzungen von Kindern NZV 2002, 392 f.

Deutscher Bundestag und Bundesarchiv: Der Parlamentarische Rat 1948–1949 Akten und Protokolle Band 5/I Boppard am Rhein 1993.

Diehl, Heinz: Anmerkung zu BGH, Urteil v. 05.10.2010 – VI ZR 186/08 ZfS 2011, 84 f.

Diering, Björn / Timme, Hinnerk / Waschull, Dirk: Sozialgesetzbuch X – Sozialverwaltungsverfahren und Sozialdatenschutz Lehr- und Praxiskommentar 3. Auflage, Baden-Baden 2011 (zitiert als: *Diering / Timme / Waschull / Bearbeiter*).

Dolzer, Rudolf / Kahl, Wolfgang / Waldhoff, Christian / Graßhof, Karin: Bonner Kommentar zum Grundgesetz 159. Aktualisierung, Heidelberg Dezember 2012 (zitiert als: Bonner Kommentar / *Bearbeiter*).

Dreier, Horst: Grundgesetz Kommentar Band I, Artikel 1–19 2. Auflage, Tübingen 2004 Band II, Artikel 20–82 2. Auflage, Tübingen 2006 (zitiert als: *Dreier / Bearbeiter*).

Dunz, Walter: Der unbezifferte Leistungsantrag nach der heutigen Rechtsprechung des Bundesgerichtshofs NJW 1984, 1734 ff.

Eckelmann, Hansgeorg / Freier, Rudolf: Die unbefriedigende Regulierungspraxis bei Personenschäden im Straßenverkehr und ihre Konsequenzen – Voller Schadensersatz oder Sicherstellung des notwendigen Bedarfs? – DAR 1992, 121.

Eckelmann, Hansgeorg / Nehls, Jürgen / Schäfer, Hans Jürgen: Beitrag zum Schadensersatz bei Verletzung von Kindern, Schülern, Lehrlingen oder Studenten wegen ihrer Verletzung in der Ausbildung, Verdienstausfalls und vermehrter Bedürfnisse DAR 1983, 337 ff.

Eckelmann, Hansgeorg / Nehls, Jürgen: ADAC-Handbuch Schadensersatz bei Verletzung und Tötung 1. Auflage, Regensburg 1987.

Elzer, Oliver: Rechtskraft von Teilklagen – BGH NJW 1997, 1990; 3019 JuS 2001, 224 ff.

Ennecerus, Ludwig: Lehrbuch des Bürgerlichen Rechts Erster Band, zweite Abteilung: Recht der Schuldverhältnisse und Register 4. und 5. Auflage, Marburg 1910.

Epping, Volker / Hillgruber, Christian: Grundgesetz Kommentar München 2009 (zitiert als: *Epping / Hillgruber / Bearbeiter*).

Erman, Walter: Bürgerliches Gesetzbuch Handkommentar mit AGG, EGBGB (Auszug), ErbbauRG, LPartG, ProdHaftG, UKlaG, VBVG, VersAusglG und WEG Harm Peter Westermann (Hrsg.) Band I, §§ 1–758; AGG; UKlaG Band II, §§ 759–2385; ProdHaftG; ErbbauRG; VersAusglG; VBVG; LPartG; WEG 13. Auflage, Köln 2011 (zitiert als: *Erman / Bearbeiter*).

Esser, Josef / Schmidt, Eike: Schuldrecht Band I: Allgemeiner Teil Teilband 2: Durchführungshindernisse und Vertragshaftung, Schadensausgleich und Mehrseitigkeit beim Schuldverhältnis 8. Auflage, Heidelberg 2000.

Felix, Dagmar: Verwaltungsrechtliche Instrumente des Sozialstaates DVBl 2004, 1070.

Felsinger, Martin: Der Erwerbsschadensersatz bei Verletzungen im Kindesalter Rothenburg o. Tbr. 2003.

Fikentscher, Wolfgang / Heinemann, Andreas: Schuldrecht 10. Auflage, Berlin 2006.

Frenz, Walter: Handbuch Europarecht Band 4: Europäische Grundrechte Heidelberg 2009.

Frowein, Jochen Abr. / Peukert, Wolfgang: Europäische Menschenrechtskonvention EMRK-Kommentar 3. Auflage, Kehl am Rhein 2009 (zitiert als: *Frowein / Peukert / Bearbeiter*).

Funk, Hans K.: Das Zukunftsrisiko bei jugendlichen Verkehrsopfern DAR 1985, 42 ff.

Furtmayr, Heinz L.: Der Beitragsregress gem. § 119 SGB X aus der Sicht des Geschädigten VersR 1997, 38 ff.

Furtmayr, Heinz L.: Theorien zum Rentenschaden des Geschädigten in der gesetzlichen Rentenversicherung ZfS 2006, 603 ff.

Fuss, Ernst-Werner: Gleichheitssatz und Richtermacht Zur Rechtsprechung des Bundesverfassungsgerichts zu Art. 3 GG JZ 1959, 329 ff.

Gerlach, Jürgen v.: Die prozessuale Behandlung von Schmerzensgeldansprüchen VersR 2000, 525 ff.

Gerstenberg, Eike Markus: Der unbezifferte Klageantrag und der Dornröschenschlaf des § 92 II ZPO NJW 1988, 1352 ff.

Giesen, Dieter: Der große Preis oder über den Anreiz zu großzügigem Umgang mit Schadensposten aus entgangenem Gewinn bei KfZ-Totalschäden VersR 1979, 389 ff.

Göppinger, Horst / Wax, Peter: Unterhaltsrecht 9. Auflage, Bielefeld 2008 (zitiert als: *Göppinger / Wax / Bearbeiter*).

Gottwald, Peter: Schadenszurechnung und Schadensschätzung Zum Ermessen des Richters im Schadensrecht und im Schadensersatzprozess München 1979.

Grabitz, Eberhard / Hilf, Meinhard / Nettesheim, Martin: Das Recht der Europäischen Union Band I EUV / AEUV 48. Ergänzungslieferung, München 2012 (zitiert als: *Grabitz / Meinhard / Hilf / Bearbeiter*).

Greger, Reinhard: Beweis und Wahrscheinlichkeit – Das Beweiskriterium im Allgemeinen und bei sogenannten Beweiserleichterungen Köln Berlin Bonn München 1978.

Greger, Reinhard: Haftungsrecht des Straßenverkehrs Handbuch und Kommentar 4. Auflage, Berlin 2007.

Großerichter, Helge: Hypothetischer Geschehensverlauf und Schadensfeststellung Eine rechtsvergleichende Untersuchung vor dem Hintergrund der *perte d'une chance* München 2001.

Grote, Rainer / Marauhn, Thilo: EMRK/GG Konkordanzkommentar zum europäischen und deutschen Grundrechtsschutz Tübingen 2006 (zitiert als: *Grote / Marauhn / Bearbeiter*).

Grunsky, Wolfgang: Aktuelle Probleme zum Begriff des Vermögensschadens Bad Homburg v. d. H. Berlin Zürich 1968.

Grunsky, Wolfgang: Anmerkung zu BGH, Urteil v. 22. 2. 1973 – III ZR 22/71 (OLG Hamm) JZ 1973, 425 ff.

Grunsky, Wolfgang: Rezension zu: Leo Rosenberg – Karl Heinz Schwab Zivilprozessrecht, 13. Auflage, München 1981 AcP 181, 343 ff.

Grunsky, Wolfgang: Zivilprozessrecht 13. Auflage, Köln München 2008.

Haag, Kurt: Geigel – Der Haftpflichtprozess mit Einschluss des materiellen Haftpflichtrechts 26. Auflage, München 2011 (zitiert als: *Geigel* – Der Haftpflichtprozess / *Bearbeiter*).

Habscheid, Walther J.: Probleme der Teilklage Rechtsnatur und Zulässigkeit – Umfang der Rechtskraft FamRZ 1962, 352 ff.

Hagen, Horst: Fort- oder Fehlentwicklung des Schadensbegriffs? - BGH (GSZ), NJW 1968, 1823 JuS 1969, 61 ff.

Hagen, Horst: Gedächtnisschrift für Jürgen Sonnenschein: Menschenwürde und gute Sitten – Gedanken zum Prostitutionsgesetz S. 581 ff. Berlin 2003.

Hager, Günter: Die Rechtsbehelfe des Verkäufers wegen Nichtabnahme der Ware nach amerikanischem, deutschem und Einheitlichem Haager Kaufrecht Frankfurt am Main 1975.

Hahn, Carl: Die gesamten Materialien zu den Reichsjustizgesetzen Zweiter Band: Die gesamten Materialien zur Zivilprozessordnung Erste Abteilung Berlin 1880.

Hahne, Meo-Micaela: Probleme der Abänderungsklage in Unterhaltssachen nach der Rechtsprechung des BGH FamRZ 1982, 1189 ff.

Hain, Karl-E.: Die Grundsätze des Grundgesetzes Eine Untersuchung zu Art. 79 Abs. 3 GG Baden-Baden 1999.

Hainmüller, Dietmar: Der Anscheinsbeweis und die Fahrlässigkeitstat im heutigen deutschen Schadensersatzprozess Tübingen 1966.

Halfpap, Frank: Der entgangene Gewinn Dogmatik und Anwendung des § 252 BGB Frankfurt am Main Berlin Bern New York Paris Wien Lang 1999.

Hanau, Peter: Die Kausalität der Pflichtwidrigkeit Eine Studie zum Problem des pflichtgemäßen Alternativverhaltens im bürgerlichen Recht Göttingen 1971.

Hänlein, Andreas: Der Ersatz des Beitragsschadens im Lichte neuer Entwicklungen NJW 1998, 105 ff.

Hansen, Wilhelm Matthias: Normativer Schadensbegriff und Schadensberechnung unter besonderer Berücksichtigung der Rechtsprechung zum Gebrauchsentzug von Kraftfahrzeugen und zur Beeinträchtigung der Urlaubsfreude Karlsruhe 1977.

Hartung, Reinhard: Verdienstausfallschaden „brutto" oder „netto" – Noch immer keine einheitliche Rechtsprechung des BGH – VersR 1981, 1008 f.

Heck, Philipp: Grundriss des Schuldrechts Tübingen 1929.

Henckel, Wolfram: Grenzen richterlicher Schadensschätzung – BGH NJW 1973, 1283 JuS 1975, 221 ff.

Henssler, Martin: Die Klage auf künftige Leistung im Wohnraummietrecht NJW 1989, 138 ff.

Heß, Rainer / Burmann, Michael: Die Feststellungsklage im Schadensersatzprozess NJW-Spezial 2005, 255 f.

Hirsch, Günter / Schmidt-Didczuhn, Andrea: Gentechnikgesetz mit Gentechnik-Verordnungen Kommentar München 1991.

Hofman, Edgar: Gelungene Synthese oder Scheinlösung? Zum erstrebten Gleichklang zwischen modifizierter Nettolohnmethode und Bruttolohnmethode bei der Berechnung des Erwerbsschadens NZV 1993, 139 ff.

Hofmann, Klaus: Zahlungsklage auf künftige Schadensersatzrente bei Forderungsübergang auf den Sozialversicherungsträger MDR 2004, 1391 f.

Hömig, Dieter: Grundgesetz für die Bundesrepublik Deutschland 9. Auflage, Baden-Baden 2010 (zitiert als: *Hömig / Bearbeiter*).

Hoyningen-Huene, Gerrick / Boemke, Burkhard: Beweisfragen bei Berufsfortkommensschäden (§ 252 S. 2 BGB, § 287 I ZPO) NJW 1994, 1757 ff.

Honsell, Heinrich: Entscheidungsrezension: Die misslungene Urlaubsreise – BGHZ 63, 98 JuS 1976, 222 ff.

Hradil, Stefan: Soziale Ungleichheit in Deutschland 8. Auflage, Opladen 2001.

Huber, Ulrich: Das Beweismaß im Zivilprozess Köln Berlin Bonn München, 1983.

Huber, Ulrich: Leistungsstörungen Band II Die Folgen des Schuldnerverzugs – Die Erfüllungsverweigerung und die vom Schuldner zu vertretende Unmöglichkeit Tübingen 1999.

Husmann, Johann Hermann: Zum unbezifferten Klagantrag bei Billigkeitsansprüchen Eine Kritik der Rechtsprechung des BGH VersR 1985, 715 ff.

Husmann, Johann Hermann: Der unbezifferte Klageantrag als Abwehrrecht gegen unbillige Kostenlast und die Kostenvorschrift des § 92 Abs. 2 ZPO NJW 1989, 3126.

Igl, Gerhard / Welti, Felix: Sozialrecht – ein Studienbuch 8. Auflage, Neuwied 2007.

Isensee, Josef / Kirchhof, Paul: Handbuch des Staatsrechts der Bundesrepublik Deutschland Band II Verfassungsstaat 3. Auflage, Heidelberg 2004 (zitiert als: *Bearbeiter*, HStR II).

Isserstedt, Wolfgang / Middendorf, Elke / Kandulla, Maren / Borchert, Lars / Leszczensky, Michael: Die wirtschaftliche und soziale Lage der Studierenden in der Bundesrepublik Deutschland 2009 19. Sozialerhebung des Deutschen Studentenwerkes durchgeführt durch HIS Hochschul-Informations-System Herausgegeben vom Bundesministerium für Bildung und Forschung Bonn Berlin 2010.

Jacobs, Matthias: Der Gegenstand des Feststellungsverfahrens – Rechtsverhältnis und rechtliches Interesse bei Feststellungsstreitigkeiten vor Zivil- und Arbeitsgerichten Tübingen 2005.

Jahnke, Jürgen: Der Verdienstausfall im Schadensrecht 3. Auflage, Bonn 2009.

Jakoby, Markus: Das Verhältnis der Abänderungsklage gemäß § 323 ZPO zur Vollstreckungsgegenklage gemäß § 767 ZPO Berlin 1991.

Jarass, Hans D.: Charta der Grundrechte der Europäischen Union Unter Einbeziehung der vom EuGH entwickelten Grundrechte und der Grundrechtsregelungen der Verträge Kommentar München 2010.

Jarass, Hans D. / Pieroth, Bodo: Grundgesetz für die Bundesrepublik Deutschland Kommentar 12. Auflage, München 2012 (zitiert als: *Jarass / Pieroth / Bearbeiter*).

Jauernig, Othmar: 50 Jahre Bundesgerichtshof Festgabe der Wissenschaft Band III – Zivilprozess, Insolvenz, Öffentliches Recht: Teilurteil und Teilklage S. 311 ff. München 2000.

Jauernig, Othmar: Anmerkung zu BGH, Urteil v. 09.04.1997 – IV ZR 113/96 JZ 1997, 1127 f.

Jauernig, Othmar: Bürgerliches Gesetzbuch Mit Allgemeinem Gleichbehandlungsgesetz (Auszug) 14. Auflage, München 2011 (zitiert als: *Jauernig / Bearbeiter*).

Jauernig, Othmar / Hess, Burkhard: Zivilprozessrecht Ein Studienbuch 30. Auflage, München 2011.

Johannsen, Kurt H. / Henrich, Dieter: Familienrecht Scheidung, Unterhalt, Verfahren Kommentar 5. Auflage, München 2010 (zitiert als: *Johannsen / Henrich / Bearbeiter*).

Katzenmeier, Christian: Beweismaßreduzierung und probalistische Proportionalhaftung ZZP 117 (2004), 187 ff.

Kegel, Gerhard: Festschrift für Heinrich Kronstein: Der Individualanscheinsbeweis und die Verteilung der Beweislast nach überwiegender Wahrscheinlichkeit S. 321 ff. Karlsruhe 1967.

Keuk, Brigitte: Vermögensschaden und Interesse Bonn 1972.

Kilian, Wolfgang: Schadenersatz wegen Beeinträchtigung der Haushaltsführung AcP 169 (1969), 443 ff.

Kisker, Gunter: Neue Aspekte im Streit um den Vorbehalt des Gesetzes NJW 1977, 1313 ff.

Klauser, Karl-August: Abänderung von Unterhaltstiteln MDR 1981, 711 ff.

Klauser, Karl-August: Anmerkung zu BGH, Urteil vom 7.7.1970 – VI ZR 233/69 (OLG Nürnberg) JZ 1971, 230 f.

Klauser, Karl-August: Möglichkeit und Grenze richterlicher Schadensschätzung (§ 287 ZPO) JZ 1968, 167 ff.

Kloepfer, Michael: Der Vorbehalt des Gesetzes JZ 1984, 684 ff.

Kloepfer, Michael: Verfassungsrecht II Grundrechte München 2010.

Knobbe-Keuk, Brigitte: Möglichkeiten und Grenzen abstrakter Schadensberechnung VersR 1976, 401 ff.

Koch, Elisabeth: Handbuch des Unterhaltsrechts 12. Auflage, München 2012 (zitiert als: *Koch / Bearbeiter*).

Koebel: Billigkeitsansprüche aus Schadenszufügung NJW 1957, 1009 ff.

Koziol, Helmut: Rezension zu: Gottwald, Peter – Schadenszurechnung und Schadensschätzung AcP 180 (1980), 415 ff.

Kuchinke, Kurt: Freiheit und Bindung des Zivilrichters in der Sachaufklärung Verhandlungen der Fachgruppe für Grundlagenforschung anlässlich der Tagung für Rechtsvergleichung in Kiel vom 8. bis 11. September 1965 Frankfurt / M. 1966.

Küppersbusch, Gerhard: Ersatzansprüche bei Personenschaden 10. Auflage München 2010.

Kuschmann, Horst: Festschrift für Gerhard Schiedermair: Die materielle Rechtskraft bei verdeckten Teilklagen in der Rechtsprechung des Bundesgerichtshofs S. 351 ff. München 1976.

Lange, Herrmann / Schiemann, Gottfried: Schadensersatz Handbuch des Schuldrechts in Einzeldarstellungen 2. Auflage, Tübingen 1990 (zitiert als: *Lange / Schiemann*[2], Schadensersatz) 3. Auflage, Tübingen 2003 (zitiert als: *Lange / Schiemann*, Schadensersatz).

Langeneick, Jürgen: Probleme bei der Ermittlung des Erwerbsschadens, insbesondere der Nachweis der Unpraktikabilität der Bruttolohnmethode auch bei sozialversicherten Geschädigten Teil 1 NZV 2009, 257 ff.

Larenz, Karl: Lehrbuch des Schuldrechts Erster Band: Allgemeiner Teil 14. Auflage, München 1987.

Larenz, Karl / Claus-Wilhelm Canaris: Lehrbuch des Schuldrechts Zweiter Band: Besonderer Teil, 2. Halbband 13. Auflage, München 1994.

Leipold, Dieter: Beweismaß und Beweislast im Zivilprozess Vortrag gehalten vor der Juristischen Gesellschaft zu Berlin am 27. Juni 1984 Berlin New York 1985.

Leipold, Dieter: Festschrift für Albrecht Zeuner: Teilklagen und Rechtskraft S. 431 ff. Tübingen 1994.

Lent, Friedrich: Erhöhung von Unterhaltsrenten NJW 1955, 1865 ff.

Lepa, Manfred: Beweiserleichterungen im Haftpflichtrecht NZV 1992, 129 ff.

Leven, Ingo / Quenzel, Gudrun / Hurrelmann, Klaus: Familie, Schule, Freizeit: Kontinuitäten im Wandel 16. Shell Jugendstudie: Jugend 2010 Frankfurt / M. 2010.

Lindacher, Walter F.: Individualisierte und nichtindividualisierte Teilklagen ZZP 76 (1963), 451 ff.

Löwe, Walter: Schadenersatz bei Nutzungsentgang von Kraftfahrzeugen VersR 1963, 307 ff.

Lüke, Wolfgang: Zivilprozessrecht Erkenntnisverfahren Zwangsvollstreckung 10. Auflage, München 2011.

Lüke, Gerhard / Kerwer, Christof Magnus, Ulrich: Eine „neuartige“ Klagenhäufung NJW 1996, 2121 ff. Schaden und Ersatz Eine rechtsvergleichende Untersuchung zur Ersatzfähigkeit von Einbußen Tübingen 1987.

Maier, Gunter: Schadensersatz bei Tötung oder Verletzung der im Haushalt tätigen oder im Beruf oder Geschäft des Mannes mitarbeitenden Ehefrau Berlin 1976.

Maassen, Bernhard M.: Beweismaßprobleme im Schadensersatzprozess Eine rechtsvergleichende Untersuchung zum Problem des Beweismaßes im deutschen und anglo-amerikanischen Prozessrecht unter besonderer Berücksichtigung des Schadensprozesses Köln Berlin Bonn München 1975.

Mangoldt, Hermann v. / Klein, Friedrich / Starck, Christian: Kommentar zum Grundgesetz Band 1: Präambel, Artikel 1 bis 19 6. Auflage, München 2010 Band 2: Artikel 20 bis 82 6. Auflage, München 2010 (zitiert als: *v. Mangoldt / Klein / Starck / Bearbeiter*).

Marburger, Peter: Gedächtnisschrift für Brigitte Knobbe-Keuk: Rechtskraft und Präklusion bei der Teilklage im Zivilprozess S. 187 ff. Köln 1997.

Marcic, René: Festschrift für Hans Schmitz – Band II: Der Thermostat der Gesellschaft Senzenzen über die Rolle des Richters als eines gestaltenden Faktors sozialen Lebens S. 109 ff. 1967 Wien München.

Maunz, Theodor / Dürig, Günter: Grundgesetz Kommentar Band I Texte Art. 1–5 Band II Art. 6–15 Band III Art. 17–27 66. Lieferung 2012 (zitiert als: *Maunz / Dürig / Bearbeiter*).

Medicus, Dieter: Schadensersatz bei Verletzung vor Eintritt in das Erwerbsleben DAR 1994, 442 ff.

Medicus, Dieter / Lorenz, Stephan: Schuldrecht I, Allgemeiner Teil Ein Studienbuch 20. Auflage, München 2012.

Mertens, Hans-Joachim: Der Begriff des Vermögensschadens im Bürgerlichen Recht Stuttgart Berlin Köln Mainz 1967.

Mertins, Wolfgang: Der unbezifferte Klageantrag – und kein Ende? VersR 2006, 47 ff.

Meyer, Jürgen: Charta der Grundrechte der Europäischen Union 3. Auflage, Baden-Baden 2011 (zitiert als: *Meyer / Bearbeiter*).

Meyer-Ladewig, Jens: EMRK Europäische Menschenrechtskonvention 3. Auflage, Baden-Baden 2011.

Moritz, Jean Robert: Probleme der Abänderungsklage gemäß § 323 ZPO dargestellt am Urteil auf Abfindung in Kapital Aachen 1998.

Motsch, Richard: Gesetzgebungstheorie, Juristische Logik, Zivil- und Prozessrecht – Gedächtnisschrift für Jürgen Rödig: Vom Prozess als Beweis zum Überwiegensprinzip S. 334 ff. Berlin Heidelberg New York 1978.

Motsch, Richard: Vom rechtsgenügenden Beweis Zur Entscheidung von Zivilsachen nach Wahrscheinlichkeit unter besonderer Berücksichtigung der Abstammungsfeststellung Berlin 1983.

Mugdan, Benno: Die gesammten Materialien zum Bürgerlichen Gesetzbuch für das Deutsche Reich II. Band – Recht der Schuldverhältnisse Berlin 1899.

Münch, Ingo v. / Kunig, Philip: Grundgesetz Kommentar Band 1 (Präambel bis Art. 19) 6. Auflage, München 2012 (zitiert als: *v. Münch / Kunig / Bearbeiter*).

Münchener Kommentar zum Bürgerlichen Gesetzbuch: Band 2; 3. Auflage, München 1994 Band 5; 3. Auflage, München 1997 (zitiert als: BGB-MünchKomm[3] / *Bearbeiter*) Band 1, 6. Auflage München 2012 Band 2; 6. Auflage, München 2012 Band 5; 5. Auflage, München 2009 Band 7, Teilband 1; 6. Auflage, München 2013 (zitiert als: BGB-MünchKomm / *Bearbeiter*).

Münchener Kommentar zur Zivilprozessordnung: mit Gerichtsverfassungsgesetz und Nebengesetzen Band 1 - §§ 1–354 4. Auflage, München 2013 (zitiert als: ZPO-MünchKomm / *Bearbeiter*).

Musielak, Hans-Joachim: Die Grundlagen der Beweislast im Zivilprozess Berlin New York 1975.

Musielak, Hans-Joachim: Festschrift für Ekkehard Schumann: Rechtskraftprobleme bei Nachforderungsklagen S. 295 ff. Tübingen 2001.

Musielak, Hans-Joachim: Kommentar zur Zivilprozessordnung mit Gerichtsverfassungsgesetz 9. Auflage, München 2012 (zitiert als: *Musielak / Bearbeiter*, ZPO).

Musielak, Hans-Joachim: Rezension zu: Leipold, Dieter: Beweismaß und Beweislast im Zivilprozess ZZP 99 (1986), 216 ff.

Nehls, Jürgen: Anmerkung zu BGH, Urteil v. 08.01.1981 – VI ZR 128/79 VersR 1981, 286 f.

Neuner, Robert: Interesse und Vermögensschaden AcP 133 (1931), 277 ff.

Nörr, Dieter: Zum Ersatz des immateriellen Schadens nach geltendem Recht AcP 158 (1959, 1960), 1 ff.

Notthoff, Martin: Voraussetzung der Schmerzensgeldzahlung in Form einer Geldrente VersR 2003, 966 ff.

OECD: Education at a Glance 2007: OECD Briefing Notes für Deutschland.

OECD: Education at a Glance 2008: OECD Indicators.

Osterland, Martin: „Normalbiographie“ und „Normalarbeitsverhältnis, in Berger, Peter A. / Hradil, Stefan: Lebenslagen, Lebensstile, Lebensläufe, S. 351 ff. Göttingen 1990.

Pagenstecher, Max: Rechtskraftwirkungen gegen den siegreichen Kläger JW 1925, 712 ff.

Palandt, Otto: Bürgerliches Gesetzbuch 72. Auflage, München 2013 (zitiert als: *Palandt / Bearbeiter*).

Pardey, Frank: Berechnung von Personenschäden Ermittlung des Gesundheits- und Mehrbedarfschadens, des Erwerbsschadens und des Haushaltsführungs- bzw. Hausarbeitsschadens sowie des Unterhaltsschadens 4. Auflage, Heidelberg 2010.

Pardey, Frank: Kinderunfall Fragen der Haftung und Beweisführung wegen verzögerter oder erschwerter Berufsausübung – Gerechter Schadensersatz Dignitas Deutsche Interessengemeinschaft für Verkehrsunfallopferhilfe e.V. 2. Tagung Verkehrsunfallopferschutz, S. 19 ff. Viersen 1998.

Pieroth, Bodo / Schlink, Bernhard: Grundrechte Staatsrecht II 28. Auflage, Heidelberg München Landsberg Frechen Hamburg 2012.

Planck, Gottlieb: Planck's Kommentar zum Bürgerlichen Gesetzbuch nebst Einführungsgesetz Zweiter Band. Recht der Schuldverhältnisse 3. Auflage, Berlin 1907 4. Auflage, Berlin Leipzig 1928 (zitiert als: *Planck*, Bürgerliches Gesetzbuch).

Pohle, Rudolf: Erstreckung der Rechtskraft auf nicht vorbehaltene Nachforderungen des siegreichen Klägers? ZZP 77 (1964), 98 ff.

Prölss, Jürgen Prütting, Hanns: Beweiserleichterungen im Schadensersatzprozess Karlsruhe 1966 Beweiserleichterungen für den Geschädigten – Möglichkeiten und Grenzen VersR Sonderheft Karlsruher Forum 1989, 3 ff.

Prütting, Hanns: Gegenwartsprobleme der Beweislast Eine Untersuchung moderner Beweislasttheorien und ihrer Anwendung insbesondere im Arbeitsrecht München 1983.

Prütting, Hanns / Gehrlein, Markus: ZPO Kommentar 4. Auflage, Köln 2012 (zitiert als: *Prütting / Gehrlein / Bearbeiter*).

Prütting, Hanns / Wegen, Gerhard / Weinreich, Gerd: BGB Kommentar 7. Auflage, Köln 2012 (zitiert als: *Prütting / Wegen / Weinreich / Bearbeiter*).

Rabel, Ernst: Das Recht des Warenkaufs – Eine rechtsvergleichende Darstellung 1. Band Neudruck der Ausgaben von 1936 und 1957, Berlin 1964.

Rauscher, Thomas Riesenbeck, Friedrich: Familienrecht 2. Auflage, Heidelberg 2008 Das Zukunftsrisiko bei jugendlichen Verkehrsopfern Referat zum 22. Deutschen Verkehrsgerichtstag 1984 S. 248 ff. Hamburg 1984.

Röhl, Klaus F.: Der unbezifferte Klagantrag ZZP 85 (1972), 52 ff.

Rosenberg, Leo / Schwab, Karl Heinz Gottwald, Peter: Zivilprozessrecht 17. Auflage, München 2010.

Roß, Carl Christian: Der Erwerbsschaden des Nichtselbständigen NZV 1999, 276 ff.

Roth, Herbert: Beweismaß und Beweislast bei der Verletzung von bankvertraglichen Aufklärungs- und Beratungspflichten ZHR 154 (1990), 513 ff.

Roth, Herbert: Die Klage auf künftige Leistung nach §§ 257–259 ZPO ZZP 98 (1985), 287 ff.

Roth, Herbert: Richterliche Prognoseentscheidung, Rechtskraftwirkung und materielle Gerechtigkeit im Fall der Abänderungsklage nach § 323 ZPO NJW 1988, 1233 ff.

Rust, Ursula / Falke, Josef: AGG Allgemeines Gleichbehandlungsgesetz mit weiterführenden Vorschriften Berlin 2007 (zitiert als: *Rust / Falke / Bearbeiter*).

Rüßmann, Helmut: Juris Praxiskommentar BGB Band 2 Schuldrecht 4. Auflage, Saarbrücken 2008 (zitiert als: jurisPK / *Bearbeiter*).

Sachs, Michael: Grundgesetz Kommentar 6. Auflage, München 2011 (6. Aufl. 2011) (zitiert als: *Sachs / Bearbeiter*).

Sachs, Michael: Verfassungsrecht II Grundrechte 2. Auflage, Berlin Heidelberg 2003.

Scheffen, Erika: Erwerbsausfallschaden bei verletzten und getöteten Personen (§§ 842 bis 844 BGB) VersR 1990, 926 ff.

Schellhammer, Kurt: Zivilprozess Gesetz – Praxis – Fälle 14. Auflage, Heidelberg 2012.

Schilken, Eberhard: Zivilprozessrecht 6. Auflage, Köln Berlin München 2010.

Schirmer, Helmut: Festschrift für Horst Baumann: § 249 BGB – Magna Charta des Schadensersatzrechts S. 293 ff. Karlsruhe 1999.

Schlaich, Klaus / Korioth, Stefan: Das Bundesverfassungsgericht Stellung, Verfahren, Entscheidungen Ein Studienbuch 9. Auflage, München 2012.

Schlechtriem, Peter / Schmidt-Kessel, Martin: Schuldrecht Allgemeiner Teil 6. Auflage, Tübingen 2005.

Schlechtriem, Peter: Vertragliche und außervertragliche Haftung Gutachten und Vorschläge zur Überarbeitung des Schuldrechts Band II Herausgegeben vom Bundesminister der Justiz Köln 1981.

Schlund, Gerhard H.: Juristische Aspekte bei der Kapitalisierung von Renten- und Unterhaltsansprüchen BB 1993, 2025 ff.

Schlund, Gerhard H.: Juristische Grundlagen der Kapitalisierung von Schadensersatzrenten VersR 1981, 401 ff.

Schmid, Michael J.: Zur Berechnung der Kapitalabfindung nach § 843 Abs. 3 BGB DAR 1981, 129 ff.

Schmidt-Bleibtreu, Bruno / Klein, Franz: GG – Kommentar zum Grundgesetz 11. Auflage, Köln München 2008 (zitiert als: *Schmidt-Bleibtreu / Klein / Bearbeiter*).

Schneider, Egon: Anmerkung zu BAG, Urteil vom 27.1.1972 – 2 AZR 172/71 Arbeitsrechtliche Praxis Nr. 2 zu § 252 BGB.

Schneider, Egon: Problemfälle aus der Prozesspraxis Die Bindung des Gerichtes an eine Wertvorstellung des Schmerzensgeldklägers MDR 1985, 992 ff.

Schnorr v. Carolsfeld, Ludwig: Zur Arbeitskraft, in 25 Jahre Bundesarbeitsgericht München 1979.

Schoch, Friedrich: Zur Tagung der Vereinigung der Deutschen Staatsrechtslehrer in Tübingen 1988: Der Gleichheitssatz DVBl 1988, 863 ff.

Schopp, Heinrich: Verzugszinsen, Verzugsschaden MDR 1989, 1 ff.

Schreiber, Klaus: Die Klagearten der ZPO Jura 2009, 754 ff.

Schulte, Alexander: Zur Rechtskrafterstreckung bei Teilklagen Hagen 1999.

Schulze, Reiner / Zulegg, Manfred / Kadelbach, Stefan: Europarecht Handbuch für die deutsche Rechtspraxis 2. Auflage, Baden-Baden 2010 (zitiert als: *Schulze / Zulegg / Kadelbach / Bearbeiter*).

Schwab, Karl Heinz: Festschrift für Hans W. Fasching: Das Beweismaß im Zivilprozess S. 451 ff. Wien 1988.

Schwab, Martin: Zivilprozessrecht 4. Auflage, Heidelberg München Landsberg Frechen Hamburg 2012.

Sodan, Helge: Grundgesetz Beck'scher Kompakt-Kommentar 2. Auflage, München 2011 (zitiert als: *Sodan / Bearbeiter*).

Soergel, Hans Th.: Bürgerliches Gesetzbuch mit Einführungsgesetz und Nebengesetzen; Band 2; 12. Auflage, Stuttgart Berlin Köln 1990 (zitiert als: *Soergel*[12] / *Bearbeiter*) Band 12; 13. Auflage; Stuttgart 2005 (zitiert als: *Soergel / Bearbeiter*).

Soyka, Jürgen: Die Abänderungsklage im Unterhaltsrecht: Änderung der Verhältnisse – Präklusion – Bindungswirkung – Störung der Geschäftsgrundlage 3. Auflage, Berlin 2010.

Spickhoff, Andreas: Vortrag zum Thema: Folgenzurechnung im Schadensersatzrecht: Gründe und Grenzen Karlsruher Forum 2007 S. 7 ff. Karlsruhe 2008.

Spickhoff, Andreas: Zivilrechtliche Wertungen und strafrechtlicher Vermögensbegriff JZ 2002, 970 ff.

Statistisches Bundesamt: Verdienste und Arbeitskosten Verdienststrukturerhebung Fachserie 16 / Heft 1 Wiesbaden 2008.

Statistisches Bundesamt: Verdienstunterschiede zwischen Männern und Frauen 2006 Wiesbaden Oktober 2010.

Staudinger, Julius v.: Kommentar zum Bürgerlichen Gesetzbuch mit Einführungsgesetz und Nebengesetzen II. Band – Recht der Schuldverhältnisse Teil 1 c §§ 249–327 10./11. Auflage, Berlin 1967 (zitiert als: *Staudinger*[11] */Bearbeiter*) Buch 2 – Recht der Schuldverhältnisse §§ 833–853 12. Auflage, Berlin 1986 (zitiert als: *Staudinger*[12] */ Bearbeiter*) Buch 2 – Recht der Schuldverhältnisse §§ 249–254 (Schadensersatzrecht) 14. Bearbeitung, Berlin 2005 Buch 2 – Recht der Schuldverhältnisse §§ 779–811 15. Bearbeitung, Berlin 2009 Buch 2 – Recht der Schuldverhältnisse §§ 840–853 14. Bearbeitung, Berlin 2007 (zitiert als: *Staudinger / Bearbeiter*).

Steckler, Brunhilde: Zum Umfang der Schadensersatzansprüche infolge verspäteter oder mangelhafter Lieferungen und zur Vertragsgestaltung im Einkauf BB 1995, 469 ff.

Steffen, Erich: Abkehr von der konkreten Berechnung des Personenschadens und kein Ende VersR 1985, 605 ff.

Steffen, Erich: Ersatz von Fortkommensnachteilen und Erwerbsschäden aus Unfällen vor Eintritt in das Erwerbsleben DAR 1984, 1 ff.

Stein, Friedrich / Jonas, Martin: Kommentar zur Zivilprozessordnung Band 3 – §§ 128–252 22. Auflagr, Tübingen 2005 Band 4 – §§ 253–327 22. Auflage, Tübingen 2008 (zitiert als: *Stein / Jonas / Bearbeiter*).

Steindorff, Ernst: Abstrakte und konkrete Schadensberechnung AcP 158 (1959, 1960), 431 ff.

Steinle, Franz: Kostenrisiko beim unbezifferten Schmerzensgeldantrag VersR 1992, 425 f.

Stern, Klaus: Das Staatsrecht der Bundesrepublik Deutschland Band I Grundlagenbegriffe und Grundlagen des Staatsrechts, Strukturprinzipien der Verfassung 2. Auflage, München 1984 Band III – Allgemeine Lehren der Grundrechte 1. Halbband Grundlagen und Geschichte, nationaler und internationaler Grundrechtskonstitutionalismus, juristische Bedeutung der Grundrechte, Grundrechtsberechtigte, Grundrechtsverpflichtete München 1988.

Stern, Klaus / Becker, Florian: Grundrechte-Kommentar Köln 2010 (zitiert als: *Stern / Becker / Bearbeiter*).

Stoll, Hans: Begriff und Grenzen des Vermögensschadens Karlsruhe 1973.

Stoll, Hans: Haftungsfolgen im bürgerlichen Recht Eine Darstellung auf rechtsvergleichender Grundlage Heidelberg 1993.

Stoll, Hans: Haftungsverlagerung durch beweisrechtliche Mittel AcP 176 (1976), 145 ff.

Ströfer, Joachim: Schadensersatz und Kommerzialisierung – Grundprobleme der Grenzbereiche von materiellem und immateriellem Schaden unter besonderer Berücksichtigung des Vertragsrechts Berlin 1982.

Stürner, Rolf: Die Einwirkungen der Verfassung auf das Zivilrecht und den Zivilprozess NJW 1979, 2334 ff.

Stürner, Rolf: Der Erwerbsschaden und seine Ersatzfähigkeit (Teil 1) JZ 1984, 412 ff. Der Erwerbsschaden und seine Ersatzfähigkeit (Teil 2) JZ 1984, 461 ff.

Tischner, Gerhard: Anmerkung zu BGH, Urteil v. 09.04.1997 – IV ZR 113/96 JR 1998, 154 f.

Umbach, Dieter C. / Clemens, Thomas: Grundgesetz Mitarbeiterkommentar und Handbuch Heidelberg 2002 (zitiert als: *Umbach / Clemens / Bearbeiter*).

Wach, Adolf: Der Entwurf einer deutschen Civilprozeßordnung KritVJSchr 14 (1872), 329 ff.

Wahrendorf, Volker: Die Prinzipien der Beweislast im Haftungsrecht Berlin 1976.

Wallrab, Annette: Die Verpflichteten der Gemeinschaftsgrundrechte Umfang und Grenzen der Bindung der europäischen Gemeinschaft und der Mitgliedstaaten an die Grundrechte des europäischen Gemeinschaftsrechts Baden-Baden 2004.

Walter, Gerhard: Freie Beweiswürdigung Eine Untersuchung zu Bedeutung, Bedingungen und Grenzen der freien richterlichen Überzeugung Tübingen 1979.

Warneyer, Otto: Warneyers Jahrbuch der Entscheidungen Ergänzungsband enthaltend die Rechtsprechung des Reichsgerichts soweit sie nicht in der amtlichen Sammlung der Entscheidungen des Reichsgerichts abgedruckt ist. 5. Jahrgang, Leipzig 1912.

Wassermann, Rudolf: Kommentar zum Bürgerlichen Gesetzbuch Reihe Alternativkommentare Band 2: Allgemeines Schuldrecht Neuwied Darmstadt 1980 (zitiert als: AK-BGB / *Bearbeiter*).

Wax, Peter: Anmerkung zu BGH, Urteil v. 03.11.2004 – XII ZR 120/02 LMK 2005, 27 f.

Weber, Helmut: Der Kausalitätsbeweis im Zivilprozess Tübingen 1997.

Weber, Reinhold: Nachweis der Kausalität zwischen Nichtanschnallen des Kraftfahrzeuginsassen und dessen Verletzungen NJW 1986, 2667 ff.

Weimar, Robert Weimar, Wilhelm Wieczorek, Bernhard / Schütze, Rolf A.: Der Einsatz der eigenen Arbeitskraft im Schadensersatzrecht NJW 1989, 3246 ff. Geminderte Heiratsaussichten als Vermögensschaden VersR 1961, 782 f. Zivilprozessordnung und Nebengesetze Großkommentar Vierter Band, §§ 253–299a 4. Auflage, Berlin 2013 Zweiter Band, §§ 128–541 3. Teilband, 1. Teil §§ 300–354 3. Auflage, Berlin 2008 (zitiert als: *Wieczorek / Schütze / Bearbeiter*).

Windel, Peter A.: Anmerkung zu BGH, Urteil v. 09.04.1997 – IV ZR 113/96 ZZP 110 (1997), 499 ff.

Winter, Klaus: Festschrift für Franz Merz: Richterliche Willkür Zur verfassungsrechtlichen Kontrolle von Gerichtsentscheidungen S. 611 ff. Köln 1992.

Würthwein, Susanne: Beeinträchtigung der Arbeitskraft und Schaden – Vereitelte unentgeltliche Arbeitsleistungen für Dritte und ihr Ersatz JZ 2000, 337 ff.

Würthwein, Susanne: Neue wissenschaftliche Erkenntnisse und materielle Rechtskraft ZZP 112 (1999), 447 ff.

Wurm, Michael: Der unbezifferte Zahlungsantrag JA 1989, 65 ff.

Wussow, Werner: Unfallhaftpflichtrecht Gesamtdarstellung 8. Auflage, Köln Berlin Bonn München 1963 (zitiert als: *Wussow*[8], Unfallhaftpflichtrecht) 15. Auflage, Köln Bonn Berlin München 2002 (zitiert als: *Wussow / Bearbeiter*, Unfallpflichtrecht).

Zeiss, Walter / Schreiber, Klaus: Zivilprozessrecht 11. Auflage, Tübingen 2009.

Zeuner, Albrecht: 50 Jahre Bundesgerichtshof Festgabe der Wissenschaft Band III – Zivilprozess, Insolvenz, Öffentliches Recht: Beobachtungen und Gedanken zur Behandlung von Fragen der Rechtskraft in der Rechtsprechung des Bundesgerichtshofes S. 311 ff. München 2000.

Zeuner, Albrecht: Anmerkung zu BAG, Urteil v. 12.05.1971 – 4 AZR 247/70: MDR 1972, 84 ff.

Zimmermann, Walter: Zivilprozessordnung mit FamFG (Allgemeiner Teil sowie Verfahren in Familiensachen) GVG EGGVG EGZPO EU-Zivilverfahrensrecht 9. Auflage, Münster 2011.

Zöller, Richard: Zivilprozessordnung – mit Gerichtsverfassungsgesetz und den Einführungsgesetzen, mit Internationalem Zivilprozessrecht, EG-Verordnungen, Kostenanmerkungen – Kommentar 29. Auflage, Köln 2012 (zitiert: *Zöller / Bearbeiter*)

www.ingramcontent.com/pod-product-compliance
Ingram Content Group UK Ltd.
Pitfield, Milton Keynes, MK11 3LW, UK
UKHW021234031026
15588UKWH00001B/83

9 783631 664612